Maren Müller-Erichsen

Geliebte Kinder

Für Frau Acker-Wild

Mit herzlichem Gruß
und Dank

M. Müller-Erichsen

Maren Müller-Erichsen
Mit einem Essay von Winfried Kron

geliebte KINDER

Eine Mutter kämpft für die Rechte von Menschen mit Behinderungen

adeo

Für Olaf

und für alle anderen
Menschen mit Behinderungen

Jeder Mensch hat das Recht auf freie
Entfaltung seiner Persönlichkeit.“
Grundgesetz für die Bundesrepublik Deutschland, Artikel 2

„Es ist normal, verschieden zu sein.“
Bundespräsident a. D. Richard von Weizsäcker

Inhalt

Geleitwort

Maren Müller-Erichsen hat mit ihrer Biografie ein äußerst lesenswertes Buch vorgelegt. Schonungslos offen, zuweilen intim, aber vor allem Mut machend.

Das Buch ist natürlich eine Hommage an ihren behinderten Sohn Olaf. Es ist aber noch viel mehr ein glühendes Plädoyer für die Rechte von Menschen mit Behinderungen und für ein neues Bewusstsein in der Gesellschaft im Umgang mit Menschen mit Behinderungen.

Maren Müller-Erichsen hat seit der Geburt ihres Sohnes ihre Kraft, ihre Ideen, praktisch ihr ganzes Leben in den Dienst dieser Aufgabe gestellt. Ihr Mut, ihre Erfahrung und Überzeugungskraft sowie ihre Beharrlichkeit sind einzigartig.

Ihre Biografie ist auch ein Dokument der Zeitgeschichte, das sehr anschaulich aufzeigt, wie eine behütete Tochter aus gutbürgerlichem Haus ihren Weg durch den Wechsel der Zeiten findet.

Es fällt auf, dass sie schon früh selbstständig und selbstbewusst ihren Weg ging. Maren Müller-Erichsen war schon eine emanzipierte Frau, als dieser Begriff noch weithin unbekannt war. Oft war sie ihrer Zeit voraus.

Sie wusste, dass, wer etwas erreichen und verändern will, sich engagieren muss. Sie hat sich deshalb schon früh engagiert. In den Gremien der Universität, in den Sozialverbänden, kommunalpolitisch und in der CDU.

Diese Arbeit war oft mühsam, oft blieb sie unverstanden und nicht selten wurde sie angefeindet. Aber sie blieb unbeirrt und vor allem erfolgreich. Die erfolgreiche Arbeit der Lebenshilfe, die Umsetzung der inklusiven Schule wie zum Beispiel bei der Sophie-Scholl-Schule oder die Schaffung des Sharon-Hauses in Gießen gäbe es ohne sie nicht.

Der Lebensweg von Maren Müller-Erichsen zeigt, was eine Person erreichen kann. Sie widerlegt auch eindrucksvoll, dass die Feststellung: „Ich kann alleine doch nichts ausrichten“, falsch ist. Sie hat das Gegenteil bewiesen.

Wie ein roter Faden zieht sich durch das Buch ihre tiefgründende christliche Glaubensüberzeugung. Dieser feste Glaube an Gottes Gnade gab ihr den Halt, ihr Leben zu meistern.

Wenn sie schreibt, dass sie die Geburt ihres behinderten Kindes nicht als schwere Last, sondern als Geschenk Gottes verstanden habe, zeigt dies ihr tiefes Gottvertrauen.

Maren Müller-Erichsen hat Maßstäbe gesetzt und Spuren gelegt, die bleiben. Ihre beispielhafte Arbeit, auch als Beauftragte der Hessischen Landesregierung für Menschen mit Behinderungen, hat sie immer ehrenamtlich geleistet. Dies verdient größten Respekt. Höchste Auszeichnungen des Landes Hessen und der Bundesrepublik Deutschland haben diese Arbeit gewürdigt.

Ich habe Maren Müller-Erichsen vor rund 40 Jahren in Gießen kennengelernt und sie seither politisch und persönlich begleitet. Vor allem habe ich nicht nur über Menschen mit Behinderungen viel von ihr gelernt.

Danke, Maren.

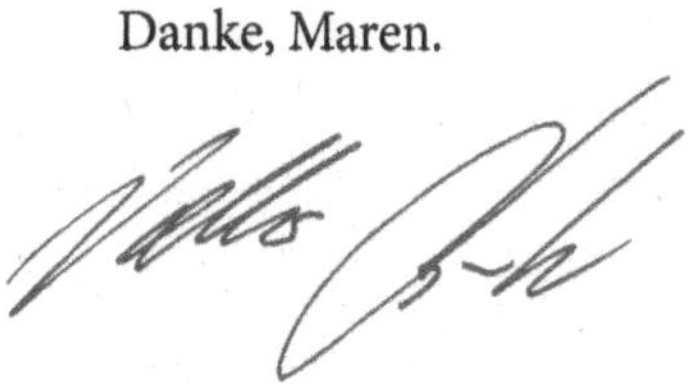

Volker Bouffier, Ministerpräsident a.D.

Vorwort

Sehr geehrte Damen und Herren,
liebe Leserinnen und Leser,

Maren Müller-Erichsen ist eine wirklich ungewöhnliche Frau: Nach der Geburt ihres zweiten Sohnes Olaf 1975, dem Wendepunkt in ihrem Leben, hat sie sich für Menschen mit Behinderungen eingesetzt. Sie hat bereits als junge Mutter begonnen, bei der Lebenshilfe mitzuarbeiten; bewegt von dem gemeinsamen Aufwachsen ihrer Söhne Michael und Olaf setzte sie sich für Integration ein, schickte Olaf lieber in den Kindergarten im Stadtteil als in den Sonderkindergarten der Lebenshilfe. Sie wurde schon 1979 Vorsitzende der Lebenshilfe Gießen und brachte viele neue Ideen mit – auch für die Gründung der inklusiven Sophie-Scholl-Schule engagierte sie sich voller Nachdruck.

Dabei wurde sie nie müde, dem entgegenzutreten, was damals wie heute als selbstverständlich angenommen wurde: Die Mutter eines Kindes mit Beeinträchtigung hätte kein eigenes Leben mehr, sondern sei gefangen in der Fürsorge für ihr Kind. Maren Müller-Erichsen war dagegen lebendig und fröhlich, bei jeder Begegnung habe ich gespürt, wie viel Kraft und Energie sie hatte. Für sie passte das ganz selbstverständlich dazu, dass sie ein Kind mit Beeinträchtigung großgezogen und im Leben begleitet hat. Ihr Markenzeichen, farbenfrohe, oft strahlend pinke Jacken, waren ein Garant dafür, dass sie nicht übersehen wurde. Gerade junge Frauen und Mütter haben sie sich häufig zum Vorbild genommen, in all der Vitalität, die sie heute noch – mit über 80 – ausstrahlt.

Sie hat sich über Jahrzehnte für das eingesetzt, was ihr wichtig war: Die gleichberechtigte Teilhabe von Menschen mit Behinderungen, ein neues Bild von Menschen mit Behinderungen als Mitbürgerinnen und Mitbürger in einer inklusiven Gesellschaft und ein wachsamer Umgang mit ethischen Themen. So hat sie sich auch seit der Gründung in der Deutsch-Israelischen Gesellschaft engagiert. In der Lebenshilfe war sie über Jahrzehnte auf Bundesebene aktiv, im Bundeselternrat, im Bundesvorstand und für zwölf Jahre als stellvertretende Bundesvorsitzende. In dieser Zeit hat sie an zahlreichen Arbeitsgruppen und Ausschüssen teilgenommen, wichtige Projekte mitgestaltet und immer wieder die Perspektive von Menschen mit Behinderungen als Maßstab für ihr Handeln genommen. Damit nicht genug, wurde sie von 2012–2020 zur Behindertenbeauftragten des Landes Hessen berufen.

2021 starb Olaf nach langen Wochen des Kampfes gegen Corona. Nach seiner Nierentransplantation zehn Jahre zuvor gehörte er in doppelter Weise zur Risikogruppe. In einem bewegenden Nachruf für die Lebenshilfezeitung hat Maren Müller-Erichsen noch einmal deutlich gemacht, welch große Bedeutung Olaf in ihrem Leben hatte und was für ein besonderer Mensch er war.

Dem Leben von MME, wie sie überall heißt, nun mit der Biografie zu folgen, verspricht bewegende Momente, neue Einsichten und den Blick auf eine großartige Frau, eine Grande Dame der Lebenshilfe.

Ulla Schmidt

Bundesministerin a. D. und Bundesvorsitzende der Lebenshilfe

Lebenshilfe

Einleitung

Als ich begann, darüber nachzudenken, ob ich in einem Buch über mein Leben berichten wollte, das doch nur durch meinen wunderbaren Sohn Olaf zu so etwas Besonderem geworden war, lebte Olaf noch. Aus einem süßen und fröhlichen Kind war ein selbstständiger und eigensinniger erwachsener Mann in der Mitte seines Lebens geworden. Er steckte voller Pläne und Ideen. Viele Ziele wollte er noch erreichen. Er war klug, durchdachte Dinge sehr intensiv und brachte sie genau auf den Punkt. Von ihm habe ich viel gelernt. Er brachte so viel Freude und Sinn in mein Leben. Und auch in das Leben anderer. Wir waren ein sehr gutes Team. Beide mit viel Hartnäckigkeit und Durchhaltevermögen ausgestattet und dem unbedingten Glauben daran, dass gesellschaftliche Veränderung möglich und notwendig sei.

Olaf starb während der Corona-Pandemie am 8. April 2021 auf der Intensivstation der Universitätsklinik in Gießen. Sein Immunsystem hatte dem Virus nicht standhalten können. Unsere Trauer um ihn war wie ein tiefes, unendliches Meer. Mit ihm wurde uns so viel genommen, es hat mir, seiner Familie, seinen Freunden und Freundinnen und vielen anderen Wegbegleitenden das Herz gebrochen, dass er so früh, viel zu früh, von uns ging.

Olaf hätte mich unbedingt darin bestärkt, dieses Buch fertig zu schreiben. Er war ein Kämpfer. Jemand, der nicht aufgab. Der für sich und andere eintrat. Er war besonders. Und er war wunderbar. Ich bin unendlich dankbar, dass Olaf in mein Leben trat. Dass ich die Ehre erfuhr, seine Mutter sein zu dürfen. Für dieses so liebenswerte Kind zu sorgen und es großzuziehen.

Olaf wurde in diese Welt und zu mir geschickt, damit sich etwas verändern konnte. Meine Liebe zu ihm weckte meinen Kampfgeist. Zusammen sind wir angetreten, um dafür zu sorgen, dass unsere Gesellschaft menschlicher wird. Dass Menschen mit Behinderungen an ihr selbstverständlicher teilhaben können und nicht mehr ausgegrenzt und gedemütigt werden. Diversität muss durchbuchstabiert werden. Das war unser Auftrag.

Jetzt führe ich den Auftrag allein weiter aus, nicht nur für Olaf, sondern auch für alle anderen Menschen mit Behinderungen, aber immer im Gedenken an ihn, diesen ganz besonderen Menschen, den Gott als einen Segen in mein Leben sandte.

Wie alles begann

Nach der Geburt meines ersten Sohnes Michael wurde ich sehr schnell wieder schwanger. Allerdings war mir das die ersten drei Schwangerschaftsmonate gar nicht bewusst. Die Schwangerschaft verlief problemlos. Ich erinnere mich noch gut daran, dass ich sogar mit Michael auf dem Arm Wahlpropaganda für die Liste „Unabhängige Mitbestimmung“ der technischen Mitarbeitenden der Universität Gießen machte, die ich anführte. Ich war früh politisch aktiv und blieb es lange; eigentlich bin ich es bis heute, aber davon will ich später berichten. Hier nur so viel: Wer etwas erreichen will für die Gesellschaft und vor allem wie ich für eine gesellschaftliche Gruppe, die an den Rand gedrängt wird, muss sich auch parteipolitisch und in allen entsprechenden Gremien engagieren. Das glaube ich fest und meine Arbeit stellt es ja auch unter Beweis. Man braucht Geduld und Nerven und einen langen Atem. Aber es lohnt sich so sehr!

Ich hoffe, ich kann mit dem Bericht über mein Leben andere dafür begeistern, ihr Leben ebenfalls in den Dienst einer guten Sache zu stellen, die größer ist als sie selbst. Und dabei zählen nicht die Auswirkungen oder das erlangte Ansehen. Nein, es ist die Hingabe, die uns mit Sinn erfüllt und glücklich macht. Probieren Sie es einfach aus!

Doch zurück zu der Zeit, als mein Leben die große Wende nahm: Mit meinem Frauenarzt hatte ich während der Schwangerschaft mit Olaf auch das Thema der Pränataldiagnostik besprochen. Er sagte dazu: „Sie müssen sich keine Gedanken machen, in Ihrer Familie gab es das Down-Syndrom-Problem nicht. Also werden Sie damit auch nichts zu tun haben." Wie naiv! Heute denke ich, dass sein schlichter Umgang mit diesem Thema schicksalhaft war, denn so kam ich gar nicht erst in die Situation, irgendetwas hinsichtlich des Lebens meines Babys entscheiden zu müssen. Und wie froh bin ich darüber immer gewesen! Was für ein Schatz und was für eine Inspiration war und ist mein Sohn Olaf jeden Tag für mich! Ich bin zutiefst dankbar für gerade dieses besondere Kind, diesen Jungen und späteren Mann in meinem Leben. Nicht ich, *er* hat es zu etwas Besonderem gemacht. *Er* hat mir die Aufgabe gezeigt, die für mich in dieser Welt bereitlag.

Das Gespräch mit meinem Gynäkologen fand im Jahr 1975 statt. In diesem Jahr war die Pränataldiagnostik bereits erlaubt, und zwar durch Fruchtwasserentnahme, die sogenannte Amniozentese. Es ist ein gefährliches Verfahren, inzwischen weiß man, dass dieser Eingriff die Fehlgeburtenrate erhöht hat. Daher wird sie nur noch in ganz bestimmten Fällen angewandt. Und schon damals, ohne all dieses Wissen, war nicht jeder Gynäkologe dazu bereit.

In der Praxis meines damaligen Frauenarztes war auch eine einfache Ultraschalluntersuchung noch gar nicht möglich. Aber mir ging es ja auch gut. Was sollte schon sein? Mein Mann, der Arzt und ich beschlossen aber gemeinschaftlich, dass mein Kind per Kaiserschnitt zur Welt kommen sollte. Warum dieser Entschluss fiel, weiß ich heute leider nicht mehr.

Der Tag der Geburt, der 30. August 1975, näherte sich. Einen Tag zuvor ging ich noch zum Friseur, im Nachhinein auch eine etwas alberne Handlung, denn OP, Narkose und alle körperlichen Anstrengungen machten die schöne Frisur gründlich zunichte. Aber so war das eben damals, man sorgte für ein anständiges, adrettes Äußeres – egal, wie dramatisch die Situation auch war. Das ist sicher auch noch heute für viele Menschen eine

Strategie, mit der sie beängstigende Situationen in den Griff bekommen wollen.

Mein Leben hat mich gelehrt, dass wir *gar nichts* kontrollieren können. Und je eher wir das begreifen, desto früher sind wir bereit, aus dem, was uns das Leben schenkt oder unvermittelt zumutet, etwas Neues und Sinnvolles zu schaffen.

„Ich bin der Meister meines Schicksals, ich bin der Käpt'n meiner Seele", schreibt der britische Poet William Ernest Henley in seinem Gedicht „Invictus". Weltweit bekannt wurde dieses Gedicht dadurch, dass Nelson Mandela es zitierte. Ein Mann, der 25 Jahre lang als politischer Häftling im Gefängnis saß. Und dieser hart gestrafte Mann behauptet, dass er sein Schicksal meistert, nicht andere Menschen oder Umstände. Ich will und kann mich natürlich nicht mit diesem bedeutenden Mann vergleichen, aber ich habe mein Leben und mein Schicksal seit Olafs Geburt genauso begriffen und in die Hand genommen. Und das war gut so.

Zurück in den August 1975: Mein Mann brachte mich zum vereinbarten Termin in die Entbindungsstation des Diakoniekrankenhauses in Marburg-Wehrda. Die Hebamme untersuchte mich und bemerkte dabei: „Das Kind ist aber noch sehr klein!" Das beunruhigte mich erstmals. Aber sonst passierte nichts. Man bereitete mich für die Sectio vor und fuhr mich in den OP. Auf dem OP-Tisch war ich anfangs noch bei Bewusstsein, dann hörte ich den Schrei meines Babys! Endlich! Aber schon schwanden mir die Sinne, ich war ohne Bewusstsein. Was danach genau passierte, weiß ich nicht.

Aber irgendwer musste mit irgendwem und vor allem mit meinem Mann gesprochen haben. Ohne meine Zustimmung oder Erlaubnis tat man mir etwas an, was ich nie vergessen konnte: Ich wurde sterilisiert. Es ist mir bis heute unbegreiflich, wie man so etwas mit einem Menschen ohne seine Zustimmung machen kann. Aber es zeigt sehr deutlich, welcher Geist noch in den 1970er-Jahren in der Bunderepublik herrschte: Es sollte nicht mehr Menschen mit Behinderungen (MmB) geben. Schon gar nicht solche mit geistiger Behinderung. Und solche mit dem nicht zu versteckenden Down-Syndrom (DS) erst recht nicht!

Ich werde es bestimmt noch häufiger ansprechen und betonen in diesem Buch: Wir müssen uns als Gesellschaft die Frage stellen, *was* für eine Gesellschaft wir sein wollen. Eine, die nur der Norm entsprechende Menschen hervorbringt? Menschen, die im Sinne einer kapitalistischen Gesellschaft funktionieren und tüchtig Gewinne erwirtschaften? Oder wollen wir eine Gesellschaft sein, in der Schwächere, anders Begabte und eben nicht wirtschaftlich perfekt nutzbare Menschen willkommen sind? Nur in so einer Gesellschaft können wir Fürsorge lernen und fürsorglich bleiben. Eine Gesellschaft der Perfekten wird ein Alptraum sein, in dem niemand leben will. Gnadenlos auf Erfolg, Gewinn und Fehlerlosigkeit getrimmt. Wer wird darin bestehen können? Ich plädiere leidenschaftlich dafür, dass wir gemeinschaftlich mit den vermeintlich Schwächeren, den Menschen mit Behinderungen, zusammenleben, um unsere Menschlichkeit nicht zu verlieren und um von diesen Menschen Dinge zu lernen, die eine Welt der Perfektion nicht mehr kennen wird: Unerwartetes, bedingungslose Ehrlichkeit und Hingabe. Und so vieles mehr. Was dieses Mehr alles ist und war, möchte ich anhand meiner und Olafs Lebensgeschichte erzählen.

Der Anfang meines neuen Lebens

Dass Olafs Leben mit dem Ende meiner Fähigkeit, Leben zu schenken, begann, war für mich ein herber Schock. Tatsächlich erfuhr ich erst zwei Jahre nach Olafs Geburt, dass mein Mann der Sterilisation zugestimmt hatte. Denn zu diesem Zeitpunkt erwachte in mir der Wunsch, ein weiteres Kind zu bekommen. Als ich die Wahrheit hörte, konnte ich es zunächst kaum glauben. Was für ein Verrat und was für ein Übergriff! Mein Mann sagte dazu nur ganz lapidar: „Es ist doch besser so, noch ein behindertes Kind könnten wir nicht verkraften. Du bist doch auch nicht mehr die Jüngste!" Ich war gerade 37 Jahre alt geworden... Heutzutage fangen viele Frauen erst in diesem Alter an, über ein Kind nachzudenken! Es ist gut, dass sich Frauen vehement und nachhaltig dagegen gewehrt haben, dass eine patriarchal strukturierte Gesellschaft bestimmt, was mit ihren Körpern passiert. Heute wäre so etwas nicht mehr möglich. Und doch: Es ist wichtig, dass wir auch heute einstehen für *alle* Menschen, die unterdrückt werden, und ihnen zu ihrem Recht verhelfen.

Zum Hintergrund: Die unmenschliche Sterilisationspolitik in Deutschland war keine nationalsozialistische Erfindung, wenn auch erst der Nationalsozialismus einem Sterilisationsgesetz und dessen systematischer Umsetzung zum Durchbruch verhalf. Das „Gesetz zur Verhütung erbkranken Nachwuchses" wurde 1945 nicht vom Alliierten Kontrollrat aufgehoben, sondern in der amerikanischen und sowjetischen Besatzungszone förmlich außer Kraft gesetzt. Auch nach Inkrafttreten des Grundgesetzes wurden die Rechtsverordnungen der Bundesrepublik auf die in diesem Gesetz enthaltenen „Eingriffsermächtigungen" gestützt. Erst 1974 wurde in der Bundesrepublik das Gesetz aufgehoben. 1988 erklärte der Deutsche Bundestag das Gesetz für nationalsozialistisches Unrecht. Veranlasst durch eine bundesweite Unterschriftenaktion wurden im August 1998 die Sterilisationsbeschlüsse aufgehoben.

1975 war ich – bewusstlos auf dem OP – leider noch völlig schutzlos, und so nahm das Unheil seinen Lauf. Wegen des brutalen

Übergriffs der Ärzte an mir war das Verhältnis zu meinem Mann gründlich und dauerhaft beschädigt. Er war es ja, der dem ungeheuerlichen Vorgang zugestimmt hatte! Wie ich später noch bemerken sollte, konnte er unseren Sohn Olaf vorerst nicht als das Geschenk ansehen, das er war. Später hat er sich sehr wohl mit Olaf angefreundet und konnte ihn auch akzeptieren. Es verband sie am Ende eine gute Beziehung. Doch dazu später. Ich weiß nicht, warum *ich* von Anfang an die Gabe besaß, eine dem – auch besonderen – Leben zugewandte Perspektive einzunehmen. Ich denke, es hat auch etwas mit meiner tiefen Verbundenheit mit dem christlichen Glauben zu tun: Hier ist der Größte ganz gering und umgekehrt. Diese liebevolle und gnädige Sicht auf uns doch alle unperfekten Menschen hat mich stets angetrieben und meinem Leben einen wundervollen Sinn verliehen.

Als ich erfuhr, was man mit mir getan hatte, erkundigte ich mich, ob man die Sterilisation rückgängig machen könne. Dies hätte allerdings bedeutet, dass ich 8 bis 14 Tage in eine Klinik hätte eingewiesen werden müssen. Das erschien mir unmöglich mit zwei sehr kleinen Kindern. Und so beließ ich es dabei. Gott schenkte mir zwei wundervolle Kinder, dafür werde ich immer dankbar sein.

Die grausame Sterilisation war aber nicht alles an Zumutung, was ich im August 1975 in der Geburtsklinik erleben sollte: Nachdem ich langsam wieder aufgewacht war, brachte man mir meinen Olaf und ich konnte ihn voller Glück und Stolz auf den Arm nehmen. Zu meinem Entsetzen sagte man mir, dass Olaf jetzt gleich wegen einer Gelbsucht in die Universitätsklinik in Marburg verlegt werden müsse. Aber das war noch nicht alles! Der diensthabende Kinderarzt blickte mich ernst an und sagte: „Sie haben ein sehr schwer behindertes Kind zur Welt gebracht, einen Vollidioten. Er hat das Down-Syndrom und wird niemals selbstständig leben können. Am besten geben Sie ihn in ein Heim. Ich habe schon mit Ihrem Mann gesprochen." Mein Frauenarzt, der meine Schwangerschaft begleitet hatte und in dessen Klinikbelegbett ich lag, hat sich nicht *einmal* blicken lassen.

Ich weiß heute nicht mehr, ob ich diese Nachricht gleich richtig begriffen habe. Ich war glücklich mit meinem frisch geborenen Baby, das in meinen Augen gar nicht stark behindert aussah. Ich hielt es im Arm und war einfach nur froh. Die schonungslose Ansage des Arztes sickerte aber nach und nach in mein Bewusstsein ein und schließlich war ich völlig schockiert. Dieser Arzt hatte alles getan, um mir Angst zu machen. Es war das Gegenteil von hilfreich, wie er sich verhielt. Ich wünsche mir für alle Eltern, die ein Kind mit dem Down-Syndrom zur Welt bringen, dass ihr Arzt sich so oder ähnlich äußert: „Sie haben ein süßes Kind bekommen, es hat das Down-Syndrom. Es wird etwas langsamer lernen, aber mit Sicherheit der Sonnenschein der Familie werden."

Vermutlich war er zur damaligen Zeit aber nicht der einzige Arzt, der so sprach. So betrachtete und bewertete man eben das Leben eines Menschen mit Down-Syndrom. Wenn man sich vor Augen führt, wie nur wenige Jahrzehnte zuvor die Nationalsozialisten gedacht und gehandelt hatten, die nämlich solche Menschen gnadenlos ausmerzten, ist es kein Wunder, dass ich noch in den 1970er-Jahren mit solch einer Haltung konfrontiert wurde. Auch hier zeigt sich, dass die Aufarbeitung des Unrechts und der Unmenschlichkeit des Hitler-Regimes nur stockend und auch nicht umfassend erfolgte. Wie für alle anderen Verbrechen, die damals begangen wurden, muss man auch für die furchtbare Euthanasie an den Menschen mit Behinderungen eine Erinnerungskultur schaffen, die einerseits ein „Nie wieder" ermöglicht und andererseits all den Toten und Verstümmelten posthum Ehre erweist und ihnen ihre Menschenwürde zurückgibt.

Aber was sollte *ich* in meiner Situation nun tun? Als junge Mutter mit einem „seltsamen“ Kind? In meiner Verzweiflung fragte ich Gott: „Warum gerade ich? Warum tust du mir das an? Ist es eine Strafe für etwas, an dem ich mich schuldig gemacht habe?“ Ich war völlig verwirrt und fühlte mich total allein gelassen. Ich hatte bisher niemals einen Menschen mit Down-Syndrom gesehen oder erlebt.

Mein Mann war verzweifelt, die Angehörigen ebenso. Eine Beziehung der Familie zu meinem Kind wollte sich nicht entwickeln. Stattdessen hatte mein Mann bereits umgehend mit einer Einrichtung gesprochen, in die wir Olaf hätten „abschieben“ können. Aber davon wollte ich nichts wissen! Ich dachte weiter über das nach, was der Arzt gesagt hatte. Was bedeutete „Down-Syndrom“? Ich kannte ja niemanden mit dieser Beeinträchtigung, auch keine Eltern von Down-Kindern.

Nur wenige Bekannte besuchten mich. Und auch die waren nicht sonderlich hilfreich. Besonders in Erinnerung geblieben ist mir die Bemerkung einer Bekannten, die äußerte: „Die leben nicht so lange. Die zehn Jahre wirst du es wohl aushalten können.“

Leider musste ich noch eine Weile im Krankenhaus bleiben, damit die Narbe des Kaiserschnitts verheilen konnte. Zu gerne wäre ich in eine Bibliothek gegangen, um mir Literatur zu beschaffen. Und wo konnte ich Eltern finden, die mit mir sprechen und von ihrem Kind mit dem Down-Syndrom erzählen könnten?

Nur eine Diakonie-Krankenschwester sprach mit mir. Sie hatte in einer Einrichtung für Kinder mit Behinderung gearbeitet und kannte Kinder mit dem Down-Syndrom. Sie saß eine ganze Weile an meinem Bett und erzählte mir von der Fröhlichkeit dieser Kinder und machte mir Mut.

Nach 14 Tagen in der Klinik wurde ich entlassen. Mein Mann und ich beschlossen, zunächst mit Michael nach Schleswig zu meinem Vater zu fahren. Olaf wurde noch wegen seiner Gelbsucht behandelt. Meine Mutter, die mir ganz gewiss geholfen hätte, lebte damals schon lange nicht mehr. Sie habe ich in dieser Zeit sehr vermisst. Mein Vater konnte mir auch nicht helfen: „Mäuschen, das musst du selber wissen", war sein liebevoller, aber eben auch hilfloser Kommentar.

Inzwischen war Olaf in die Kinderklinik der Universität Gießen verlegt worden. Nach unserer Rückkehr aus Schleswig bat man uns zu einem ersten Gesprächstermin dorthin. Dabei wurde ich erneut zutiefst verletzt, denn man begrüßte mich mit der unfassbaren Bemerkung: „Warum haben Sie denn keine Amniozentese durchführen lassen? Dann hätten Sie dieses Kind heute sicher nicht." Ich fürchte, dass sich auch heute noch Eltern eines Kindes mit dem Down-Syndrom solche Fragen anhören müssen. Denn diese Einstellung begegnet mir immer wieder. Wie kann es sonst sein, dass heute 95 bis 98 Prozent der Kinder mit dem Down-Syndrom abgetrieben werden, ja, dass sogar Spätabtreibungen erlaubt sind, wenn die Mutter nur erklärt, dass sie psychisch krank würde, würde sie ein behindertes Kind bekommen?

Bis 1995 gab es die embryopathische Indikation, nach der es erlaubt war, ungeborene Kinder mit einer Behinderung abzutreiben. (Eine Indikation ist der eindeutige Hinweis darauf, dass eine bestimmte medizinische Behandlung durchgeführt werden sollte. Tatsächlich ist der Begriff den meisten Menschen im Zusammenhang mit der Abtreibung geläufig.) 1995 wurde die allgemeine medizinische Indikation für eine Abtreibung gesetzlich eingeführt. Damit fiel der Sonderstatus weg, den das ungeborene Leben mit Behinderung bis dahin hatte. Unsere Hoffnung war, dass die Gleichbehandlung aller Ungeborenen mehr Kindern mit Behinderung zum Leben verhalf. Eine Veränderung der Abtreibungsraten ist danach allerdings nicht eingetreten.

Ich kann mich noch an ein Gespräch als stellvertretende Bundesvorsitzende der Bundesvereinigung Lebenshilfe e. V. mit Abgeordneten des Bundestages erinnern. (Die „Lebenshilfe“ (LH) ist ein Selbsthilfeverband für Menschen mit geistiger Behinderung. Gleichberechtigung und Barrierefreiheit sind ihre Ziele seit 1958.) Sie waren erfreut, dass nun die embryopathische Indikation abgeschafft worden war und dafür die allgemeine medizinische Indikation eingeführt wurde. Das Ergebnis war aber doch gleich Null! Denn auch eine psychische Beeinträchtigung der Mutter durch das Leben mit einem Kind mit Behinderung wird als medizinische Indikation bewertet. Das machte doch alles keinen Unterschied und rettete kein Leben!

Laut einer Umfrage der Organisation „Leben mit DS“ haben 1.929 befragte Eltern mit einem Down-Syndrom-Kind auf die Frage nach den Gefühlen für das Kind zu 98,1 Prozent mit „Ich liebe mein Kind!“ geantwortet. Dem kann ich nichts hinzufügen!

Ich liebte Olaf und war immer glücklich, dass er sich so gut entwickelte. Natürlich kann ich das nicht verallgemeinern. Ich habe viele Eltern kennengelernt, deren Kinder mit DS einen Herzfehler hatten und operiert werden mussten. Andere Kinder hatten ein Problem mit der Darmfunktion und benötigten deshalb eine Operation. Ich glaube nicht, dass vor 40 Jahren, als Olaf ein Kleinkind war, Ärzte bereit gewesen wären, derartige Operationen durchzuführen. Das Leben der DS-Kinder wurde einfach völlig anders bewertet – nämlich als minderwertig.

Auch wenn sich das heute in unseren Ohren völlig verrückt und finster anhört, als ob wir über eine noch weiter zurückliegende dunkle Zeit sprechen würden – es ist noch nicht einmal ein Menschenalter her, dass – auch von ärztlicher Seite – so gedacht wurde. Heute sieht es ganz anders aus – zum Glück. Kinder mit DS haben die Chance, operiert zu werden, und das ist gut so. Über das Internet sind betroffene Eltern inzwischen vernetzt und können sich informieren. Dadurch haben sie die Möglichkeit, Experten zu finden, denen sie sich anvertrauen können. Ganz anders als ich als junge Mutter, der nur unwillige Ärzte und abschreckende Literatur zur Verfügung stand.

Und trotz all der bisherigen guten Entwicklungen werden 98 Prozent der ungeborenen DS-Kinder abgetrieben. Wie kann ich, wie kann die Gesellschaft dem entgegenwirken? Gerade für die Eltern und Geschwister kann das Familienmitglied mit DS eine Bereicherung sein. Geschwister lernen ein ganz anderes Sozialverhalten. Manchmal beklagen sie sich über den Entzug von Zuwendung. Andererseits sind sie aber stolz, dass sie mit ihrem Einsatz die Familie unterstützen.

Jahrelang habe ich mich mit dem Thema der pränatalen Diagnostik befasst, ganz besonders in meiner Zeit als stellvertretende Vorsitzende der Bundesvereinigung Lebenshilfe. Wir hatten eine Arbeitsgruppe „Ethik" unter der Leitung von Professor Dr. Gerhard Neuhäuser eingerichtet. Gerhard Neuhäuser war mir ein treuer Begleiter und Mitstreiter in meinem Engagement für das Leben von Kindern mit DS. Er war Kinderarzt, Kinder- und Jugendpsychiater sowie ehemaliger Leiter der Abteilung Neuropädiatrie und Sozialpädiatrie am Zentrum für Kinderheilkunde und Jugendmedizin der Justus-Liebig-Universität Gießen, langjähriger Mitherausgeber von „Frühförderung interdisziplinär", „Motorik" sowie „Kindheit und Entwicklung". Sein Arbeitsschwerpunkt war die frühe Diagnostik und Hilfen für die Probleme des behinderten Kindes und seiner Eltern sowie die Neurogenetik und besondere Syndrome, wie etwa das Down-Syndrom. Neurogenetik ist ein Fachgebiet der Neurobiologie, das mit den Methoden der Genetik arbeitet und zum Ziel hat, die Gene und die Mechanismen ihrer Wechselwirkungen herauszuarbeiten, die für die Entwicklung,

Funktionen und Leistungen des Nervensystems (auch für Verhaltensregulation und kognitive Fähigkeiten) von herausragender Bedeutung sind.

Wir gaben gemeinsam zahlreiche Stellungnahmen heraus, hielten Referate, veranstalteten Tagungen und wurden von vielen engagierten Menschen unterstützt, wie etwa auch von Hubert Hüppe, dem ehemaligen Beauftragten der Bundesregierung für Menschen mit Behinderungen. Geändert hat sich nichts. Noch heute wird die pränatale Diagnostik überwiegend eingesetzt, um sich *gegen* das Leben von Kindern mit DS zu entscheiden. Und solche Entscheidungen werden durchaus als gut betrachtet.

Ich kann diese Sicht überhaupt nicht teilen: Ich bin sehr froh darüber, dass es Olaf in meinem Leben gab, ohne ihn wäre es so viel ärmer gewesen. Er hat meinem Leben eine Sinnhaftigkeit verliehen, von der ich als junge Frau nie zu träumen gewagt hätte. Und das möchte ich gerne allen Frauen und Familien zurufen, die durch Pränatale Diagnostik (PD) vor der Entscheidung für oder gegen ein Leben mit einem DS-Kind stehen. Es ist nicht immer einfach, aber man lernt gemeinsam mit dem Kind, wie das Leben zusammen schön und bereichernd wird.

Olaf kommt nach Hause

Aber auch ich hatte ja wie berichtet in den ersten Tagen und Wochen mit Olaf meine Ängste und Zweifel. Besonders als ich noch von ihm getrennt war und er in der Gießener Kinderklinik behandelt werden musste. Meine gute Freundin Ulla Heck kam in diesen Tagen zu mir und sagte: „Komm, wir fahren in die Klinik und holen Olaf nach Hause." Leider ist Ulla kürzlich verstorben. Ich vermisse sie sehr. Sie hat uns lange begleitet.

Ihren Anstoß brauchte ich damals dringend, denn in mir verfestigten sich schlimme Gedanken. Ich begann mein Baby als eine Art Monster zu betrachten. Zusätzlich zu den grausamen Äußerungen von Ärzten und Bekannten sorgte nämlich die Literatur, die ich mir zum Thema „Down-Syndrom" besorgt hatte, für ungute Sichtweisen. Es gab fast ausschließlich Bücher mit ganz schrecklichen Bildern, die mir nicht guttaten. Auch die Texte der Bücher halfen mir nicht, sie waren samt und sonders defizitär ausgerichtet, konzentrierten sich also nur auf Schwierigkeiten und Probleme und zeigten nur wenige gute Seiten oder Lösungsansätze. Olafs Zustand verfolgte mich von da an wie eine Schuld, wie ein Gespenst. Jetzt musste und wollte ich handeln, damit diese negativen Ideen keine weitere Nahrung bekamen.

Durch Ulla Hecks Initiative angeregt, fuhr ich mit ihr und meiner Baby-Tragetasche in die Klinik. Die ganze Zeit hatte ich den Eindruck, dass ich von allen Seiten beobachtet wurde. Ich sollte Olaf wickeln und füttern. Das war für mich kein Problem, denn mit seinem älteren Bruder Michael hatte ich das ja bereits geübt und gelernt.

Dann zog Olaf endlich in sein Zuhause ein. Und hier geschah *sofort* etwas ganz Wunderbares, was fortan nicht mehr aufhören sollte: Michael liebte Olaf auf den ersten Blick! Er beanspruchte ihn gleich für sich und umsorgte ihn. Michaels Liebe zu Olaf war sicher einer der wichtigsten Anker in Olafs Leben. Von ihm wusste er sich angenommen und respektiert. Das war ein großes Glück, für das ich Michael immer von Herzen dankbar sein werde.

Wie aber reagierte unser Umfeld, die Angehörigen, die Nachbarn? Wir hatten eine Geburtsanzeige aufgegeben, wie es damals üblich war. Aber wir hatten darin auch öffentlich gemacht, dass unser zweiter Sohn mit dem Down-Syndrom geboren worden war. Ich war immer klar, transparent und offensiv in dieser Sache. Verstecken, verheimlichen, verbergen – damit musste Schluss sein, das wusste ich. Ich liebte meinen Sohn wie er war, und es gab *nichts* zu verheimlichen.

Offensichtlich war ich meiner Zeit voraus: Bis auf eine Familie, die uns einen großen, wunderschönen Rosenstrauch überbringen ließ, meldete sich absolut niemand. Und das, obwohl wir damals einen großen Bekanntenkreis pflegten und auch häufig Gäste in unserem Haus willkommen hießen. Als ich feststellte, dass keiner von ihnen den Mut hatte zu sagen: „Wir möchten gern euer Baby kennenlernen", wie es sonst ja üblich ist, entschloss ich mich zu einer weiteren offensiven Aktion. Ich stellte Olaf in seiner Wiege direkt in unser Wohnzimmer, damit alle Besucher ihn sehen und begrüßen mussten!

Zu dieser Zeit war ich noch Angestellte der Universität Gießen im Institut für Pflanzenbau und Pflanzenzüchtung. Der erste Tag zurück im Beruf war schwer. Nicht unbedingt für mich, aber für die Kolleginnen und Kollegen: Sollte man mich beglückwünschen oder Mitleid zeigen? Schon damals spürte ich, dass es an mir war, den Dialog zu suchen, einen Raum für Gespräche und Fragen zu eröffnen. Ich musste erklären und berichten. Denn ich wurde ja mit jedem Tag zunehmend Expertin und wusste, wie das Leben eines Kindes mit Down-Syndrom verlief und was für ein Mensch dieses Kind war. Und das tat ich.

Und zwar tat ich das überall, auch auf den Kinderspielplätzen. Ein Blick in den Kinderwagen machte ja allen sofort klar: Das ist ein Kind mit Down-Syndrom! Ich sah jedes Mal sofort Erschrecken und Unbehagen in den Gesichtern: Wie sollte man auf dieses offensichtlich nicht „normale" Kind reagieren? Aber sobald ich begann zu sprechen und zu erklären, waren viele Eltern erleichtert und signalisierten Zuwendung.

Damals entdeckte ich zum ersten Mal, was mir in all den Jahren des Lebens mit Olaf und im Einsatz für Menschen mit Behinderungen immer wieder bewusst werden sollte: Ich kann nicht erwarten, dass die Umwelt auf mich reagiert, viel mehr muss ich als „betroffene", engagierte Mutter das Gespräch eröffnen. Sich zurückzuziehen und über das Schicksal zu lamentieren, war und ist *nicht* das Gebot der Stunde. Wir Eltern haben die Aufgabe, für das Lebensrecht und die guten Chancen unserer Kinder mit Down-Syndrom zu kämpfen.

Und so setzte ich mich auch gegen den Willen meines Mannes durch, der Olaf in eine Einrichtung geben wollte. Olaf sollte ein Teil der Familie sein, und wir beschlossen, beide Kinder gleich zu betrachten. So fuhren wir auch stets mit *beiden* Kindern auf unsere Lieblingsinsel Amrum und in die Berge. Olaf war immer dabei. Unser Sohn. Ganz selbstverständlich.

Anfangs begleitete uns noch unser Kindermädchen, das mich sehr entlastete, denn bis 1981 blieb ich Angestellte der Universität Gießen und war gleichzeitig seit Juli 1979 bereits Vorsitzende der Lebenshilfe Gießen, doch dazu später mehr. Mein damaliger Chef bestand darauf, dass ich bis zur Fertigstellung seines Lehrbuches „Ackerland" für ihn tätig war. In dieser Zeit übernahm das Kindermädchen morgens die Betreuung der Kinder, nachmittags passte ich auf sie auf und ruhte mich oft auf dem Fußboden im Kinderzimmer aus. Am Abend, wenn beide Jungs schliefen, setzte ich mich hin und arbeitete für die Universität und die Lebenshilfe Gießen.

Es waren weiß Gott keine einfachen Zeiten, diese ersten Monate und Jahre mit Olaf. Nur hatte dies am wenigsten mit ihm zu tun, sondern überwiegend mit einer Umwelt, die einem Menschen mit Down-Syndrom nur unangenehm berührt entgegentreten konnte. Mir war schnell klar: Das ist deine Aufgabe! Du wirst erzählen, berichten, aufklären und dich dafür einsetzen, dass hier für Gerechtigkeit, Chancengleichheit und Menschenwürde gesorgt wird. Das war ich meinem Sohn Olaf, den ich von Herzen und von Anfang an liebte, einfach schuldig.

Die Taufe

Kürzlich habe ich im Gottesdienst die Taufe von zwei Kindern miterlebt und ich fragte mich anschließend: „Wie war das eigentlich damals mit der Taufe von Michael und Olaf?"

Im ersten Jahr nach Olafs Geburt hatten wir ganz andere Sorgen, als an die Taufe unserer beiden Kinder zu denken. Im darauffolgenden Jahr begannen wir zu planen und es tauchte plötzlich der Begriff „Nottaufe" auf. Damals beschäftigte ich mich damit nicht weiter. Mein Mann, als Sohn eines Pastors, übernahm die Organisation. Jetzt habe ich im Internet gelesen, dass schwerstkranke Kinder gleich nach der Geburt eine Nottaufe erhalten können. Galt das auch für Kinder mit Behinderung?

Nach Rücksprache mit unserem damaligen Pfarrer, Dr. Walter Bugard, konnte ich nun erfahren, dass es schon damals Usus war, dass die Kinder im allgemeinen Gottesdienst getauft werden sollten, auch die Kinder mit Behinderung, also gab es keine Nottaufe – geheim und versteckt. Mein Mann lehnte aber eine Taufe im Gottesdienst der Gemeinde ab. Warum auch immer, das kann ich heute nicht mehr klären.

Wir fanden in Gießen eine Gemeinde, die Andreas-Gemeinde, die die Taufe für beide Kinder ohne Gemeindemitglieder durchführte. Olaf hatte das Taufkleid der Familie Erichsen an. In diesem Kleid waren schon mein Vater und seine Geschwister getauft worden, und alle ihre Nachkommen. Alle Täuflinge wurden mit Namen und Geburtsdatum in das Kleid gestickt, umrandet von einem Blütenkranz. Auch Olaf und Michael erhielten ihren Platz. Während der Taufzeremonie beschäftigte sich Michael mit den Utensilien am Altar, zu unserer Belustigung schaute er sogar unter das Altarkleid der Pfarrerin.

Olafs Taufspruch hieß:

„Und ich will dich zum großen Volk machen und will dich segnen und dir einen großen Namen machen und du sollst ein Segen sein." 1. Mose 12,2

Sein Konfirmationsspruch hieß dann später:

„Weil du so wert bist vor meinen Augen geachtet, musst du auch herrlich sein und ich habe dich lieb." Jesaja 43,4

Meine Kindheit

Im Sommer des letzten Friedensjahres vor dem Zweiten Weltkrieg wurde ich in Bernburg an der Saale geboren. Im heutigen Bundesland Sachsen-Anhalt, etwa 40 Kilometer südlich von Magdeburg. Der Tag meiner Geburt war der 2. Juni 1938. Ich kam als zweites Kind meiner Eltern Anneliese Erichsen und Dr. Christian Erichsen zur Welt. Zuvor hatten sie meinen älteren Bruder Peter bekommen. Ich war also die erste Tochter. Danach folgten noch meine Schwester Inge und mein Bruder Uwe. Wir alle haben noch heute ein gutes Verhältnis miteinander und treffen uns immer wieder. Die Brüder wohnen im Kreis Flensburg und meine Schwester im Ruhrgebiet. Zu ihr habe ich ein ganz besonders enges Verhältnis. Wir telefonieren sehr oft und treffen uns am liebsten in Bad Arolsen, in der Nähe von Paderborn. Dort hatten nämlich unsere Eltern geheiratet und die Schwester meiner Mutter wohnte dort bis zu ihrem Tod. Oft haben wir sie besucht.

In Bernburg hatten wir ein sehr schönes Haus mit einem großen Garten. Ich kann mich noch gut an meine Kaninchen dort erinnern und an die Fahrten mit meinem Puppenwagen. Mein Vater war Werksleiter der Deutschen Solvay-Werke in Bernburg. Die Solvay-Werke waren ein großes, bedeutendes Chemieunternehmen. Es ging uns gut.

Mit der Schulreife ging ich in Bernburg zur Volksschule. Der täglich praktizierte Hitler-Gruß ist mir von damals noch sehr präsent. Was dieses Ritual aber bedeutete, war mir als Schulkind nicht bewusst. Unsere Eltern sprachen mit uns nicht über solche Dinge. Sie waren aber auch nicht politisch aktiv.

Kurz vor Ende des Krieges wurde die Region, in der wir lebten, stark bombardiert. An einem Tag wurde meine Mutter sehr nervös und ängstlich. Sie rief uns in den Keller. Und tatsächlich wurde unsere Haushälfte an diesem Tag völlig zerbombt. Wir Kinder sollten alle den Kopf unter einen Blecheimer stecken und durch einen Tunnel, den mein Vater hatte bauen lassen, in den nahe gelegenen Bunker rennen. Ich sehe noch heute meinen Puppenkinderwagen im Garten stehen, ihn musste ich wie so vieles zurücklassen.

Im Bunker wurden wir von meinem Vater begrüßt. In Erinnerung habe ich, dass mein Vater alle Mitglieder der Familie umarmt hat, nur mich nicht. Das war mit Sicherheit keine Absicht, aber so habe ich die Szene in Erinnerung. Es ist doch verrückt, wie sich manche Dinge so glasklar als Erinnerung in das Gedächtnis einbrennen.

Wir wohnten nach der Zerstörung unseres Hauses mehrere Wochen in diesem Bunker und bekamen dann eine Wohnung zugeteilt. Der Krieg muss dann vorbei gewesen sein, denn ich habe eine Erinnerung daran, wie mir ein US-Soldat Schokolade in einer Dose schenkte. Dieser Mann war ein Afroamerikaner, jemanden mit so einer dunklen Hautfarbe hatte ich bis dahin noch nie gesehen.

Es ist doch interessant, auch an sich selbst zu bemerken, wie sehr wir Menschen auf etwas reagieren und es uns als besonders merken, was wir nicht kennen, was uns unüblich erscheint. Wie ich mir damals die dunkle Hautfarbe des Soldaten. Wäre es nicht schön, wenn wir Menschen lernten, anderen Menschen, die nicht unserer „Norm“ entsprechen, ob das nun ihre Hautfarbe, ihre sexuelle Orientierung oder ihren Grad von Behinderung oder Nichtbehinderung betrifft, erst einmal mit Neugier und Interesse entgegenzutreten? Vielfalt ist Bereicherung, das habe ich in meinem Leben lernen dürfen. Oder, um noch einmal den inzwischen lange verstorbenen ehemaligen Bundespräsidenten Richard von Weizäcker zu zitieren: „Es ist normal, verschieden zu sein."

Zurück in die Nachkriegsära: Meine Eltern entschieden nach reiflicher Überlegung, dass wir Sachsen-Anhalt verlassen sollten, da bekannt geworden war, dass Deutschland aufgeteilt werden würde. Die Russen sollten die Verwaltung unserer Region übernehmen, das war meinen Eltern nicht geheuer. Also verließen wir alle schweren Herzens unsere Heimat. In einem kleinen Auto, die vier Kinder auf dem Rücksitz und zwei Säcke mit den notwendigsten Habseligkeiten auf dem Dach fuhren wir nach Schleswig zu meinen Großeltern, den Eltern meines Vaters. Später siedelten wir nach Steinberg zu anderen Verwandten meines Vaters um. Ich ging dort auch zur Schule, kann mich aber nur noch an das Gebäude erinnern. Auf dem Hof unserer Verwandten wurden auch noch andere Flüchtlinge aus dem Osten einquartiert. Wir alle bekamen die Krätze, eine schrecklich lästige und sehr ansteckende Hautkrankheit. An den Geruch der Salbe kann ich mich noch heute erinnern!

Später erhielt mein Vater wieder die Stelle eines Werksleiters bei den Solvay-Werken, diesmal in Rheinberg. Dorthin zogen wir um. Ich ging auf das dortige Pallottiner-Gymnasium, genau wie mein großer Bruder Peter. Als Kinder spielten wir in Rheinberg viel draußen im Garten oder auch in einem nahegelegenen Bunker. Der Bunker war nicht die einzige Erinnerung an den gerade überlebten Krieg: Ich erinnere mich auch noch sehr genau daran, dass ich nachts oft Angst hatte, wenn meine Eltern nicht da waren und ich ein Flugzeug hörte. Ich lief dann immer aus dem Haus und versteckte mich bis zur Rückkehr meiner Eltern in einem Graben. Mit Sicherheit eine Erinnerung an die vielen, schrecklichen Kriegsnächte in Bernburg. Ich war immer die Erste, die angezogen war und dann versuchte, meinen Bruder dazu zu bewegen, sich anzuziehen. Auf Grund dieser nächtlichen Panikattacken wurde ich als Vierjährige auch für fast ein Jahr zu Verwandten nach Angeln geschickt. Dort war es ruhiger.

In Rheinberg schloss ich mich dem Kirchenchor an, wurde dort gemeinsam mit meinem Bruder konfirmiert und entwickelte eine enge Beziehung zur Kirche, speziell zu dem Pfarrer Kurt Bonacker, der einen guten Draht zu uns Jugendlichen hatte. Mein Glaube und meine Verbundenheit mit der Kirche, die in Rheinberg entstanden, haben mich in meinem späteren Leben oft getragen.

In meinen Teenagertagen entdeckte ich aber neben dem Glauben auch den Sport, insbesondere das Tennisspielen, dem ich mich mit großer Leidenschaft widmete. Zum Tennisplatz und auch zum Kirchenchor fuhr ich immer mit dem Fahrrad, zwei bis drei Kilometer waren das. Ich weiß nicht mehr, wie viele Stürze ich auf diesen Fahrten gerade bei Glatteis erlebt habe. Eine Busverbindung gab es kaum.

Ich schwärmte für den Top-Tennisspieler Frieder und verliebte mich in einen jungen Mann, dessen Eltern Landwirte waren, der mich immer „Märchen" nannte und im Kuhstall zum ersten Mal küsste, natürlich heimlich!

Die Erziehung unserer Eltern war preußisch streng. Wir hatten unsere Aufgaben, und bei Tisch war es absolut verboten, über andere Menschen zu sprechen. Bei meinen Freundinnen zu Hause war das ganz anders, da wurde getratscht, nicht böswillig, aber für einen Teenager durchaus interessant.

Nach gut vier Jahren in Rheinberg wurde mein Vater in die Hauptverwaltung der Solvay-Werke nach Solingen versetzt und wir zogen dort in eine große Wohnung. Uns gegenüber lebten Diakonissen, die ich gerne bei ihrer Arbeit im Garten beobachtete.

Die Familie fragte mich deswegen schon bald, ob ich denn nicht selbst auch Diakonisse werden wolle.

Auch in Solingen ging es per Fahrrad zur Schule, zum Tennisplatz und später nach Düsseldorf-Benrath zum Rudern. In Solingen besuchte ich die Schule bis zur Unterprima, hatte dann aber eine Art Zusammenbruch aufgrund der anstrengenden Fahrradtouren nach Düsseldorf-Benrath und fiel eine Zeit vom Schulbesuch aus. Ein Wiedereinstieg danach hätte allerdings die Wiederholung der Unterprima bedeutet. Das wollte ich partout nicht. Später habe ich das sehr bedauert. Zum damaligen Zeitpunkt wollte ich aber etwas Praktisches tun, ähnlich wie mein Bruder, der als Landwirt den Hof meiner Großeltern in Klein-Adelbylund übernommen hatte.

Wir entdeckten den Ausbildungsberuf „Landwirtschaftlich-technische Assistentin" (LTA) und meine Eltern meldeten mich an der Universität Gießen beim Institut für Pflanzenbau und Pflanzenzüchtung an. Ich wurde angenommen und sollte mich im Frühjahr 1956 auf dem Versuchsgut in Groß-Gerau melden. Meine Eltern brachten mich mit ihrem Mercedes Benz dorthin. Das war allerdings ein rotes Tuch für den damaligen Versuchsfeldleiter: „Mit dem Mercedes vorfahren … wir werden dir das Arbeiten schon beibringen", sagte er mit bedrohlichem Unterton. Mir hat aber die Arbeit sehr viel Spaß gemacht und ich war überzeugt davon, den richtigen Weg für mein Berufsleben eingeschlagen zu haben.

Nach einem Jahr wechselte ich den Ausbildungsplatz in die Lehr- und Forschungsstation des Instituts in Rauischholzhausen bei Marburg-Cappeln. Ich begeisterte mich für die Pflanzenernährungsversuche in Töpfen. Später kamen Versuche in einem Phytotron (Klimagewächshaus) hinzu. Das fand ich absolut spannend. Im letzten halben Jahr fand die theoretische Ausbildung direkt an der Universität in Gießen statt. Wir besuchten gemeinsam mit den Studenten Veranstaltungen und ich stieg mit Begeisterung in die Geheimnisse der Agrarwissenschaft ein. Ich sehe noch heute den berühmten Botaniker Professor Dietrich von Denffer vor mir. Unsere Aufgabe für ihn war es, Schnitte von Früchten herzustellen, die wir dann im Mikroskop anschauen sollten. Schon in dieser Zeit hatte ich einen leichten Tremor und zitterte mit den Händen. „Sie werden es nie schaffen", sagte er. Ich habe es aber geschafft, bis heute. Mit einem exzellenten Zeugnis, fast nur mit „sehr gut", beendete ich die Ausbildung und erhielt die Stelle als Assistentin in der Gefäßversuchsstation der Universität Gießen in Rauischholzhausen. Meine Chefin war Dr. Annelise Vömel, die auch als meine Nachbarin im Schloss Rauischholzhausen lebte. Wir hatten ein gutes Verhältnis, sehr vertrauensvoll. Heute kaum denkbar in einer beruflichen Konstellation.

Zu dieser Zeit gab es im Schloss Rauischholzhausen keine Zentralheizung. Jeder, der dort wohnte, hatte einen Holzofen. Auch hatten unsere Zimmer keinen Sanitärbereich. Es gab einen Gemeinschaftssanitärbereich und eine Gemeinschaftsküche. Mich hat das aber nicht gestört. Ich hatte ein schönes Zimmer mit Erker und habe mich dort sehr wohlgefühlt.

Der Chef des Instituts, Professor Dr. Dr. h.c. Eduard von Boguslawski hatte seinen Arbeitsraum direkt unter meinem Zimmer. Eines Tages schob er mir unter der Tür eine Nachricht zu. Fast fiel mir das Herz aus der Brust vor Schreck! Er machte Andeutungen, dass er gern enger mit mir zusammenarbeiten würde. Natürlich hatte ich schon vorher, in der Ausbildungszeit, für ihn geschwärmt, aber da war er für mich weit weg und an eine engere Verbindung war nicht zu denken. Vorsichtig habe ich seine Zuneigung erwidert. Daraus entstand ein langjähriger Briefwechsel und eine intensive Zusammenarbeit. Die Briefe habe ich noch heute.

Flügge werden

Anfang der 60er-Jahre verließ die Chefsekretärin von Professor von Boguslawski aus Altersgründen ihren Posten und ich hatte die Möglichkeit, ihre Stelle zu übernehmen. Das war ein ernsthafter Sprung in meiner Karriere! Ich behielt meine Wohnung in Rauischholzhausen und fuhr allein – inzwischen hatte ich den Führerschein gemacht und von meinem Vater einen VW geschenkt bekommen – oder mit dem Professor täglich nach Gießen. Unsere Tage waren lang: Morgens um 6:00 Uhr ging ich mit seinem und meinem Hund über die Versuchsfelder und konnte dann später bei der gemeinsamen Autofahrt zur Universität nach Gießen davon berichten. Abends wurde es meist sehr spät, die vielen Doktoranden standen Schlange beim Professor. Wenn wir dann zurück in Rauischholzhausen waren, hieß es oft noch: „Wir wollten doch noch über die Veröffentlichung XYZ sprechen …!"

Meine Aufgabe war es damals, die Ergebnisse unserer Versuche in darstellender Weise zu erklären, Literatur zu besorgen usw. Diese Arbeit hat mir großen Spaß gemacht, auch wenn es viel war. Gelegentlich äußerte ich dann, ich müsste auch mal meine Wohnung putzen. Darauf antwortete der Professor stets: „Dann nehmen Sie doch einen Schlauch!"

Genossen habe ich die Sonntage, an denen wir Fahrten mit der Kutsche über die Versuchsfelder unternahmen. Auch dabei drehten sich unsere Gespräche immer um unsere Versuchsergebnisse, die wir diskutierten und für die wir immer neue Ideen entwickelten. Diese sonntäglichen Kutschfahrten werde ich niemals vergessen! Der Professor konnte nicht im Mindesten Autofahren, aber mit Pferden und Kutschen gab es kein Problem.

Mein Chef war nebenbei auch noch Präsident der „Internationalen Gesellschaft für Bodenfruchtbarkeit". Auch verschiedene osteuropäische Länder waren Mitglieder dieser Gesellschaft, wie etwa Polen, Jugoslawien, Rumänien oder auch die Sowjetunion. Drei Mal durfte ich meinen Chef auf Reisen für diese Gesellschaft begleiten. Einmal ging es nach Rumänien, dann nach Polen und schließlich nach Frankreich. In den damaligen Zeiten des Kalten Krieges waren die Reisen in den sogenannten „Ostblock" besonders aufregend. Wir waren dort offizielle Gäste, und die Empfänge waren grandios. Das Essen war vom Feinsten und die Bevölkerung hungerte. Dieser Kontrast war verrückt und beschämend.

In Bukarest wollte ich einen Professor der Agrarwirtschaft besuchen, der schon mehrmals in Gießen zu Gast gewesen war und den ich zu betreuen gehabt hatte. Das war übrigens selbstverständlich meine Aufgabe als Assistentin. Viele der Institutsgäste wohnten bei uns privat, wenn sie uns besuchten. Daher kam ich oft mit ihnen näher ins Gespräch. So auch mit dem Gast aus Rumänien. Professor Dr. Paul Varga aus Bukarest hatte ich gefragt, wie denn Menschen mit Behinderungen in Rumänien leben. Seine Antwort lautete: „Die gibt es bei uns nicht." Wie ich später erfuhr, wurden in Rumänien Menschen mit Behinderungen in großen Einrichtungen quasi „versteckt".

Zurück zu meinem Besuch in Bukarest. Es war gar nicht so einfach, den Professor aufzusuchen, denn den rumänischen Bürgern war es damals nicht so ganz ohne Weiteres erlaubt, ausländische Gäste zu empfangen. Ich erinnere mich noch heute sehr gut daran, dass ich die widersprüchlichen Gefühle meiner Gastgeber deutlich wahrnahm. Einerseits war da die Freude darüber, dass ich tatsächlich zu Gast bei ihnen war, aber andererseits spürte ich auch ihre Furcht, dass beispielsweise Nachbarn meinen Besuch entdeckten und Anzeige erstatten könnten.

Es gab einen weiteren Experten aus Rumänien, einen Mathematiker, den wir häufiger als Gast in Gießen begrüßen konnten. Er erfasste die Ergebnisse unserer Versuche mathematisch und wertete sie für uns aus. Ihn habe ich einmal gefragt, wie es ihm gelänge, so oft nach Deutschland reisen zu können. Er antwortete lakonisch: „Kartoffeln." Er und seine Frau bewirtschaften eine große, landwirtschaftliche Fläche und bauten Kartoffeln an. Unser Experte hatte also immer einen oder mehrere Säcke Kartoffeln im Auto und bestach damit einfach die rumänischen Beamten bei den Grenzkontrollen.

Die Reise nach Polen ist mir besonders in Erinnerung geblieben: Mein Chef hatte sich in Breslau habilitiert und war natürlich daran interessiert, die Universität von Breslau wiederzusehen. Uns wurde ein Begleiter zur Seite gestellt, der meinen Chef und seine Sehnsucht nach der alten Heimat gut verstehen konnte. Er war selbst aus der Sowjetunion nach Polen umgesiedelt worden, auch er hatte seine Heimat verlassen müssen.

Nach dem Besuch der Universität von Breslau wollte mein Chef gern die Güter besuchen, die er aus seiner aktiven Zeit in Breslau kannte. Wir besuchten dann mehrere Güter. Niemals wieder habe ich so viele Handküsse wie von den Mitarbeitern dieser Landgüter erhalten, niemals wieder habe ich so viel Wodka getrunken! Der Wodka wurde uns ständig und immer angeboten, es gab quasi kein Entkommen.

Der nächste Kongress der Gesellschaft fand dann in Paris statt und ich musste die Korrespondenz dazu in französischer Sprache organisieren. Ich hatte ja meine Französischkenntnisse aus der Schule, aber das reichte bei weitem nicht. Ich opferte also meinen Urlaub und besuchte für drei Wochen einen Französisch-Kurs in Lausanne. Das war spannend, und ganz allmählich kamen mir die Vokabeln wieder ins Gedächtnis. Tatsächlich konnte ich anschließend alle Gespräche und Schriftsätze in französischer Sprache abwickeln. Was inhaltlich auf dem Kongress beschlossen wurde, weiß ich heute nicht mehr ganz genau. Es ging insbesondere um die Ergebnisse der Versuche, die in allen beteiligten Ländern nach den gleichen Vorgaben durchgeführt wurden. In Erinnerung ist mir aber geblieben, dass alle Teilnehmer nach den Vorträgen ins Hotel stürmten, um dort Kaffee zu trinken und einen Blick auf die Damen zu werfen. Denn in Paris hatten einige Modeschöpfer das Jahr „oben ohne" ausgerufen. Die Damen waren stilvoll gekleidet, aber ihr Busen war entblößt. Was für eine verrückte Zeit!

Eine besondere Szene auf einem Kongress in Hamburg muss ich unbedingt noch erwähnen, weil sie mir so unvergesslich ist: Nach der offiziellen Abendveranstaltung wurden mein Chef, der die russischen Teilnehmer immer leicht abschätzig mit „Bolschewiken" (was ihm niemand übelnahm) ansprach, und ich von eben jener russischen Delegation eingeladen, um echten Kaviar zu essen. Wir landeten im Doppelzimmer eines der Delegierten, saßen auf den Betten und aßen Kaviar aus Dosen, die in Zeitungen eingepackt waren. Dazu gab es natürlich Wodka. Ein unglaublicher und unvergesslicher Abend.

Aber natürlich gab es auch den Alltag, in dem ich Vorbereitungen für die Vorlesungen meines Chefs erledigte. Er nutzte ein handschriftliches Konzept und war nicht leicht davon zu überzeugen, neue Ergebnisse der Wissenschaft zu übernehmen. Das war ihm nicht so wichtig. Wichtig waren ihm die wissenschaftlichen Grundlagen, die man bei den Agrarwissenschaftlern Liebig, Mitscherlich, Römer etc. nachlesen konnte. Bei meinen Bemühungen, aktuelle Erkenntnisse in die Vorlesungen meines Chefs einzubringen, hatte ich hier und da zwar Erfolg, aber an seiner Basis konnte ich einfach nicht rütteln.

In dieser Zeit erhielt ich den Auftrag, den Index – in deutscher und englischer Sprache – für das Handbuch „Pflanzenernährung" zu erstellen. Dafür musste ich alle Artikel des Handbuchs lesen und einordnen. Mir hat diese Arbeit sehr viel Spaß gemacht und auch viele Erkenntnisse eingebracht. Diese Inspirationen waren so intensiv, dass ich auf die Idee kam, das Studium der Agrarwissenschaften zu beginnen. Aber alles kam anders! Zu dem Zeitpunkt war ich ja bereits Mutter meines ältesten Sohnes Michael und wie schon beschrieben, wurde ich recht schnell wieder schwanger, diesmal mit Olaf. Seine Geburt stellte mein Leben auf den Kopf, gab ihm einen neuen Sinn und ein neues Ziel. „Ich habe das Leben meiner Mutter verändert", sagte Olaf oft. So war es. Und ich bin dankbar dafür.

Heiraten – eine gute Idee?

Neulich las ich in der Zeitung, dass schwangere Frauen andere Frauen, die sie täglich sehen, etwa Kolleginnen, mit ihrer Schwangerschaft „anstecken", das heißt, dass die anderen Nichtschwangeren beschließen, auch schwanger zu werden. Vielleicht ging es mir in den 60/70er-Jahren ganz ähnlich, allerdings zunächst mit dem Thema der Eheschließung.

Als unverheiratete Frau war ich gesellschaftlich ausgeschlossen. Ein Beispiel: Ich war Mitglied in einem Frauen-Kegelclub mit Frauen aus den sogenannten „gehobenen Kreisen". Alles sehr nette und liebenswürdige Frauen. Aber trotzdem luden sie mich nie zu Abendessen in Gesellschaft ein; nachdem ich verheiratet war schon. Das machte man nicht mit alleinstehenden Frauen. Aber auch in der Familie fühlte ich mich zunehmend unbehaglich. Alle meine Geschwister waren verheiratet und hatten Kinder. Bei den Familientreffen empfand ich mich immer als nicht dazugehörig. Also heiraten, aber wen? Verlobt war ich ein halbes Jahr mit einem guten Freund, Förster von Beruf. Aber irgendwie klappte das mit ihm und mir nicht, wenn ich auch gerne mit ihm zur Jagd ging. Den Jagdschein hatte ich in zweijähriger Ausbildung bei seinem Vater gemacht. In der Familie fühlte ich mich wohl, aber unsere restlichen Interessen lagen so weit auseinander, dass wir uns wieder trennten.

Ich lernte viele Studenten der Agrarwissenschaften kennen und war oft zu Stiftungsfesten eingeladen, auf denen weitere „Kandidaten“ anwesend waren. Mein Chef hat mir diese Freunde aber immer wieder ausgeredet: „Der ist doch zu dumm für Sie“, war stets sein Argument.

Auf einer Studienreise der Universität Gießen nach Prag im Jahr 1968 lernte ich dann meinen späteren Mann kennen. Er war Student der Betriebswirtschaft und wurde sofort von meinem Chef anerkannt! Er besuchte mich am Wochenende in Rauischholzhausen oder wir besuchten meine Familie in Rheinberg oder seine Mutter in Wedel bei Hamburg. Wir beschlossen zu heiraten und zwar am 21. August 1971 in Rheinberg. Es gab eine Doppelhochzeit: Die Schwester meines Mannes und ihr Verlobter heirateten gemeinsam mit uns. Mein Mann hatte eine sehr gute Freundin in Berlin, die uns anbot, in ihrem Ferienhaus in Keitum auf Sylt unsere Flitterwochen zu verbringen. Hier überwältigte mich die Frage: War das jetzt der richtige Schritt gewesen? In einer Ehe geht es auf und ab, durch gute und durch schlechte Zeiten. Ich habe mich an mein Eheversprechen gehalten, in all den Jahren und durch vieles Schwierige hindurch.

Nach der Hochzeit wohnten wir zunächst weiter in Rauischholzhausen, zogen aber bald um in eine schöne Wohnung in Linden-Forst. Mein Mann fand eine Anstellung in Frankfurt am Main bei der Höchst AG. Seine Idee von unserer Ehe war, dass ich am Abend auf ihn wartete und wir gemeinsam einen Dämmerschoppen trinken würden. Das klappte ganz und gar nicht, denn als Mitglied in mehreren politischen Gremien der Universität kam ich oft sehr spät nach Hause.

Als Vertreterin der technischen Mitarbeitenden hatte ich einen Sitz in Senat und Konvent. Und damit hatte mich die Politik in ihren Bann gezogen! Ich erinnere mich noch genau an die endlosen Sitzungen im Senat – der Raum war total verqualmt, damals durfte noch überall geraucht werden – und an die intensiven Diskussionen und Kontroversen im Konvent. Der Sprecher der Linken war damals Karl-Heinz Funk. Ihn habe ich später als Mitglied im Kreistag und danach als Vorsitzenden des Kreistages wieder getroffen. Heute sind wir gute Freunde. Er und seine Frau sind oft Gäste unserer Veranstaltungen der Lebenshilfe, und ich freue mich immer, sie zu begrüßen.

Politik und Familie – die Jahre ziehen ins Land

Politik hat mich schon früh fasziniert. Aber das lag eben auch daran, dass ich damit an der Universität so hautnah konfrontiert wurde: Das neue Hochschulgesetz Ende der 60er-Jahre hatte die Universitäten komplett „umgekrempelt". Fachgebiets- und diverse andere Gremien wurden eingesetzt, die Institutsdirektoren hatten nicht mehr das alleinige Sagen. Der Fachbeirat als Vertretung von Professoren, Assistenten und Studierenden hatte „ein Wörtchen" mitzureden.

Auch für meinen Chef war das damals nicht leicht. Schließlich war er schon Rektor der Universität und mehrmals Dekan gewesen. Nun musste er sich dem Votum der Studierenden beugen. Aus damaliger Sicht eine krasse Umstellung! Heute sehe ich das nicht mehr als so dramatisch an, weil ich denke, dass sich die Gruppen arrangiert haben. Aber damals war es eine wilde Zeit und ihre Aktivisten, die sogenannten „68er", krempelten die Gesellschaft ganz schön um!

Ich erinnere mich noch sehr genau an einen besonderen Tag: Die Konvent-Sitzung sollte stattfinden. Es wurde aber gemunkelt, dass die Linken die Sitzung sprengen wollten. Kurzfristig wurde daher die Sitzung zur Uni-Außenstelle nach Rauischholzhausen verlegt. In Bussen wurden wir dorthin gefahren und von der Polizei beschützt. Was waren das für Zeiten! Und was habe ich damals getan? Natürlich gut zugehört, aber auch gestrickt wie viele andere. Einen grünen Pullover für meinen Chef, den Jäger.

Parteipolitisch hat es mich zur CDU gezogen. Trotz des Strickens bin ich keine „Grüne“, habe aber sehr viele und herzliche Kontakte zu dieser Partei. Als Mitglied der CDU, und das bin ich schon über viele Jahre, habe ich Prügel von meinen Mitarbeitenden bei der Lebenshilfe bekommen. So wurde der Lebenshilfe Gießen das Haus in der Alicenstraße 18 zum Kauf von der Landesregierung angeboten. Wir waren ja auf der Suche nach Häusern für Wohneinrichtungen für Menschen mit Behinderungen. Natürlich war ich begeistert! Dann kam aber eine Initiative der Wohnungslosen dazwischen, die das Haus besetzt hielten. Meine Mitarbeitenden waren der Meinung, ich hätte meine Mitgliedschaft in der CDU genutzt, um die Wohnungslosen auszubremsen. Möglicherweise hatte ich es versäumt, die Mitarbeitenden rechtzeitig über das Kaufangebot zu informieren, aber sie hatten sich mit den Wohnungslosen bereits verbündet. Mir und auch dem Vorstand wurden in der Presse ausufernd unschöne Dinge nachgesagt, sodass wir das Projekt aufgaben.

Mir wurde vor einigen Jahren zugetragen, dass der Vorsitzende des Betriebsrates der Lebenshilfe Gießen, ein Mitglied der Linken, gesagt haben soll: „Die Müller-Erichsen macht gute Arbeit für die Behinderten in Gießen, *obwohl* sie in der CDU ist!“

Viele meiner Freunde sind irritiert darüber, dass ich Mitglied der CDU bin. Wo ist der Haken, frage ich mich? Manchmal sage ich, ich sei eher ein CDU-Mitglied des linken Flügels, was aber nicht heißt, dass dieser Flügel meine Ideen mitträgt. Mir geht es um die Teilhabe von Menschen mit Behinderungen und die Beseitigung ihrer Probleme dabei. Die *Werte* der CDU sind mir wichtig, wenn ich auch wünschte, dass sich die CDU mehr auf Menschen mit Behinderungen einstimmen würde.

Ich habe immer gedacht und auch so gehandelt, dass die Arbeit für Menschen mit Behinderungen viel mit Politik, aber nichts mit Parteipolitik zu tun haben soll. Diese Einstellung gilt gegenüber allen Parteien, ohne Wenn und Aber. Aus diesem Grunde habe ich immer gesagt: „Ich führe die Lebenshilfe Gießen ohne parteipolitisches Interesse und auch neutral gegenüber allen Religionen."

Politisches Engagement halte ich aber für notwendig und wichtig. Deshalb habe ich mich auch selbst nicht davor gedrückt: Von 2004 bis 2012 war ich Mitglied im Gießener Kreistag. Ich hatte zwar zu allen Kollegen der Fraktion ein sehr gutes und freundschaftliches Verhältnis, aber meine Themen waren nicht die der Fraktion. Einmal bin ich nicht dem Beschluss der CDU gefolgt, sondern habe dem der SPD und der Freien Wähler zugestimmt. Das hat mir als CDU-Mitglied sicher geschadet.

Mit der Landrätin Anita Schneider verband mich das gemeinsame Interesse für die Lebenshilfe Gießen. Im Jahr 2019 durfte ich das dann konkret erleben: Sie wurde neben zwei Menschen mit Behinderungen die Schirmherrin der 60-Jahr-Feier der Lebenshilfe Gießen. Für ihr Engagement danke ich ihr herzlich.

Nach zwei Legislaturperioden habe ich mein Engagement im Kreistag abgeschlossen. In meiner letzten Kreistagssitzung war ich Alterspräsidentin und musste und wollte die Abgeordneten in meiner Rede auf das „Jahr der Inklusion" einstimmen. Versucht habe ich es. Der Effekt war nicht so sichtbar, wie ich es mir wünschte.

Menschen mit Behinderungen sind leider immer noch eine Randgruppe, die nicht jedem Politiker präsent ist. Mir ist wichtig, dass der Kreistag auf Grund meines Vorschlages einen Beirat gegründet hat, in dem die Menschen mit Behinderungen die Mehrheit besitzen und in dem sie mitreden dürfen. Leider ist die Stadt Gießen diesem Konzept nicht gefolgt, das heißt, hier haben nach wie vor die „Funktionäre“ das Wort.

Neben meiner politischen Arbeit ging aber auch das familiäre Leben weiter. Und wir machten zwischendurch mal Pause. Seit 1976 fuhren wir im Sommerurlaub immer auf die Insel Amrum. Mit Kindermädchen und allem Drum und Dran. Wir trafen dort befreundete Familien und fuhren mit dem Kinderwagen und später mit dem Bollerwagen an den Strand von Norddorf. Viele Gäste der Insel schauten in den Kinderwagen: „Hast du gesehen, ein behindertes Kind!“ Ja, das haben wir oft erlebt, auch in Gießen, in der Stadt oder auf dem Spielplatz. Damals sah man selten Kinder oder Erwachsene mit Behinderung in der Öffentlichkeit.

1979 beschlossen wir zusammen mit Familie Neuhäuser aus Gießen und Familie Pfister, die auch in Linden-Forst lebte, im Baugebiet „Brautgarten“ der Gemeinde Linden-Leihgestern neu zu bauen. Je ein Fertighaus „Huf-Haus“, angeblich der „Mercedes“ unter den Fertighäusern. Wir ließen zusätzlich einen Keller bauen. Hier befand sich später der für meinen Mann wichtigste Raum – der Weinkeller!

Unsere Kinder Michael und Olaf entwickelten sich prächtig und verstanden sich gut. Aber nicht allen Menschen mit Kindern mit Behinderung ging es so gut wie uns. Ich merkte immer wieder, dass wir so besonders gesegnet waren, weil wir einander annehmen konnten und uns liebten und so schätzten, wie wir eben waren. Ich weiß nicht, warum gerade wir das so leben konnten, aber ich habe es immer als meine Aufgabe gesehen, diese Gabe als Inspiration für andere mit ihnen zu teilen.

1983 erhielt ich einen verzweifelten Brief einer Mutter aus der DDR, die ein Kind mit Down-Syndrom geboren hatte. Ich habe den Kindern den Brief vorgelesen. Spontan rief Michael: „Mensch, Olaf, du hast jetzt einen Kumpel in der DDR." Später fanden beide tröstliche Worte im Antwortbrief an diese Frau. Michael, damals 9 Jahre alt, schrieb: „Ich kann mit Olaf kuscheln." Olaf, damals 8 Jahre alt, schrieb: „Das Kind braucht Liebe und kann auch Liebe geben." Olaf war schon früh entwaffnend tiefgründig, so ein Kind habe ich nie wieder erlebt, und ich bin dankbar, dass er *mein* Kind war.

Olaf war immer mit dabei, auch im Skiurlaub. Michael und ich tummelten uns auf den Pisten, Olaf und sein Vater gingen zum Langlauf. Aber der Strand lag uns doch mehr: Mein Mann träumte immer von einem eigenen Haus in Norddorf auf Amrum. Schließlich fanden wir dort auch ein Grundstück und bauten mit einer weiteren Familie ein Doppelhaus im friesischen Stil. Das Haus nannten wir „Nis Puk", das bedeutet „Kleines Nichts". Nis Puk ist eine nordische Sagengestalt, die oft in den Schleswiger Volksmärchen vorkommt. Der Nis Puk soll auf Haus, Hof und Tiere achtgeben. Wenn die Bewohner bereit sind, die eigenen Kinder und die Haustiere gut zu behandeln, wird Nis Puk innerhalb des Hauses und auch im Dorf stets für Frieden sorgen. Er lebt auf dem Dachboden des Hauses oder in einer Scheune. Erwachsene können ihn natürlich nicht sehen …

Zum Strand ging es vom Haus Nis Puk aus per Bollerwagen, später mit dem Fahrrad. Auch Olaf lernte das Radfahren, wenn er auch manchmal in den Graben fuhr. Aber es ging immer besser. In späteren Jahren fuhr ich mit den Kindern für ganze vier Wochen ins Haus Nis Puk, begleitet von einem Faxgerät der Lebenshilfe. So konnte ich morgens arbeiten und nachmittags war ich mit den Kindern am Strand. Eine herrliche Zeit. Mein Mann konnte nur maximal 14 Tage nach Amrum kommen, da er beruflich sehr eingespannt war.

1988 verbrachten wir meinen 50. Geburtstag in Paris. Wir hatten eine kleine Wohnung angemietet und versorgten uns selbst. Die Kinder sollten morgens Croissants beim Bäcker holen. Das Ergebnis: Sie brachten vier Baguettes mit!

1989 wurde Michael konfirmiert. Anschließend besuchte er seinen Onkel „Bräsig" und Familie in New Orleans und kam dann anschließend nach Norddorf. In diesem Jahr machte auch Bundespräsident Richard von Weizäcker mit seiner Frau Urlaub in Norddorf. Für die Bewohner der Insel natürlich eine aufregende Zeit. Michael organisierte sich drei Autogramme und setzte sich während des Gottesdienstes neben den Bundespräsidenten. „Da war doch noch ein Platz frei!"

Olaf liebte das Leben auf Amrum, den Strand, das Wasser und die Ausflüge auf die Halligen. Ab und an besuchten wir die „Tante", die Schwester meines Mannes und ihren Mann auf Hallig Gröde, sie war dort Lehrerin an der wohl kleinsten Schule in Deutschland.

Später fuhr ich zusammen mit Olaf und seinem Freund Christian Häuser nach Norddorf in unser Haus Nis Puk. Die beiden schliefen auf dem Dachboden und hatten dort ihr eigenes Reich.

Olaf hatte ein Fahrrad auf Amrum, für Christian bestellten wir ein Dreirad. Olaf war in Norddorf quasi „stadtbekannt". Gerade in diesem Jahr (2022) wurden wir immer wieder gefragt: „Warum kommt Olaf nicht mehr mit nach Amrum?" Und alle reagieren traurig und betroffen, wenn wir erzählen müssen, dass er gestorben ist.

Die Lebenshilfe

Den Weg zur Lebenshilfe fand ich erst im Jahr 1979. Im Jahr 1976 gründete ich mit meiner Freundin Petra Hamann in Zusammenarbeit mit der VHS Gießen unsere sogenannte „Elternschule". Wir organisierten verschiedene Kurse zum Thema Kindererziehung, u. a. auch einen Kurs „Eltern und behindertes Kind". Diesen Kurs besuchte ich über Jahre und lernte dort viele Eltern der Lebenshilfe Gießen kennen, deren Töchter und Söhne weit älter waren als Olaf. Geleitet wurde der Kurs von einem Therapeuten, der selbst Vater eines behinderten Kindes war. Rückblickend staune ich immer wieder, welche Themen wir diskutiert haben, welche Experten eingeladen wurden. Ärzte zum Thema Gesundheit, Zahnärzte, die Menschen mit Behinderungen behandelten (es gab tatsächlich eine Liste von Zahnärzten, die Menschen mit Behinderungen behandelten, denn nicht alle Zahnärzte taten das!), Juristen, die zu Rechtsfragen berieten etc. Wir organisierten Wochenendfreizeiten mit Eltern, Kindern und Jugendlichen z.B. nach Rauischholzhausen. Wir organisierten Informationsveranstaltungen zum Thema Lebensrecht von Menschen mit Behinderungen im Seltersweg, der wichtigsten Einkaufsmeile und Fußgängerzone in Gießen und vieles mehr.

Von der Lebenshilfe Gießen gab es damals diese Angebote nicht. Die Lebenshilfe Gießen wurde zwar schon 1959, ein Jahr nach der Gründung der Lebenshilfe Deutschland, gegründet, ein Beratungsangebot gab es aber nicht. Seit 1970 existierte ein Sonderkindergarten in der Gießener Ringallee. Ein Beschäftigungsangebot für Jugendliche und erwachsene Menschen mit

Behinderungen gab es später in der Werkstatt für Menschen mit Behinderungen in der Siemensstraße in Gießen.

Die Lebenshilfe wurde von einem Vorstand geführt, dessen Mitglieder „Funktionäre“ der Wohlfahrtsverbände wie Caritas, Diakonie, AWO etc. waren. Im Juli 1979 standen Wahlen des Vorstandes an. Eltern, speziell die, die ich aus dem VHS-Kurs kannte, wollten den bestehenden Vorstand abwählen und einen Vorstand gründen und wählen, der von Eltern besetzt sein sollte. Alle Positionen hatten sie schon verteilt, es fehlte ihnen nur eine Person, die den Vorsitz übernahm. Mehrmals besuchten mich die Eltern, die den Vorstand neu besetzen wollten und fragten mich immer wieder, ob ich nicht bereit wäre, den Vorsitz zu übernehmen. Lange habe ich überlegt, schließlich war ich noch in der Uni tätig und hatte die kleinen Kinder zu versorgen, aber ich habe dann doch zugesagt und saß gespannt in der Versammlung, die den neuen Vorstand wählen sollte. Mein Gegenkandidat war der Vorsitzende der AWO Gießen und Sozialdezernent des Landkreises Gießen. Ich wurde mit einer Mehrheit von 60 Stimmen gewählt. Auch alle anderen Vorstandspositionen wurden von Eltern, deren Söhne und Töchter eine Behinderung hatten, besetzt!

Es war eine denkwürdige Veranstaltung, an der auch Tom Mutters von der Bundesgeschäftsführung der Lebenshilfe teilnahm. Tom Mutters gilt als „Vater“ der Lebenshilfe. Zusammen mit Eltern und Fachleuten gründete er am 23. November 1958 in Marburg die „Bundesvereinigung Lebenshilfe für das geistig behinderte Kind e. V.“ (heute: Bundesvereinigung Lebenshilfe e. V.), deren Geschäftsführer er 30 Jahre lang war. Er hatte auch, nach dem Vorbild der USA, mit mehreren Persönlichkeiten der Wohlfahrtsverbände und dem ZDF die Stiftung „Aktion Sorgenkind“ (heute „Aktion Mensch“) gegründet.

Mutters gab bekannt, dass die Bundesvereinigung Lebenshilfe einen beträchtlichen finanziellen Betrag zur Verfügung stellen wolle, um die Eigenmittel der Lebenshilfe Gießen aufzustocken, die für den Neubau der Werkstatt für Menschen mit Behinderungen (WfbM) in Pohlheim Garbenteich benötigt würden. Diese Zusage der Zuwendung lag dem Vorstand und dem damaligen Geschäftsführer zwar schon vor, war den Eltern aber nicht bekannt. Es hieß immer, die Lebenshilfe habe nicht das Geld, um in Eigenregie eine WfbM zu bauen.

In dieser Versammlung betonte Tom Mutters die Notwendigkeit, dass auch die Lebenshilfe sich um Wohnmöglichkeiten für Menschen mit Behinderungen bemühen müsse. „Es muss damit aufhören, dass nur die großen Komplexeinrichtungen der Kirchen dieses Angebot vorhalten", sagte er öffentlich. Bei dem Caritasverband in Freiburg wurde diese Aussage bekannt mit der Folge, dass es zu einem Riesenkrach zwischen beiden Verbänden kam. Meine erste Aufgabe als Vorsitzende der Lebenshilfe war es, den Geschäftsführer der Lebenshilfe Gießen fristlos zu entlassen, das haben wir in der ersten Sitzung des neuen Vorstandes beschlossen. Mit Unterstützung der Juristen der Uni Gießen und einem bekannten Rechtsanwalt und Notar konnte ich diese Aufgabe erledigen.

Alle sagten mir, ich solle mir keine Sorgen wegen der Dreifachbelastung machen – Kinder, Uni-Job, den ich ja noch bis 1981 wahrnahm, und Lebenshilfe-Vorstand – ich bekäme das schon hin. Aber schon kurz nach der Wahl erreichte mich ein Anruf des Geschäftsführers der Diakonie, der mir totale Unkenntnis vorwarf. Schließlich sei ich keine Sozialarbeiterin. Ich möge mich doch dringend darum bemühen, mir eine oder einen solchen einzustellen. Das tat ich nicht, vielmehr hielt ich die Idee, Experten *bei Bedarf* hinzuzuziehen, für kostengünstiger und effektiver.

Mein erster Besuch in Wiesbaden beim zuständigen Sozialdezernat war auch nicht einfach. Der damalige Sozialdezernent bestand darauf, dass ich einen neuen Trägerverein gründen sollte, der den Bau der dringend benötigten neuen Werkstatt für Menschen mit Behinderungen organisieren würde. Die vorhandene Werkstatt für Menschen mit Behinderungen in der Siemensstraße in Gießen war schon übervoll, und weitere Anwärter wurden erwartet. Den Trägerverein nannten wir „Lebenshilfewerk". In diesem Verein sollten auch die Stadt und der Landkreis Gießen vertreten sein. Meine Sorge war, dass die Vertreter von Kreis und Stadt uns zu sehr in unsere Sache hineinreden würden, da wir ja „nur" unbedarfte Eltern waren. Tatsächlich war es am Ende aber gut, dass die beiden Vertreter dabei waren, denn ohne sie hätten wir keine Experten in Sachen Kosten und Finanzen unter uns gehabt.

Ich erinnere mich noch gut an meinen ersten Tag in der bestehenden WfbM in der Siemensstraße. Ich lernte Menschen kennen, die mir fremd waren, aber dennoch liebenswürdig. Sie waren fröhlich und begrüßten mich herzlich. Leider waren sie mit einer sehr stupiden Tätigkeit beschäftigt: Sie stellten Rollenlager her. Darüber hinaus gab es eine Drechslerei, in der Kerzenständer gefertigt wurden. Beeindruckt hat mich eine Gruppe, in der nicht gearbeitet wurde, weil die Menschen dort so schwer behindert waren, dass sie das nicht konnten. Auch die Gruppenleiterin hinterließ einen tiefen Eindruck bei mir. Eine sehr liebenswürdige Frau, die den Menschen in ihrer Gruppe sehr zugewandt war, das spürte ich sofort.

Die Stadt und der Landkreis Gießen sollten wie gesagt unbedingt in unserem neuen Verein für die WfbM einen Sitz haben. Wahrscheinlich hielt man uns Eltern für zu dumm, um so ein riesiges Projekt zu managen. Beide Behörden sandten einen Juristen und einen Finanzfachmann in den Vorstand des Vereins. Hinzu kam ein Baufachmann, Achaz Bading, der wie ich auch einen Sohn mit dem Down-Syndrom hatte. Achaz Bading war 40 Jahre lang stellvertretender Vorsitzender des Aufsichtsrats und lange Jahre für die Steuerung der Lebenshilfe-Bauprojekte zuständig.

In Wiesbaden wurde beschlossen, dass ein Architekt aus Heringen den Bau planen und bauen sollte. Das war akzeptabel und so wurde die WfbM in Garbenteich mit 240 Plätzen gebaut. Fläche hatten wir genug, sodass alles ebenerdig geplant werden konnte.

1983 eröffneten wir die Reha-WfbM für Menschen mit psychischer Erkrankung; Magnus Schneider wurde als Leiter eingestellt. Hier gibt es die lustige Geschichte seiner Vorstellung: Da ich damals keinen passenden offiziellen Raum zur Verfügung stellen konnte, musste er sich bei mir zu Hause vorstellen und nahm im Schaukelstuhl meines Arbeitszimmers Platz. Später übernahm er die Leitung aller Werkstätten und auch der Wohnstätten. 2004 wählten wir ihn zum hauptamtlichen Vorstand der Lebenshilfe Gießen und wir, der Vorstand, wechselten in den Aufsichtsrat. Unsere Zusammenarbeit war sehr vertrauensvoll und unterstützend. Sein Nachfolger Dirk Oßwald ist nun schon fünf Jahre im Amt, und auch mit ihm verbindet mich eine verlässliche und vertrauensvolle Zusammenarbeit. Beiden Männern danke ich sehr für ihr Engagement und ihre Verbundenheit.

Mein Büro befand sich im Kindergarten der Lebenshilfe. Dort arbeiteten drei Mitarbeiterinnen in unserer Verwaltung. Eine Mitarbeiterin, Else Freiwald, war die Leiterin der Verwaltung, die mich in die Geheimnisse der Finanzen einwies. Das war sehr hilfreich. Unterstützt wurde sie von Flori Völzing und Witte König, die noch heute in der WfbM in Lollar tätig ist.

Aber der Kindergarten selbst – du liebe Zeit! Ich konnte mir nicht vorstellen, dass sich mein Sohn Olaf dort wohlfühlen würde.

Das damalige Konzept der „Sonderkitas" war ein total anderes als heute. Die Räume waren kahl und steril. „Sagrotanisiert" habe ich dazu immer gesagt. Die Begründung für diese Atmosphäre lautete, dass die Kinder nicht abgelenkt werden sollten, damit sie besser lernen könnten, stillzusitzen und praktische Dinge zu erledigen. In unserem Kindergarten gab es auch eine Gruppe Jugendlicher, die aufgrund der Schwere ihrer Behinderung nicht in der Schule betreut werden konnten, ganz einfach, weil die Schule nicht barrierefrei ausgebaut war! Insgesamt glaubte man nicht an eine kognitive Bildung von Menschen mit Behinderungen. „Bildungsunfähig" nannte man das in der damaligen BRD und glaubte daran. Später änderte sich das zum Glück. In der DDR gab es diese Einstellung tatsächlich bis zur Wende 1989. Heute sind unsere Kindergärten freundlich, wohnlich und bunt, sie strahlen eine Atmosphäre aus, in der sich Kinder willkommen fühlen können.

In diesen Jahren war mein Leben komplett durchgetaktet: Vormittags arbeitete ich an der Universität und für die Lebenshilfe. Olaf wurde zu Hause von einem Kindermädchen beaufsichtigt, Michael war im Städtischen Kindergarten in Linden. Zusammen mit Olaf holte ich ihn dort ab, fast immer zu spät und mit bösen Blicken der Erzieherinnen bedacht. Abends fuhr ich zu Elternabenden, Vorstandssitzungen oder habe gearbeitet. Zu Hause hatte ich zum Glück auch ein Büro eingerichtet, sodass ich dort ebenfalls arbeiten konnte.

Einmal im Monat traf ich mich noch mit den Eltern der Gruppe, die von der VHS organisiert wurde. Der Leiter der Gruppe war Therapeut und lud mich zu mehreren Fortbildungen ein, zum Beispiel zur TZI (Themen zentrierter Interaktion) oder zur Transaktionsanalyse, alles wertvolle Werkzeuge für meine Tätigkeit als geschäftsführende Vorsitzende der Lebenshilfe Gießen. Und es hat mich begeistert, sodass ich auch manches Wochenende in der

Ausbildungsgruppe verbrachte. Ich konnte dort auch die Entwicklung meiner eigenen Jugend, das Verhältnis zu meinen Eltern und vieles mehr aufarbeiten. Damals entstand bei mir das Gefühl der Solidarität unter uns Eltern, das bis heute nicht nachgelassen hat. Ich freue mich noch heute über jeden Anruf von Eltern. Wenn diese sich entschuldigen ob der Störung, antworte ich immer: „Das ist mein Job." Ja, so ist es.

In meiner Therapie entdeckte ich, dass Olaf kein Problem für mich darstellte. Meine Macken und Meisen stammten aus früheren Tagen. Das war sehr erhellend und auch erleichternd für Olafs und meine Beziehung.

Ich habe immer anderen Eltern Mut gemacht (und mache es bis heute), ebenfalls eine Therapie anzufangen. Im Laufe der Zeit lernte ich viele Eltern kennen, die mit ihrem Schicksal, ein behindertes Kind geboren zu haben, haderten. Das hat mich immer wieder bedrückt. Ich bin überzeugt davon, dass hier Therapien gute und entlastende Hilfe bieten können.

Mein Weg mit der Lebenshilfe ging weiter. Allmählich streckten andere die Fühler nach mir aus: Ich wurde angesprochen vom Lebenshilfe-Landesverband (LV) und von der Bundesvereinigung (BV LH). Das freute mich sehr. Sehr bald wurde ich in den Vorstand des Landesverbandes gewählt und bekam Kontakte zu anderen LH-Vereinigungen und auch zum Sozialministerium, speziell zur Abteilung von Dr. Hannes Ziller, damals zuständig für die Jugendhilfe und Frühförderung. Er war eigentlich der „Vater" der integrativen Kindertagesstätten in Hessen. Das Interesse an den Veranstaltungen dazu, die er anbot, war immer riesig.

Ich wurde in die Landesarbeitsgemeinschaft der Frühförderung, der Kindertagesstätten und später auch der Werkstätten gewählt. In diesen Arbeitsgemeinschaften habe ich viel gelernt, sei es Fachliches oder auch Hintergründe zur Finanzierung.

Mir war es wichtig, möglichst bald eine Frühförderung zu etablieren, speziell nach dem Muster der BV LH, die insbesondere eine mobile Frühförderung favorisierte. In Gießen gab es die Frühförderung der Arbeiterwohlfahrt (AWO) in Form einer therapeutischen Einrichtung. Der damalige Geschäftsführer der AWO, Dr. Walter Schneider, war nicht so begeistert von meiner Idee. Sicher fürchtete er Konkurrenz. Aber dann kam mir Professor Dr. Gerhard Neuhäuser zur Hilfe, der gerade von Erlangen nach Gießen berufen worden war und in der Kinderklinik die Abteilung für behinderte Kinder übernommen hatte. Er befürwortete meine Idee.

Nebenher musste ich mit dem Sozialdezernenten der Stadt Gießen die Finanzierung aushandeln. Das war auch nicht einfach, weil man auch dort nicht gleich von der Notwendigkeit dieser Art der Frühförderung überzeugt war. Aber dennoch kam es zur Gründung einer interdisziplinären Frühförderung in Gießen, eine der ersten Einrichtungen dieser Art in Hessen. Die AWO übernahm die therapeutischen Aufgaben. Professor Neuhäuser sorgte für die medizinische Behandlung und die Lebenshilfe kümmerte sich um den pädagogischen Bereich, also auch um die mobile Beratung der Eltern zu Hause.

Oft habe ich zu den Mitarbeitenden gesagt, „Ihr müsst auch fähig werden, die Tränen der Eltern auszuhalten." Anfangs ist das viel wichtiger, als die Säuglinge zu bespaßen. Immer wieder habe ich Gott gedankt, dass Olaf sich so gut entwickeln konnte, ohne Herzfehler, ohne Magen-Darm-Verschluss und ähnliche Probleme. Es gibt so viele medizinische Unwägbarkeiten bei Säuglingen mit Behinderungen. Es ist kein leichtes Los, so ein Menschlein großzuziehen. Vor allem am Anfang kann es einiges an Komplikationen geben. Deshalb haben wir auch immer wieder „junge" Eltern zu uns nach Hause eingeladen, um ihnen Mut zu machen, ihr Kind mit DS anzunehmen.

Ein Gespräch werde ich nie vergessen. Eine Mutter kam zu mir, ihr neugeborenes Kind war bei der Herz-OP verstorben. Es war grausam. Sie hatte es schon ganz und gar als ihr Kind angenommen. Sie weinte bitterlich und sagte dann, dass ihre Mutter gesagt hätte: „Das ist doch besser so." Die Verletzung, die dieser Satz auslöste, verstand ich gut und spürte sie tief in meinem Innern, denn ich kenne ja ganz ähnliche Sätze aus meinem eigenen Erleben mit Olaf als frischgeborenem Säugling. Ja, in dieser Zeit gab es noch immer Ressentiments gegen Kinder mit Behinderung, gerade in dörflichen Regionen. Böse Sätze wie: „Das Kind ist sicher im Suff gezeugt worden", waren gang und gäbe, sodass viele Eltern ihr behindertes Kind versteckten. Gerade die Begegnungen mit den Eltern und die hässlichen Ressentiments gegenüber Kindern mit Behinderungen entfachten bei mir Wut über die bestehenden Verhältnisse und lösten immer wieder Energieschübe aus, die mich bei meinem Engagement wach und hartnäckig machten.

Die Politiker von Kreis und Stadt unterstützten mich immer sehr freundlich und hilfreich. Aber ich gestehe: Ich war auch stur. Wenn ein Gespräch nicht erfolgreich verlief, bin ich immer wieder aufgetaucht, um nachzuverhandeln. Die Sekretärin eines Dezernenten hat mir einmal gesagt: „Sie sind ja *schon* wieder hier!?"

„Ja", antwortete ich: „Bis ich meine Ziele für die Menschen mit Behinderungen erreicht habe, komme ich wieder!"

Bald nach Eröffnung der Frühförderung übernahm Martina Ertel die Leitung, die sie bis heute innehat. Hier ist die rechte Person am richtigen Platz! Sie ist mit diversen Organisationen gut vernetzt und hat für jeden ein offenes Ohr sowie eine hilfreiche Antwort. Ich danke ihr von ganzem Herzen für ihre Hilfsbereitschaft, die auch ich in Anspruch genommen habe.

Wenig hilfreich waren und sind hingegen Äußerungen von vielen Ärztinnen und Ärzten und Erzieherinnen und Erziehern wie etwa: „Die Eltern müssen doch endlich begreifen, dass ihr Kind kein Abitur machen kann!" Ich möchte gerade die Ärztinnen und Ärzte bitten, keine Prognosen hinsichtlich der Entwicklung der Kinder mit Behinderungen auszusprechen, es fehlt ihnen schlichtweg an Kompetenz und Erfahrung. Andere Bemerkungen, die mich tatsächlich sehr genervt haben, nutzten Begrifflichkeiten wie „Restschulen", „Rest-Kitas" oder „Beistellkinder". *Kein Kind in Deutschland zählt zum Rest unserer Nation!*

Weitere Ideen und Initiativen der Lebenshilfe, die erfolgreich umgesetzt wurden, waren: 1995 eröffneten wir die erste Oldtimer Spendenaktion! Reinhardt Schade und Tina Gorschlüter organisieren diese Aktionen inzwischen schon seit Jahren, sie sammeln Oldtimer aus ganz Deutschland und wir verlosen diese an Teilnehmer wiederum aus allen Regionen Deutschlands. Das brachte der Lebenshilfe bereits mehr als eine Million Euro an Spenden ein. Eine geniale Unterstützung für die expandierende Lebenshilfe, ich danke beiden von Herzen.

Im Jahr 2000 gründeten wir das Atelier 23, eine Werkstatt für Künstler. Viele von ihnen haben sich enorm entwickelt und malen und zeichnen Gemälde, die gut verkauft werden und viel Anklang finden. 2007 eröffneten wir die erste Vernissage.

Im Jahr 2008 gründeten wir die Gruppe „Junge Eltern der Lebenshilfe JULE". Diese Gruppe junger Eltern hatte sich zum Ziel gesetzt, junge Familien mit einem Kind mit Behinderung zu beraten und zu begleiten – insbesondere noch in der Klinik. Sie entwickelten einen Flyer, der in den Kliniken ausliegt und auch nachgefragt wird. Sie sind aber auch Ansprechpartner für die Eltern in Kindergarten, Schule und Kompetenzzentrum. Ich freue mich immer, sie zu treffen!

Um einmal Bilanz zu ziehen, habe ich nur grob zusammengezählt, was die Lebenshilfe in den drei Jahrzehnten seit meinem

Eintritt 1979 bis 2009 alles auf die Beine gestellt hat: Es wurden insgesamt zwölf Wohnstätten und WGs eingerichtet, vier Werkstätten aufgebaut, drei Tagesförderstellen und drei KiTas eröffnet, die Sophie-Scholl-Schule wurde gegründet, die Frühförderung, das Betreute Wohnen und der FeD (darauf gehe ich später noch ein; heute FuD) sowie die Familienberatung gestartet. Zusätzlich weitere Aktionen, die ich hier schon benannt habe. All das unter Mitwirkung vieler, vieler engagierter Menschen. Hauptberuflich und ehrenamtlich im Einsatz. Darüber kann ich nur dankbar staunen und mich unendlich freuen!

Zu meinem 80. Geburtstag gab die Lebenshilfe Gießen auf Initiative von Dirk Oßwald ein Heft mit einem Interview mit mir heraus. Robert Schmidt, ein ehemaliger Redakteur der Gießener Allgemeinen Zeitung hat es geführt. Viele Mitarbeitende und Freundinnen und Freunde haben mir darin gratuliert; eine schöne Erinnerung. Olaf äußerte sich auch in einem Interview: „Meine Mutter ist ein Mythos." Ja, so hat er es gesagt.

Schöner wohnen

Zurück zur Lebenshilfe: Auf der Agenda stand bald das Thema „Wohnen". Immer mehr Eltern forderten ein Konzept zum Wohnen für ihre Söhne und Töchter ein: „Wir schaffen es zu Hause nicht mehr." Wir organisierten mehrere Elternabende zu diesem Thema. Fazit war: „Wir wollen Einrichtungen in der Gemeinde, ein familienähnliches Wohnen." Wir machten eine Unterschriftensammlung und mit der ging ich nach Wiesbaden zum Sozialdezernenten und schlug vor, dass wir dieses Konzept verwirklichen sollten. Eine Welle der Entrüstung schlug mir entgegen: „Das geht gar nicht!" Zumal es schon ein Konzept der Wohlfahrtsverbände gäbe, die vereinbart hatten, neben der

Altenhilfeeinrichtung der Caritas ein Wohnheim für Menschen mit geistigen Behinderungen mit 49 Plätzen zu errichten, die Finanzierung sei schon gesichert!

Ich war platt. Davon hatte ich keine Kenntnis. Nach einigen Überlegungen habe ich dann gesagt „Sie können dieses Haus ja bauen, wir werden da aber nicht einziehen. Sie können es für Studenten bauen!“ Wie das Gespräch ausging, weiß ich nicht mehr. Genau weiß ich aber, dass man mir die Verantwortung für das Ganze zuschob, denn die Finanzierung für die Einrichtung war ja schon gesichert, und jetzt kam ich und brachte alles durcheinander.

Ich habe später den involvierten Caritas-Verband, der damalige und erste Direktor war der unvergleichliche Monsignore Bernhard Itzel, aufgesucht und mein Problem geschildert, dass ich das geplante und bereits finanzierte Projekt für ungeeignet hielt. Ich stieß auf Verständnis. Man zog den Antrag zur Finanzierung des großen Projekts zurück.

Schließlich haben wir in der Crednerstraße in Gießen ein Haus gekauft und der Caritas-Verband kaufte in der Hofmannstraße ein Haus, um für jeweils 12 Menschen mit Behinderungen Wohnraum anzubieten. Das war der richtige Weg in die Zukunft. Ich bedauere sehr, dass der Caritasverband dem Leiter der Einrichtung Peter Hauschild kündigte. Er war homosexuell, was nicht in das Konzept der kirchlich gebundenen Caritas passte. Er war ein hervorragender Pädagoge, den ich sehr geschätzt habe. Kürzlich hat die AIDS-Hilfe ihr Haus umgetauft in „Peter-Hauschild-Haus“. Das hat mich riesig gefreut, dieser Mann hat alle Wertschätzung verdient!

Sehr gut unterstützt hat mich bei diesem Projekt auch Tom Mutters, von dem ja hier schon früher die Rede war. Ohne ihn hätten wir den Ankauf niemals geschafft. Er konnte uns über die Stiftung „Aktion Sorgenkind", heute „Aktion Mensch", 700 000 DM zukommen lassen, sodass wir den Kaufpreis finanzieren konnten.

Aber damit war noch nicht alles getan. Das Haus musste entrümpelt werden, und tatsächlich waren viele Eltern und auch deren Söhne mit Behinderung zur Stelle und halfen. An jedem Wochenende trafen wir uns dort und schleppten Müll in einen Container. Eine Mutter sorgte für das Mittagessen. Wenn ich mich zurückerinnere, war diese Aktion tatsächlich eine Aktion der Eltern der LH Gießen, die mich heute noch stolz macht.

Nach der Entrümpelung planten wir mit Hilfe eines Architekten die Einrichtung der Zimmer. Jedes Zimmer erhielt eine Waschgelegenheit, die durch einen Schrank verblendet war. Zusätzlich gab es auf jeder Etage ein Badezimmer. Sehr genau erinnere ich mich an die Gespräche mit den Eltern, die die Idee hatten, die Etagen geschlechterspezifisch einzurichten. Es konnte ja etwas zwischen Männern und Frauen passieren! Ja, das Thema der Sexualität war noch hochgradig tabuisiert. Der Gedanke eines natürlichen Rechtes auf Sexualität der Menschen mit Behinderungen war noch weit entfernt. Ich habe mich über die Idee der geschlechterspezifischen Einteilung hinweggesetzt und dafür plädiert, dass die zukünftigen Bewohner sich ihr Zimmer selbst aussuchen sollten. Binnen kurzer Zeit war das Haus voll belegt.

Aber der schwierige Part kam erst noch: Um das restliche Geld für den Ankauf zu bekommen, mussten wir eine Vereinbarung mit dem LWV (Landeswohlfahrtsverband) vorlegen, damit der die laufenden Kosten für 12 Bewohner finanzierte. Ich habe gerechnet und gerechnet und kam auf einen Tagessatz für die Bewohner, den ich nicht für sehr hoch ansah. Damit ging ich zum LWV und wurde erst einmal abgewiesen mit der Begründung, das rechne sich nicht. Nur Einrichtungen mit mindestens 45 Plätzen seien profitabel. Mehrmals traf ich mich mit dem zuständigen Dezernenten, bis er endlich zusagte. Es war ein Kraftakt, aber er hatte sich gelohnt! Die Bewohnerinnen und Bewohner konnten einziehen, Mitarbeitende wurden eingestellt.

Das Konzept für das Haus haben wir im Übrigen erst im Nachhinein erstellt, *nachdem* wir unsere ersten, eigenen Erfahrungen gemacht hatten. Das war oft meine Strategie, denn wie kann man ein gutes Konzept ohne Erfahrung entwickeln?

Für theoretische Überlegungen hatten wir in der Planungsphase überhaupt keine Grundlage und auch keine Zeit. Das kam erst später. Erinnern kann ich mich noch heute, dass nach Jahren ein Bewohner auszog, um erfolgreich ins betreute Wohnen zu wechseln. Ich glaube, er war der Erste, der diesen Weg ging. Inzwischen sind ihm viele nachgefolgt. Unsere Idee war aufgegangen! Diese Entwicklung hat sich in den Folgejahren fortgesetzt, d. h. immer mehr sogenannte „fitte" Bewohnerinnen und Bewohner wollten in ein eigenes Zuhause ziehen. Die Folge ist allerdings auch, dass die Wohngruppen zum Teil sehr homogen werden, andererseits bedeutet es, dass auch Menschen mit schwerer Behinderung ein schönes Zuhause finden können. Und das war und ist immer unser Ziel gewesen.

Aber weiter! Es gab eine neue Liste von Anwärterinnen und Anwärtern, die einen Platz suchten. Aber für den Neubau eines Hauses mit weiteren 12 Plätze gab es kein Geld. Also mussten wir unser altes Prozedere erneut durchlaufen und ein geeignetes, schon gebautes Haus suchen und kaufen. Wir fanden eine Anzeige für ein Wohnhaus in Staufenberg, einer Gemeinde des Landkreises.

Unser Schatzmeister und ich meldeten uns dort an und stellten fest: Nach einem Umbau könnten dort 12 Menschen gut wohnen. Was ich nicht wahrgenommen hatte, erklärte mir mein

Schatzmeister auf der Rückfahrt: „Haben Sie nicht bemerkt, dass das Haus ein Puff ist?“ Hatte ich nicht. Ich fand es nur praktisch, dass jedes Zimmer einen Wasseranschluss hatte …

Die umliegenden Nachbarn glaubten zunächst, dass der Schatzmeister und ich dort einziehen würden. Das war *nicht* unser Vorhaben. Die tatsächliche Idee gefiel ihnen aber besser als der vorher dort ansässige Puff, und so akzeptierten die Nachbarn unser Konzept und weitere 12 Bewohnerinnen und Bewohner konnten bald einziehen.

Aber: Die Warteliste staute sich schon wieder! Ich ging erneut auf die Suche und fand ein Haus im Norden von Gießen, wo wir ganz ähnlich verfuhren. Inzwischen hatten das Sozialministerium und der LWV unser Konzept anerkannt und wir wurden im Sinne der Integration ein Vorzeigemodell.

Zur Entstehung der vielen verschiedenen weiteren Wohnstätten der Lebenshilfe Gießen ließe sich noch sehr viel erzählen. Hier noch ein paar Erinnerungen, die mir wichtig sind:

Ende der 80er-Jahre entwickelte der erste Beigeordnete des LWV, Dr. Georg Maraun, für Hessen ein Konzept zur Unterbringung und Versorgung von Menschen im Autismus-Spektrum. Eltern hatten sich an den LWV gewandt, da ihre Kinder in den Einrichtungen der Eingliederungshilfe keine Aufnahme fanden. Mehrmals habe ich an den Diskussionen teilgenommen und mich überzeugen lassen, dass wir dieser Personengruppe einen Platz in der Gemeinschaft anbieten müssten. Autismusgemäße Einrichtungen mit möglichst nur sechs Plätzen sollten geschaffen werden. Wir fanden in Dorf Güll bei Gießen ein kleines Haus mit großem Garten, und sechs Bewohner konnten einziehen.

Eine Herausforderung war das schon, denn unsere Mitarbeitenden hatten bis dahin wenige bis gar keine Erfahrung in der Betreuung dieser Personengruppe, aber es hat dann doch geklappt, auch mit der Unterstützung von Moti Arbel aus Israel, auf den ich später noch sehr ausführlich zu sprechen kommen werde.

Später gründeten wir auch noch eine Gruppe für nichtsprechende Autisten. Diese Jugendlichen konnten alle auf dem Laptop schreiben und zeigten uns, dass sie kommunizieren und lernen wollten. Über die sogenannte „gestützte Kommunikation", eben über einen Computer, konnten sie sich austauschen und mit einem speziellen Konzept erreichten sie den Hauptschulabschluss. 2003 eröffneten wir dann für sie eine spezielle WG.

Nach der Auflösung der Oligophrenie-Stationen (Oligophrenie ist ein unzeitgemäßes Wort und bedeutet Schwachsinn bzw. Intelligenzminderung) in den Hessischen Psychiatrien, speziell Herborn und Weilmünster, haben wir 36 Klienten aus diesen Stationen aufgenommen. Auch diese Herausforderung haben die Lebenshilfe-Mitarbeitenden angenommen und gemeistert. Unsere langjährige Leiterin der Wohnstätten, Christine Hasenauer, hat sich besonders speziell für diesen Personenkreis, man sagte „Menschen mit Problemverhalten", engagiert, dafür bin ich ihr bis heute von Herzen dankbar. Ich hielt und halte es für absolut wichtig, dass wir uns auch diesen Menschen mit Behinderungen öffnen. Im Jahr 1998 organisierten wir dazu in Pohlheim eine Tagung mit dem Thema „Wir gehören auch dazu". Gastredner war Professor Dr. Dr. Klaus Dörner. Er startete sein Referat mit der Frage „Warum ‚auch'? Gibt es ‚Auch-Menschen'?" Wie recht hatte er! Dennoch lobte er uns dafür, wie wir unseren Weg gegangen sind. Professor Dörner war Leiter einer Klinik für Psychiatrie in Gütersloh und hatte damit begonnen, Klienten aus der Klinik aus- und in kleine Wohneinrichtungen einzugliedern. Sein Buch „Irren ist menschlich" (1984) war und ist für mich wie eine „Bibel". Ich habe viel von ihm gelernt und mich wahnsinnig gerne mit ihm unterhalten, mündlich wie schriftlich.

Wenn die Mutter geht

Neben all den Aufgaben sorgten unsere Familienrituale für Ruhe und Ordnung in meinem Leben. So fuhren wir oft zu Weihnachten mit den Kindern nach Schleswig, wo mein Vater inzwischen lebte. Einmal geschah es, dass wir aufgrund des Schneefalls von dort nicht wegkamen. Alle Straßen waren gesperrt, sodass wir die Kinder und das Gepäck mit dem Schlitten zum Bahnhof in Schleswig ziehen mussten und von dort mit dem Zug nach Linden fuhren. Erst später konnte mein Mann das Auto abholen.

Meine Mutter lebte schon lange nicht mehr. Schon im Dezember 1959 hatte ich von meinem Vater die Nachricht erhalten, dass meine Mutter schwer erkrankt sei und im Krankenhaus läge. Ich fuhr sofort nach Solingen und erlebte meine Mutter leider nur noch im Koma. Nacht für Nacht habe ich an ihrem Bett gesessen und mit ihr geredet. Erinnerungen an unsere Gespräche in ihrer Küche in Rheinberg kamen zurück: Sie bügelte und ich redete. Nicht immer hatten wir so viel Zeit für uns gehabt. Am 29. Dezember 1959 ist sie dann verstorben. Leider war zu dieser Zeit keiner von uns an ihrer Seite. Später wurde sie in der Grabstätte der Familie Erichsen in Adelbylund bei Flensburg beigesetzt. Für ihre Mutter, die in Bad Arolsen lebte, war das ein besonders schwerer Tag. Ich habe sie und ihre zweite Tochter, Tante Elfriede, später mit den Kindern mehrmals besucht.

Nach dem Tod meiner Mutter musste überlegt werden, wie es nun in der Familie weitergehen sollte. Mein Vater war allein, der jüngste Bruder brauchte Unterstützung. Es gab Stimmen in der Familie, die vorschlugen, dass es nun meine Aufgabe sei, die Rolle der Mutter zu übernehmen. Ich fühlte mich total verunsichert und war dann sehr froh, dass mein Vater das weder erwartete noch wollte. Die Schwester seines Vaters, Tante Miete, übernahm zunächst die Versorgung und vermittelte später eine entfernte Cousine, die den Haushalt übernahm. Später hat mein Vater eben jene Cousine, Tante Lenchen, geheiratet, worüber wir Kinder alle sehr froh waren. Im Jahr 1994 verstarb mein Vater und Lenchen, damals Dialyse-Patientin, zog in ein Pflegeheim. Auch sie ist inzwischen verstorben. Der Kontakt zu meinem Vater und ihr war bis zum Schluss immer bestehen geblieben. Jeden Sonntag telefonierte ich mit meinem Vater, wir tauschten uns aus und waren uns gut.

Frühförderung für Olaf

Olaf entwickelte sich von Anfang an prächtig. Und doch: Mit wem konnte ich sprechen, mich beraten, um für Olaf die bestmögliche Frühförderung zu organisieren? Unser Kinderarzt hatte damit wenig Erfahrung, stimmte aber zu, dass Olaf im Alter von drei Monaten ein Rezept für Krankengymnastik bekam. Ich hatte gelesen, dass Kinder mit DS eine oft schwache Muskelausbildung haben und daher Krankengymnastik hilfreich sei. So meldeten wir uns in einem Therapiezentrum an, dessen Träger damals die Arbeiterwohlfahrt (AWO) war. Anfangs fuhr ich wöchentlich mit Olaf und Michael dorthin, später brachte ihn der AWO-Fahrdienst zur Krankengymnastik hin und zurück. Wir lernten dort Ingrid Zerb kennen, die uns von da an 12 Jahre lang begleitete. In ihr hatte ich eine gute Beraterin. Sie hatte viel Erfahrung und konnte mir jede Frage beantworten.

Eine Frühförderung gemäß heutiger Praxis gab es in Gießen damals noch nicht. Aber im Therapiezentrum traf ich andere Eltern, die Kinder mit DS hatten, und konnte mich mit ihnen austauschen. Allerdings hatte ich auch manchmal ein schlechtes Gewissen, weil ich diverse von ihnen empfohlene Therapien nicht mit Olaf besuchte. Tatsächlich glaube ich auch, dass die wohl beste und wirksamste Therapie Olafs Bruder Michael mit ihm durchführte. Er bezog seinen kleinen Bruder einfach in alle seine Aktivitäten mit ein.

Wir wohnten damals in einem Umfeld mit vielen Familien mit Kleinkindern. Olaf war immer mit dabei und erlebte eine fröhliche, ganz normale Kindheit. Vieles davon war Michaels Verdienst, der beste große Bruder, den Olaf sich hätte wünschen können.

Als Olaf ein Jahr alt war, meldete ich mich bei einem Kurs in der VHS an. Eine Freundin und ich hatten wie berichtet eine Elternschule ins Leben gerufen, die den Kurs einrichtete. In diesem Kurs lernte ich viele Eltern mit behinderten Kindern kennen, die allerdings wesentlich älter waren als Olaf. Wir organisierten viele Vorträge mit Experten oder gingen auf die Straße, um auf den Personenkreis der MmB aufmerksam zu machen.

Oft hatte ich mich gefragt, ob ich Olaf anders behandeln sollte als Michael. Brauchte er etwas Besonderes? Aufgrund seiner Entwicklung sah ich allerdings keine Notwendigkeit dafür. Mit der Zeit gab es aber ein Problem: Olaf wollte nicht laufen lernen. Er bewegte sich nur auf dem Po rutschend. Das schien bedenklich, und mir wurde ein Besuch im Sozialpädiatrischen Zentrum (SPZ) Mainz empfohlen. Olaf musste mehrere Tests mitmachen und erhielt ein relativ positives Ergebnis. Mit zwei Jahren lernte er endlich laufen.

Nun stand das Thema Sprache auf dem Plan. Mehrmals hatten wir uns um Förderung bemüht, aber die Logopäden gaben das Signal, es sei noch zu früh. Die damals vorgeschlagene Methode, über Schaukeln das Sprechen zu lernen und zu verbessern, erschien mir nicht schlüssig. Das war eine Anbahnungsmethode, das Schaukeln sollte die Lautfindung erleichtern. So jedenfalls erinnere ich es. Die Schaukel an sich wurde für Olaf eine sehr wichtige Beschäftigung. Im Garten unseres neuen Hauses ließ mein Mann, der Olaf inzwischen sehr angenommen hatte und ein herzliches Verhältnis zu ihm pflegte, eine Schaukel aufstellen, die Olaf liebte.

Als Olaf drei Jahre alt war, fanden wir eine Sprachheilpädagogin, die das Sprechen mit Olaf nach althergebrachter Methode übte, alles immer im Beisein von Michael. Die Sequenzen waren kurz, aber hart. Üben, üben, üben, hieß es. Diese Aufgabe übernahm Michael: „Sag mal Schwein!“ Er forderte Olaf immer und immer heraus. Und das Ergebnis war erfolgreich. Meine Sorge, er würde nur Ein- oder Zwei-Wortsätze sprechen können, verflog.

Ebenfalls im Alter von drei Jahren überfiel Olaf ein permanenter Durchfall mit Fieber, es war sehr bedrohlich. Mir wurde geraten, ihn in die Klinik zu geben. Das habe ich abgelehnt, weil ich kein Vertrauen zur Ärzteschaft mehr besaß. Kein Wunder angesichts meiner Erfahrung bei Olafs Geburt. Auch die Empfehlung einer Augen-OP wegen seines Schielens habe ich abgelehnt. In dieser Zeit habe ich zu Hause gearbeitet und konnte so immer für Olaf da sein, seine Entwicklung beobachten, Therapien und Ideen ausprobieren, feststellen, was ihn wirklich förderte und weiterbrachte und was eher kontraproduktiv war.

Das ganze System der Finanzierung der Frühförderung war mir in dieser Zeit nicht klar. Der Kinderarzt verordnete die Maßnahmen wie Krankengymnastik und Logopädie. Das war erst mal okay. Im Therapiezentrum lernte ich aber viele Eltern behinderter Kinder kennen und war manchmal verunsichert, weil ich nicht alle Therapien mit Olaf machte, von denen ich dort hörte. Ich bekam ein schlechtes Gewissen. Aber dann erlebte ich wieder, wie Olaf und Michael in unserem Wohnort Linden-Forst total integriert waren. Es gab viele Kinder, die gerade mit Olaf gern spielten, immer unter Beobachtung der Eltern, speziell der Väter, die sich zum Bier trafen. Es war eine schöne und gute Nachbarschaft. Insbesondere die Geburtstagsfeiern waren großartige Höhepunkte, und Olaf war immer mit dabei. „Alles eine Frage der Organisation!“, hatte mir schon meine eigene Mutter gesagt. Das habe ich mir sehr zu Herzen genommen. Und tatsächlich kann man zwei bis drei Aufgaben gleichzeitig übernehmen, wenn man sich nur gut organisiert!

Olaf entwickelte sich weiter und blieb stets ein fröhliches Kind. Er war immer zu Späßen aufgelegt, natürlich stets gemeinsam mit seinem Bruder. Sie räumten die Kochtöpfe aus oder auch das Bücherregal. Beim Essen saß Olaf in seiner Kinderwippe auf dem Esstisch und Michael im Kinderstuhl.

Ich konnte Olaf nicht stillen und habe ihn zunächst mit der Flasche ernährt. Immer, wenn er die erste Flasche leer getrunken hatte, protestierte er und wollte mehr. Mein Gedanke war aber, wenn Michael mit *einer* Flasche satt geworden war, musste auch Olaf damit satt werden können! Das Geschrei war groß, aber letztendlich hat er die Reduzierung der Nahrung akzeptiert. Ich hatte inzwischen gelesen, dass Kinder mit dem DS dazu neigen, schwergewichtig zu werden.

Entwicklungsschritte

Olaf entwickelte sich langsam, aber stetig. Seine Sprache wurde immer flüssiger und es kam die Zeit, ihn in unserem Kindergarten anzumelden. Den Sonderkindergarten der Lebenshilfe lehnte ich ab, weil ich nicht wollte, dass er nur unter Kindern mit Behinderung aufwuchs. Schließlich hatte ich meine Kinder gemeinsam – mit und ohne Behinderung – in der Familie erlebt. Es war ideal, schadete niemandem und förderte alle: Olafs Entwicklung und Michaels Fürsorglichkeit. Die Idee der Integration, heute

Inklusion, ließ mich nicht los. Und so meldete ich Olaf im Kindergarten der Kommune an.

Es gab viele Diskussionen: Geht das, können wir das? Bis die Kommune feststellte, dass in der Kindergartensatzung stand, dass die Aufnahme behinderter Kinder verboten sei. Nicht zu fassen! Dies war tatsächlich noch ein Überbleibsel aus der Nazi-Zeit! Das wurde geändert, und schließlich sagte die Leitung des Kindergartens zu, Olaf aufzunehmen, zumal sie eine Praktikantin hatte, die zusätzlich seine Gruppe mitbetreuen sollte. Die meisten Kinder, die in den Kindergarten gingen, kannten Olaf schon, weil er immer mit mir zusammen Michael abholte. Damals nannte man das „graue Integration". Es gab kein Konzept, auch kein Finanzkonzept, und so bin ich dankbar, dass die Kommune Linden mit uns diesen Weg gegangen ist. Olaf hat sich dort wohlgefühlt, von den Kindern wurde er akzeptiert. Wenn nur nicht die pünktliche Abholung um 12 Uhr gewesen wäre! Diese Vorschrift hat mir einige Punkte in Flensburg eingebracht.

Die Nächte verliefen meist sehr lebhaft bei uns zu Hause. Bis zu ihrem zehnten Lebensjahr hatten beide Jungs das Bedürfnis, bei mir im Bett zu schlafen. Erst kam der eine, dann der andere. Wenn es mir zu eng wurde, bin ich in eines der Kinderbetten geschlichen. Leider mit wenig Erfolg, denn kurze Zeit später sind sie mir gefolgt. Immer wieder haben wir darüber diskutiert, dass es doch viel sinnvoller sei, eine große „Lotterwiese", wie wir es nannten, zu haben, die für alle genügend Platz bieten würde.

Gefreut habe ich mich täglich über Olafs Entwicklungsfortschritte. Er war immer aktiv, ob im Kinderzimmer oder auf dem Hof. Er konnte sich durchaus allein beschäftigen, aber auch mit seinem Bruder oder anderen Kindern im Sandkasten spielen. Auch im Urlaub hat er sich schnell an eine neue Umgebung gewöhnt, sei es im Schnee oder auf Amrum im Sand und am Wasser.

Dort wurde mir besonders bewusst, dass eine neue Umgebung immer wieder seinen Horizont erweiterte.

Besonders das Wasser hatte es ihm angetan. Wenn wir am Strand waren, zog es ihn sofort dorthin, sodass wir ihm vorsichtshalber immer gleich die Schwimmflügel anzogen. Im Therapiezentrum in Gießen gab es ein Schwimmbad und er war begeistert, wenn die Therapeutin sagte: „Heute gehen wir ins Schwimmbecken!“ Seine besondere Leidenschaft war das Tauchen, das hat auch dabei geholfen, dass er schon frühzeitig das „Seepferdchen“ machen konnte. Später hat er noch diverse Abzeichen erworben, zum Beispiel für 3000 Meter Schwimmen im Schmetterlingsstil. Ich war so stolz auf ihn!

Seine Entdeckungslust hat uns allerdings auch ab und an zur Verzweiflung gebracht. Bei einem Besuch in der Stadt Gießen war er plötzlich weg. Gefunden haben wir ihn erst zwei Stunden später unter einem Schreibtisch in einem Büro der Sparkasse.

Noch dramatischer war die Situation einmal in Marburg. Ich hatte an einem Samstag eine Sitzung in der Bundeszentrale der Lebenshilfe und musste Olaf mitnehmen, da mein Mann auf einer Dienstreise war. Olaf wurde in ein Zimmer mit viel Spielzeug und Malutensilien gesetzt, und ich startete meine Sitzung. Gegen Mittag wollte ich Olaf abholen, aber er war *wieder* weg! Alle Zimmer wurden durchsucht, kein Olaf war zu finden! Wir riefen die Polizei an, die kurz darauf über Radio eine Durchsage machte. Man rief uns etwa ein bis zwei Stunden später an: Ein Mann hatte ihn auf dem Bürgersteig sitzend gefunden. Die Polizei holte Olaf ab und brachte ihn zur Polizeieinsatzstelle. Ich konnte ihn dort abholen und in die Arme nehmen. Alle waren glücklich und Olaf sagte stolz: „Ich bin im Polizeiauto gefahren!“

Als wir innerhalb von Linden umzogen, habe ich ihn immer zum Einkaufen und Spazierengehen mitgenommen, damit er die

Umgebung kennenlernte. So konnte ich ihn auch alleine zum Bäcker schicken, das waren etwa 800 Meter, was aber auch zur Folge hatte, dass er ohne Brötchen nach Hause kam: Die Schafe, an denen er vorbeikam, hatten wohl Hunger und fraßen alle Brötchen auf!

Eine besondere Eigenschaft von Olaf zeigte sich bei unseren Ausflügen, er merkte sehr wohl, wenn er sehr angeschaut wurde. „Glotz nicht so!", war stets seine Reaktion.

Aus der Erfahrung in der Zeit seiner Kindheit kann ich sagen, dass Olaf am liebsten mit seinem Bruder und den anderen Kindern der nahen Umgebung zusammen war. Er hat zugeschaut, was die anderen Kinder machten und hat es dann selbst auch umgesetzt. Insbesondere sein Bruder hatte immer wieder neue Ideen, die Olaf anregten, es ihm gleichzutun.

Olafs Lieblingsspielzeuge waren rollende Holzautos oder auch Bauklötze. Später, schon in der Schulzeit, kamen die Schlümpfe und die Playmobilfiguren hinzu. Beide Kinder konnten nicht genug davon haben. Oft hat Olaf die Geschichten, die er auf Kassette hörte (Biene Maja, Benjamin Blümchen, Flitze Feuerstein etc.), mit diesen Figuren nachgespielt. Diese Figuren hatten natürlich auch alle einen Namen! Olaf hat noch lange Jahre nach der Schule und auch später mit den Playmobilfiguren Geschichten nachgespielt.

Aus dieser Erfahrung heraus finde ich es gut, dass heute Kinder mit Behinderung in Krabbelgruppen aufgenommen werden können. Vielleicht gibt es noch zu wenig Plätze, aber Eltern sollten unbedingt versuchen, solch einen Platz zu bekommen. Erwachsene, auch Eltern, sind nicht immer die optimalen Spielgefährten. Ich gebe selbst zu, dass ich keine Begabung hatte, den ganzen Tag mit den Kindern zu spielen.

Damals war es üblich, dass die Kinder vor der Einschulung einem Test in den Kindergärten unterzogen wurden. Olaf bestand diesen Test nicht und wurde ohne meinen Antrag in eine Vorschulklasse der Grundschule in Großen-Linden überwiesen. Und siehe da, nach einem Jahr unter Leitung einer sehr engagierten Lehrerin bestand er den Test. Aber was nun? Inzwischen war Michael schon in der ersten Klasse der Grundschule und Olaf wollte auch unbedingt in diese Schule gehen. Nachdem ich erlebt habe, welche Anforderungen Michael in der Grundschule zu bewältigen hatte, war mir klar geworden, dass Olaf das nicht schaffen würde. Das Programm der Teilhabeassistenz gab es ja noch nicht. Teilhabeassistenz in Hessen bedeutet, dass Eltern eine zusätzliche Hilfe für ihr Kind beantragen können, wenn es allein in der Schule nicht zurechtkommt. Denn der Staat, hier in Form der Schulbehörde, muss seinen Bürgerinnen und Bürgern dabei helfen, ihre sozialen Rechte wahrnehmen zu können. Wie etwa das der Schulbildung.

Lernen in der Schule

Für mich war es selbstverständlich, dass Olaf auch Schularbeiten zu erledigen hatte. Üben, üben, üben war das Gebot der Lehrerin, was ich auch akzeptierte und Olaf natürlich auch. Das sollte auch heute noch „normal" sein. Natürlich gibt es auch Kinder mit sehr schweren Behinderungen. Schularbeiten sind hier meist nicht angesagt, aber kleine Angebote, beispielsweise Musik hören und Bewegungen mit Händen und Armen machen, ist ja auch eine Aktivität. Hierzu können sich Eltern auch beraten lassen, etwa von der Frühförderung der Lebenshilfe, zum Beispiel zum Angebot der „Unterstützten Kommunikation" (UK), das sind u.a. technische computergestützte Hilfen.

Olaf hat immer gefordert, dass er in die gleiche Schule wie Michael gehen könne, und es war für uns nicht leicht, ihm zu erklären, dass das wohl nicht klappen würde. Ich erinnere mich noch daran, wie Michael ihm gesagt hat: „Weißt du, Olaf, du bist ein bisschen behindert. Das klappt für dich nicht."

Ich erinnere mich auch noch genau an den gesundheitlichen Test für die Einschulung. Olaf hat diesen Test einwandfrei bestanden, während Michael sich total verweigerte. Vielleicht hätte ich schon damals erfahren können, dass er kurzsichtig ist. Obwohl Michael in der Schule in der ersten Reihe saß, gab es Probleme. Wir gingen zum Augenarzt, der die Kurzsichtigkeit feststellte und ich höre noch Michaels Worte, als er die Brille trug: „Mutti, ich kann die Aufschrift auf einem vorbeifahrenden Auto lesen." Ich war natürlich einerseits erfreut, aber auch entsetzt, dass ich diese Sehschwäche nicht früher hatte feststellen können. Olaf musste einen Test in der Martin-Buber-Schule, einer Schule für geistig behinderte Schülerinnen und Schüler in Gießen, absolvieren. „In diese Schule gehe ich nicht", war seine Aussage. Ich gestehe, das hätte ich auch nicht gewollt. Das ganze System war ausgerichtet auf nur „Praktisch bildbar". So hieß es damals in Hessen, wenn es um die Schülerschaft von Schulen für sogenannte geistig behinderte Kinder ging. Diese Bezeichnung empfand nicht nur ich als diskriminierend. Inzwischen gab es bereits Wissenschaftler, die die große Bildungsfähigkeit geistig behinderter Kinder bestätigten. Heute wird dieser unzeitgemäße Begriff nicht mehr benutzt.

Zum Glück gab es in Linden eine Schule für lernbehinderte Kinder und ich konnte Olaf dort anmelden. Olaf kam in eine Klasse mit 8 bis 10 Mitschülern, mit denen er über die Schulzeit hinaus bis zu seinem Tod befreundet blieb. Seine Lehrerin war selbst körperbehindert und für diese Gruppe Kinder, speziell für Olaf, genau die richtige Person. Sie hatte die Kinder „im Griff" und verlangte Respekt, Gehorsam und Fleiß. Es gab viele Hausaufgaben im Lesen, Schreiben und Rechnen. So oft ich es schaffte, erledigte ich die Hausaufgaben mit Olaf gemeinsam. Er war im Grunde das einzige Kind in der Klasse mit sogenannter „geistiger Behinderung“. Heute sagt mir diese sehr grobe und ungenaue Diagnose gar nichts mehr. Die Bandbreite der Fähigkeiten dieser Kinder ist riesig. Wir sollten uns von dem alten Schubladendenken verabschieden

Olaf machte Fortschritte, langsam aber stetig. Er lernte flüssiges Lesen und Schreiben und auch Rechnen. Tatsächlich lernte er das Einmaleins auswendig, obwohl es damals immer hieß, Menschen mit DS lernen das Rechnen nicht. Später konnte er sogar schriftlich das Ergebnis von 876:235 ausrechnen. Das hat mich wirklich fasziniert.

Ein Problem gab es aber: den Sportunterricht. Olaf verweigerte sich. Das nahm ich zum Anlass, einmal am Sportunterricht teilzunehmen, und schnell hatte ich begriffen, was die Ursache für Olafs Verweigerung war: Bei allen Aktivitäten in den Sportstunden war er immer der Letzte. Das würde wohl jedem die Lust nehmen. Ich sprach dann mit der Sportlehrerin und motivierte sie dazu, andere Spiele anzubieten. Solche, die ohne Gewinner und Verlierer funktionierten. In der Folge war sie bemüht, dieser Idee nachzugehen, sodass Olaf wieder engagiert an diesem Unterricht teilnahm.

Nach acht Jahren Schule stand die Zeit der Konfirmation an. Damals gingen evangelische Kinder für zwei Jahre in den Konfirmandenunterricht. Ich meldete Olaf vor Ort in der Kirche an und erlebte bei dem damaligen Pfarrer, Dr. Walter Bugard, eine gewisse Unsicherheit: Er habe noch nie ein Kind mit sogenannter Behinderung im Konfirmationsunterricht gehabt. Ich habe ihn aber überredet, es doch einmal zu versuchen. Dem ist er nachgekommen. In dieser Zeit gab es noch viele Kirchengemeinden, die die Konfirmation behinderter Kinder ablehnten, da sie die Bedeutung der Konfirmation angeblich nicht begreifen könnten.

Aber für Olaf begann der Konfirmationsunterricht trotzdem. Er wurde von anderen Kindern aus der Gruppe abgeholt und wieder nach Hause gebracht. Ich fand das toll und war begeistert. Nach einigen Wochen verlor Olaf aber die Lust, dort teilzunehmen. Das hat mich wieder einmal dazu gebracht, Olaf zu begleiten. Wie oft hat mir das geholfen! Einfach als Mutter selbst vor Ort sein und sich die Situation genau anschauen. Wie immer half das auch hier. Mir wurde rasch klar, dass Olaf den Vortrag des Pfarrers nicht verstehen konnte. Ich erinnerte mich an die Regional-Beauftragte der Diakonie für Menschen mit Behinderungen, Ursel Schmidt, die ich schon über die Lebenshilfe kannte, und fragte sie mit Einverständnis des Pfarrers, ob sie in diesem speziellen Fall behilflich sein könne. Sie sagte zu und krempelte den Konfirmationsunterricht total um. Sie arbeitete mit Bildern und gründete eine kleine Gruppe, an der später viele Kinder teilnehmen wollten. Die sogenannte Konfirmationsprüfung wurde für alle umgestellt, sodass auch Olaf daran teilnehmen konnte. Er fuhr dann auch mit zur Freizeit der Konfirmationsgruppe und genoss es. Der Pfarrer sagte zum Schluss der gesamten Zeit, dieses „Experiment“ würde er jederzeit gerne wiederholen. Wir feierten eine fröhliche Konfirmation!

Aber Olaf hat in dieser Zeit leider auch sehr gelitten. Er hatte sich in eine Mit-Konfirmandin verliebt und stellte fest, dass sie nach dem Unterricht andere Interessen hatte, als ihn zu treffen. Sie ging auf eine andere Schule, hatte andere Freunde. Das hat Olaf sehr geschmerzt. Er hat manche Träne verdrückt, wenn er sie mit ihren Freunden gesehen hat.

Doch zurück zum Thema Konfirmandenunterricht: Mit meiner Vorstandskollegin aus der Lebenshilfe, Marianne Reisewitz, und dem damaligen Geschäftsführer des Landesverbandes der Lebenshilfe, Klaus Tüxsen, hatte ich mich auf den Weg gemacht, um Kirchengemeinden zu besuchen und sie zu motivieren, einen inklusiven Konfirmanden- beziehungsweise Kommunionsunterricht zu organisieren. Der Erfolg war und ist jedoch gering. Heute erhalten Kinder mit geistiger Behinderung einen separaten Konfirmations- und Kommunionsunterricht. Ich wünsche mir, dass auch hier bald eine Änderung eintritt, und dass sich die Pfarrer auch auf Kinder mit geistiger Behinderung einstellen, und zwar als Teil einer normalen Gruppe von Kindern mit diversen Besonderheiten. Denn jeder Mensch ist doch besonders! Diversität ist doch nichts anderes als konsequent zu Ende gedachte Wertschätzung der Individualität von Menschen. Und sollten nicht gerade die Kirchen dies vorleben dürfen?

Jesus sagte: „Lasst die Kinder zu mir kommen", als man versuchte, sie von dem vermeintlich mit wichtigeren Dingen beschäftigten heiligen Mann und beliebten Lehrer fernzuhalten. Aber Jesus ließ das wie so oft nicht zu. Er bemerkte genau, dass man die Kleinsten und Schutzbedürftigsten von ihm weglotsen wollte, und rief sie zu sich. Für ihn waren Kinder wichtig. Er zog sie in diesem Moment allen anderen vor und zeigte, wie er die Welt sah. Klein wurde wichtig und groß rückte in den Hintergrund. Und bemerkenswerterweise machte Jesus keinen Unterschied bei den Kindern. Sie sollten alle kommen, wie sie waren, Jungen oder Mädchen, mit großen intellektuellen Fähigkeiten oder mit wenigen, arm oder reich. Sein Prinzip war die Liebe. Und die galt allen Kindern gleichermaßen. Daran sollten wir uns alle immer wieder ein Beispiel nehmen, denn nur so können wir eine Welt erschaffen, die gerecht und inklusiv ist. Ein lebenswerter Ort für alle!

Noch ist das nicht immer so, gerade für Menschen mit Behinderungen. Wir Eltern geistig behinderter Kinder erleben immer wieder, dass während der Pubertät und auch noch danach die gemeinsamen Interessen von Kindern mit und ohne Behinderung auseinandergehen. Kinder ohne Behinderung werden selbstständig, gehen allein in die Disko oder zu Freunden. Auch das habe ich in unserer Familie erlebt. Ich weiß nicht mehr, wie oft ich Michael in die Disko gefahren und nachts wieder abgeholt habe. Im Grunde war ich immer beunruhigt und konnte erst wieder schlafen, wenn er zu Hause war.

Die Sophie-Scholl-Schule

In den 80er- und 90er-Jahren wurde der Gedanke der Integration und Inklusion in der Schule immer breiter diskutiert, insbesondere die Eltern der behinderten Kinder waren hier aktiv. Sie wollten die Absonderung ihrer Kinder abschaffen. Der Verein „Gemeinsam leben, gemeinsam lernen“ ist hier hervorzuheben. Er organisierte deutschlandweit Großveranstaltungen zu diesem Thema. Mich hatte das Thema natürlich besonders „gepackt“, denn seit ich Olaf und Michael miteinander erlebt hatte, ließ mich der Gedanke der Inklusion nicht wieder los. Die Lebenshilfe hat sich anfangs etwas distanziert verhalten, aber dennoch hat die Bundesvereinigung der Lebenshilfe zusammen mit der Lebenshilfe Gießen im Jahr 1988 eine große Tagung in der Uni Gießen organisiert. Der Zulauf der Eltern und Experten war riesig. Dr. Theo Frühauf, Referent für Familienfragen der Bundesvereinigung Lebenshilfe, hat diese Tagung maßgeblich auf den Weg gebracht. Und so blieb dieses Thema auch bei uns in Gießen hängen.

Im Jahr 1981 hatten wir ja schon mit der Integration im Kindergarten in der Ringallee Gießen begonnen. Eltern der integrativen Kindertagesgruppen sprachen mich Ende der 80er Jahre an: „Können wir als Lebenshilfe Gießen nicht eine integrative Schule gründen?“ Ja, warum eigentlich nicht?, fragte ich mich. Eltern erlebten immer wieder, dass es nur einigen ihrer behinderten Kinder gelang, eine Regelschule zu besuchen, insbesondere nur den weniger schwer behinderten Kindern.

Wir diskutierten das Thema im Vorstand und einigten uns, vorerst einen Ausschuss zu gründen, der ein Konzept ausarbeiten sollte. Die Mitglieder waren Experten der bestehenden integrativen Schulklassen, der Leiter der integrativen Schule in Frankfurt und die Rektorin der Martin-Buber-Schule in Gießen, Brigitte Bach-Helm. Etwa zwei Jahre arbeitete der Ausschuss an dem Konzept und stellte es dem Vorstand der Lebenshilfe vor. Ich machte mich danach auf die Suche nach einer Möglichkeit zur Genehmigung durch das Kultusministerium und das Schulamt.

Nach vier Jahren intensiver Arbeit wurde im Juli 1998 die Sophie-Scholl-Schule Gießen in angemieteten Räumen eröffnet, später bauten wir ein eigenes wunderschön lichtdurchflutetes Gebäude, für das der Architekt Peter Diehl verantwortlich zeichnete. Vom hessischen Kultusministerium wurde sie als sechsjährige Grundschule in freier Trägerschaft gemäß § 171 HSchG und als Schule besonderer pädagogischer Prägung nach § 51 Abs. 1, Ziffer 1 des Ersatzschulfinanzierungsgesetzes genehmigt.

Die Finanzierung des Schulgebäudes hatte allerdings die Lebenshilfe Gießen finanziell stark gebeutelt. Die Bilanz rutschte ins Minus und Stimmen wurden laut, dass man die Schule wieder schließen und das Gebäude anderweitig nutzen solle. Mich hat das an den Rand der Verzweiflung gebracht. Die Einweihung des Gebäudes im Beisein von Volker Bouffier, damals Staatsminister der Justiz, konnte ich nur mit Tränen durchstehen.

Unterstützung für den Erhalt der Schule fand ich bei der Elternschaft. An deren Spitze stand Hiltrud Hoffmann. Sie war die Initiatorin der Gründung eines Fördervereins, dem ich noch heute als Vertreterin des Schulträgers angehöre.

Später haben wir dann den Verein zur Förderung der Integration von Menschen mit Behinderungen (VFIMB) gegründet. Hiltrud Hoffmann war die Geschäftsführerin und ich (bis 2018) die Vorsitzende. Die Aufgabe des Vereins war die Organisation und Anstellung von Teilhabeassistentinnen für Kinder mit Beeinträchtigung in allen Schulen des Landkreises.

Doch zurück zur Sophie-Scholl-Schule: Sie arbeitet auf der Grundlage der Reformpädagogik und befindet sich in einer ständigen Weiterentwicklung als lebendige Schule, die auf drei Säulen ruht: Inklusion, Jahrgangsmischung und ganztägiger Betreuung. In jeder Lerngruppe lernen und arbeiten ca. 20 Kinder, davon haben fünf sonderpädagogischen Förderbedarf. Im Landkreis Gießen und im nahen Umfeld hat sie einen besonders guten Ruf: In den letzten Jahren meldeten sich ca. doppelt so viele behinderte und nicht behinderte Kinder an als aufgenommen werden konnten. So sind die Auswahlkriterien höchst sensibel und fordern die Leitung immer wieder in besonderer Weise heraus.

Die Sophie-Scholl-Schule hat sich mit ihrem Konzept des gemeinsamen Lernens für die Jahrgänge 1-6 im Laufe von zehn Jahren zu einer stark nachgefragten und verlässlichen Größe in der Gießener Schullandschaft entwickelt. Eine Schule für alle Kinder, das war und ist die Zielformulierung unseres Schulprojekts. Große Verdienste hat sich dabei Wiltrud Thies erworben, die ab 2004 die Schulleitung übernahm.

Mit der Ratifizierung der UN-Konvention für die Rechte von Menschen mit Behinderungen (an anderer Stelle mehr dazu) ist diese Perspektive eigentlich nun für alle Schulen Deutschlands vorgesehen. Regelmäßig besuchen Lehrkräfte aus anderen Schulen und Städten unsere „Leuchtturm"-Schule und es gibt Einladungen zu Fachvorträgen im In- und Ausland.

Der Schlüssel für den Erfolg der Schule ist die dort gepflegte Kultur der Anerkennung und Wertschätzung eines jeden Kindes. „Es gibt kein Kind, von dem wir nicht etwas lernen könnten", schrieb Albert Schweitzer, und Maria Montessori hat den wichtigen Satz geprägt: „Hilf mir, es selbst zu tun." Damit sind die Eckpunkte des in der Reformpädagogik wurzelnden auf aktuelle Bedarfe zugeschnittenen Schulprogramms umrissen. Alle Kinder finden für den ganzen Tag Lernpartner und Spielpartnerinnen. Jedes Kind erhält seinen Platz und angemessene Förderung, jedes Kind ist willkommen.

Die erfolgreiche Schulentwicklung zeigte sich auch in diversen Zertifizierungsprozessen: Das Teil-Zertifikat Ernährung attestiert der Sophie-Scholl-Schule, eine gesunde Schule zu sein, ein bundesweites Forschungsprojekt evaluiert sie als „bewegte Schule". Zertifizierungen gibt es bereits auch als musikalische Schule und für das besondere Spielkonzept.

Nicht gelungen ist leider nach vierjähriger Erprobung die Integration schwerstbehinderter und pflegebedürftiger Kinder. Hier bedarf es noch großer Anstrengungen, Wege und Konzepte zu finden, die auch diesen gerecht werden. Mir ist das ein ganz besonderes Anliegen. Ein weiteres Thema sind Kinder mit Problemverhalten wie Aggressionen, Schreien oder Kratzen, die von anderen Kindern abgelehnt werden, ob behindert oder nicht behindert. Auch Kinder mit autistischen Verhaltensweisen fordern das Lehrpersonal im höchsten Maß.

Diese Probleme, zumal die Zahl der Kinder mit solchen Verhaltensweisen zunimmt, sollten intensiv von Experten bearbeitet werden. Meine Vision ist, dass wir in der Sophie-Scholl-Schule nur von Kindern sprechen und dass das Wort „I-Kind" (Integrativ-Kind) aus unserem Wortschatz verschwindet. Dabei ist natürlich sicherzustellen, dass jedem Kind die notwendige Unterstützung zuteilwird.

Wie wir nach zehn Jahren Sophie-Scholl-Schule feststellten, fällt es den geistig behinderten Kindern schwer, sich nach sechs Jahren integrativen Unterrichts in eine Klasse der Praktisch-Bildbaren-Schule (Förderschule für geistig Behinderte) zu integrieren. Auch aus diesem Grund haben wir im Aufsichtsrat der Lebenshilfe Gießen beschlossen, die Schule von sechs auf zehn Jahre zu erweitern. Erfreulich ist, dass auch Eltern der nicht behinderten Kinder dieses Modell unterstützen.

Stolz sind wir alle auf den Jakob-Muth-Preis, der der Schule 2009 verliehen wurde: Seit diesem Jahr vergibt die Deutsche UNESCO-Kommission gemeinsam mit dem Beauftragten der Bundesregierung für die Belange von Menschen mit Behinderungen und der Bertelsmann-Stiftung den „Jakob-Muth-Preis für inklusive Schule". Ausgezeichnet werden Schulen und Schulverbünde, die den gemeinsamen Unterricht aller Kinder vorbildlich gestalten. Der Jakob-Muth-Preis zeigt wie inklusive Bildung, auch unter manchmal schwierigen Rahmenbedingungen, gelingen kann. Die Auszeichnung unserer Schule zeigt, wie gut und richtig wir unseren Weg eingeschlagen haben.

Später gründeten wir mit der Lebenshilfe Wetterau eine weitere inklusive Grundschule; die Sophie-Scholl-Schule in Bad Nauhaim. Wir beschlossen, die Schulen in eine gGmbH auszugliedern. Magnus Schneider wurde Geschäftsführer und im August 2020 übernahm Patrik Mähling die Geschäftsführung. Ich selbst bin bis heute die Aufsichtsratsvorsitzende.

Die Schule ist aus

Für Olaf war die Schule aber bereits aus. Ein Kompetenzzentrum (Ausbildungszentrum) wie heute gab es damals bei der LH noch nicht. Und Olaf wollte studieren. Auf meine Entgegnung: „Dann musst du aber erst noch das Abitur machen", war seine Antwort total selbstbewusst: „Dann gehe ich eben wieder in die Schule!" Mir fiel es schwer, die richtige Antwort zu geben. Ich wollte ihn nicht verletzen und sagen: „Das wirst du nie schaffen." Genau das hätte alles abgewertet, was ich bisher gedacht und getan hatte. So sagte ich: „Okay, dann fangen wir an." Das erste Lernthema waren Tiere, denn er wollte Zoologie studieren. Zunächst waren die Dinosaurier dran. Er sammelte Bücher und Bilder, die er in einem Ordner abheftete und recherchierte eigenständig im Internet. Olaf konnte alle Dinosaurier beim Namen nennen. Das hat mich verblüfft. Nach einem Jahr war das Thema abgearbeitet und ein neues Thema stand auf dem Plan: „Hexen". Bücher und Filme gaben wohl den Ausschlag dazu. Im Internet fand er Texte und Bilder. Ein guter Bekannter von mir, Siegfried Schröder aus Paderborn, interessierte sich auch für das Thema und die beiden hatten einen regen Austausch. Bald war wieder ein Ordner voll.

Diese Aktivitäten haben ihn weit mehr interessiert als die Arbeit in der Werkstatt. Nach den Hexen stand Shakespeare auf der Agenda, speziell Romeo und Julia. Den Text und die Namen konnte er auswendig. Dann kam die Zeit des Büchertausches: Im örtlichen Supermarkt gab es ein Regal, in dem ausgelesene Bücher eingestellt werden konnten. Olaf und sein Freund Christian Balog nutzen dieses Regal ausgiebig. König Artus, Phantasiegeschichten und „Phänomene“ waren die Favoriten. Dumm war nur, dass sie die Bücher nicht zurückgaben. „Wir müssen sie noch lesen!“, sagten sie. Heute stehen diese Bücher im Aufenthaltsraum der Rosenhofstiftung (zur Stiftung später mehr).

Anders als bei Michael waren für Olaf in dieser Zeit des Erwachsenwerdens Diskobesuche kein Thema. Die Spielräume für Menschen mit Behinderungen waren – und sind es leider immer noch – sehr viel enger. Nicht nur, dass man sie an den Orten, an denen sich junge Leute abends und am Wochenende zum Feiern und Amüsieren aufhalten, sehr selten sieht und auch eher nicht erwartet, es ist schlimmer: Es gibt auch kaum Möglichkeiten für sie, sich beruflich zu entfalten. Das wurde mir klar, als Olaf nach der 10. Klasse die Schule beendete. Was nun? Es gab keinen Arbeitsplatz außerhalb der Werkstätten für Menschen mit Behinderungen (WfbM). Also meldete ich ihn in der Limeswerkstatt an, einer entsprechenden Werkstatt der Lebenshilfe Gießen. Er ging dort auch hin, aber relativ lustlos. „Da sind ja nur Behinderte!“, war sein lapidarer Kommentar, der sehr genau zeigt, wie Menschen mit Behinderungen ihre Chancen und Möglichkeiten einzuschätzen vermögen.

Später wurden aber auch andere Jugendliche aus seiner Klasse und Schule in der Werkstatt angemeldet. Dadurch ging es ihm dort schon besser und er hatte mehr Freude an seiner Arbeit. Auch einige Freundinnen lernte er über die Werkstatt kennen, die auch bei ihm übernachteten. Was in seinem Zimmer geschah, weiß ich allerdings nicht. Kontrolliert habe ich Olaf und seinen Besuch niemals.

In der Werkstatt befreundete er sich auch näher mit Christian Häuser, den er schon aus der Schule kannte. Fast jedes Wochenende verbrachten sie bei uns zu Hause oder auch im Haus der Eltern von Christian. Olaf hatte inzwischen unsere

Einliegerwohnung bezogen. Er besaß einen Fernseher und später auch einen Computer und nahm auch den FeD in Anspruch: Der Familien entlastende Dienst (FeD) bietet für Menschen mit Behinderungen und ihre Familien Hilfe an. Er unterstützt bei der Betreuung und der Pflege und begleitet Menschen mit Behinderungen auch bei Freizeitunternehmungen. Olaf hatte einen FeD-Betreuer, Johannes Altmannsberger, damals noch Student, der mit ihm viele Aktivitäten unternahm. Insbesondere hat er mit ihm geübt, am Computer Texte zu schreiben. Olaf lernte den Umgang mit dem Computer schneller als ich. Johannes Altmannsberger schrieb schließlich seine Diplomarbeit zum Thema: „Geistig behinderter Mensch lernt das Schreiben am Computer". Olaf hat den Computer intensiv genutzt. Er schrieb Geschichten und surfte viel im Internet. Er wusste, welche Filme gerade liefen und fand auch andere für ihn spannende Nachrichten.

In der Zwischenzeit hatte Olaf bereits Shakespeare entdeckt. „Romeo und Julia" war sein absolutes Lieblingsstück. Er konnte die Geschichte fast auswendig und hatte die Idee, dass wir das Stück aufführen sollten. Die Rollen hatte er schon verteilt, selbst die Nachbarn waren mit einbezogen. Leider haben wir „Romeo und Julia" niemals aufgeführt. Aber Olaf schwärmte für den Text und hat auch mit den Worten von Shakespeare seine Freundinnen angesprochen, die ihm natürlich nichts erwidern konnten. „Mutti, die versteht mich nicht, darum will ich die Freundschaft beenden." So geschah es dann auch. Schöne Frauen haben ihn aber immer angesprochen. Im Schwimmbad, das er mit seinem Bruder besuchte, neigte er dazu, solchen Damen auf den Po zu klatschen. Sein Bruder hat ihm das dann mit ernsten Worten untersagt und das hatte auch Erfolg.

Im Laufe der Zeit beschlossen Olaf und sein Freund Christian die Gründung einer Wohngemeinschaft. Wir fanden eine

Wohnung in unserer Umgebung und beide zogen dort ein. Jeder hatte sein Schlafzimmer, es gab eine gemeinsame Küche und ein Wohnzimmer. Wir beantragten für beide das „Persönliche Budget". Mit dem „Persönlichen Budget" gibt der Gesetzgeber behinderten und von Behinderung bedrohten Menschen die Möglichkeit, ihren Bedarf an Rehabilitations- und Teilhabeleistungen in eigener Verantwortung und Gestaltung mit Hilfe eines monatlich ausgezahlten Geldbetrages zu decken. Das heißt, Menschen mit Behinderungen können eigenverantwortlich bestimmen, in welcher Form und von wem sie sich Leistungen erbringen lassen. Über die Verwendung der Geldleistungen kann der Budgetnehmer auf der Basis einer Zielvereinbarung frei verfügen. Seit dem 1. Januar 2008 besteht ein Rechtsanspruch auf das „Persönliche Budget", aber bereits seit dem 1. Juli 2001 gibt es das „Persönliche Budget" als Leistungsform.

Ich war damals von diesem System und der WG sehr überzeugt. Michael hatte inzwischen geheiratet, und er und seine Frau sowie einige Studenten übernahmen die Betreuung. Wir Eltern hielten uns zurück und übernahmen nur ab und an einen Fahrdienst. Sonntags besuchte uns Christian sehr oft zum Mittagessen. Das waren große Runden, denn auch Michael mit Frau und Kindern kamen. Der Esstisch wurde ausgezogen und ich kochte für alle. Das waren schöne Tage!

Olaf, der Schriftsteller

In dieser Zeit waren beide Jungs, Olaf und sein Freund Christian, Mitglied der Redaktion „Schwatzkiste", einer Zeitschrift der LH Gießen. Tatsächlich waren sie sogar Gründungsmitglieder! Jeden Sonntag fuhren Christians Mutter oder ich sie nach Gießen in die Redaktion. Was mich nachhaltig beeindruckt hat, war, dass beide immer gut gelaunt und fröhlich waren. Ein unglaublich lustiges Gedicht verfassten sie gemeinsam, wie viele andere Texte auch, aber dieses hier ist so besonders komisch, dass ich es meinen Leserinnen und Lesern nicht vorenthalten kann:

„In der Gruft um Mitternacht
das Skelett ganz leise lacht.
Dunkle Gestalten schweben herein,
geben sich ein Stell-dich-Ein.
So ein Heulen, so ein Geraune,
die Gespenster sind bei bester Laune!
Fürchten nicht Teufel, fürchten nicht Tod,
kein Geisterjäger bringt sie in Not.
Sie tanzen in der Gruft umher,
sie brauchen keine Rente mehr!“

Es gibt sehr viele, weitere Texte, die Olaf gemeinsam mit Christian, aber auch alleine verfasst hat. Hier folgt eine kleine Auswahl:

Das Theater – herrlich und unentbehrlich

Das Wortreichhaus ist groß und gemütlich. In ihm kann man alles machen. Wir lieben technische Ausstellungen und die Rohre mit Klang fanden wir schön. Aber eins fanden wir super in diesem Haus: Das Märchen und Theater!

Olaf: „Da gibt es eine Garderobe mit verschiedenen Kostümen zum Anziehen. Zuerst war Christian ein Prinz mit weißer Perücke und Locken. Ich war seine Frau mit langem Frauenkleid. Das Kleid sah lustig aus, weil es hinten nicht breit genug war für große Männer. Der Prinz hat vor der Prinzessin einen Hofknicks gemacht und ihre Hand genommen und sie hat gesagt: „Ich liebe dich, mon chér.“

Und nachher war Christian der Wolf und ich der Jäger:

Erst wurde der Wolf erschossen. Buff! Dann spielte Christian toter Wolf. Ich habe den Wolfskopf enthauptet und aus ihm wurde wieder ein Christian."

Christian: „Wir konnten uns richtig verkleiden und haben uns wie im Märchen gefühlt. Das ist eine andere Ebene. Man muss sich in die Lage versetzen, eine Frau zu sein oder ein Wolf. Das können wir besonders gut, weil das unser Talent ist. Unter der Maske war ich ein echter Wolf, und was für einer! Es war herrlich und unentbehrlich! Cool!!! Die Leute haben uns angeschaut, als wenn wir Schauspieler sind, die das immer können."

Gesundheitstipps für alle Currywurstesser

Nur Fastfood essen, das ist ungesund. Manchmal isst Olaf eine Currywurst, aber das will er eigentlich nicht mehr. Man kriegt sie in einer Pappschale mit Plastikgabel, weil sie so saftig und fettig ist und kleckert. Chips und Baguette isst Olaf in rauen Mengen, und das will er ändern in seinem Leben, und das meint er ernst.

Ab sofort werden wir gesund essen, nämlich

Bananen	Karotten	Tomatensaft	
Äpfel	Erbsen	Sprudel	Gurken
Erdbeeren	Tomaten	Kaffee	Trauben

Wir treiben Sport, nämlich Fußball, Nordic Walking und Fitness, und stellen uns auf die Waage. Und da machen Christian, Olaf und Johanna mit. Dann sind wir fit wie ein Sportacus von Lazytown und sammeln Energiepunkte.

Olaf Müller-Erichsen und Christian Häuser

Karriereschule – mein Leben als Millionär

Wenn ich Karriereschule mache und die Erlaubnis von Bürgermeister Jörg König hole, dann eröffne ich einen Laden und verkaufe Donuts für fünf Euro. Wenn ich mehr habe, werde ich in Aktien und Börse machen und lasse das Geld verdoppeln auf einhundert und zweihundert und dreihundert, vierhundert bis tausend. Dann lebe ich im Luxus und werde gebrauchen:

- Privatflugzeug
- Privatyacht
- Privatlimousine
- Privatspielplatz
- Privatgolfplatz
- Privatbogenschießverein

Ich baue eine Firma für Christian und Johanna, eine Schreinerei und einen Kunstraum, wo Johanna malen kann. Und mit Geldspeicher, sowas kommt bei mir auch rein, mit Sicherheit. Ach ja, noch was als Privatbesitz, eine Burg, wo ich mich niederlasse.

Mit der Karriereschule werde ich mich ändern und so erreiche ich ein Leben in Luxus.

Danke, alter Baum!

Es war einmal ein bildhübscher Garten und da gediehen Rosen, Tulpen, Schneeglöckchen, Maiglöckchen und ein Apfelbaum. Auf dem wuchsen wunderschöne, knackig leckere Äpfel. Die schmeckten richtig gut und saftig. In den Garten schlich die Katze Nimm und wälzte sich rum. Sie war ein Streuner und hatte keine eigene Wohnung.

Da sprach einer: „Hallo Nimm!"

„Wer spricht da?"

„Der alte Apfelbaum. Magst du einen Apfel?"

Nimm fühlt Hunger und freut sich. Der alte Baum lässt einen Apfel fallen, der schmeckt der Katze gut. „Jetzt muss ich weiter zu einem Katzenfräulein mit weißem Fell und weißen Pfoten. Vielen Dank für den Apfel! Bis dann, alter Baum!“

Berufung: Mit Kräutern heilen

In meinem Leben will ich Heilpraktiker werden und mache Salben und Duftöle für die Badewanne und den Stressabbau und koche Kräutersuppen, dass jeder Mensch gesund bleibt, und für so was brauche ich sehr viele Kräuter. In jedem Kraut steckt etwas Energie, das heißt Schmerzen lindern. Für welche Heilung die Pflanze steht, dafür habe ich ein Buch.

Ich habe mit meiner Mutter Pflanzen bei Obi gekauft und aufgezogen im Topf: Petersilie, Zwiebel, Knoblauch, Salbei und Myrrhe. Als Christian einen Kratzer hatte, von der Schreinerei, da habe ich Myrrhe kleingemacht und gekocht und durch ein Sieb, und dann weiter gekocht, bis es wie Salbe war. Es hat etwas gebrannt, aber Christian hat die Zähne zusammengebissen. Der Kratzer wurde immer kleiner und schon war die Verletzung fast weg. Er hat daran geglaubt, dann klappt das auch.

Wenn man Probleme mit dem Magen hat, dann trinkt man Brennnesseltee und Minze, das heilt die inneren Werte im Körper und ist bombenmäßig gut.

Expedition zum Loch Ness geplant

Gießen, Juni 2015

Liebe Leser von Schwatzkiste! Wir starten das Projekt Ungeheuer. Wir wollen ein Forscherteam aufstellen und nach Schottland fahren und das Rätsel Loch Ness lösen. Wenn Ihr Lust hättet, uns zu unterstützen und eine Ausrüstung mit Zelt besorgen würdet.

Das Wesen kann auch an Land kommen und hinterlässt Flossenabdrücke, und wenn wir welche finden, besorgen wir Gips, um einen Abdruck zu Stein zu machen. Wenn das Wesen anfängt zu brüllen wie eine Kuh, nehmen wir es auf Band auf. Und der Schreiner Christian Kai Häuser wird für uns ein Ruderboot machen und dann fahren wir da hinaus, bis das Wesen ein Zeichen gibt. Und das hieße, das Wesen lebt, also kein Spuk.

Das leere Haus

Eine Gruselgeschichte von Christian Häuser und Olaf Müller-Erichsen

Es war sehr lange her, vor 15 Jahrhunderten, im Wald bei Langgöns. Da stand ein altes Haus mit dickem, fettem Staub – kniehoch – und mit Spinnennetzen. Und da wohnte niemand. Aber die Legende besagt, in dem Haus sollten immer Hexen gewohnt haben und die wohnen immer noch da. Und Ingo verschwand in dem Haus und ebenso die Johanna. Und das wollten Olaf und Christian von Grund auf wissen. Sie gingen in den Wald.

„Was war das?"

„Keine Ahnung. Gehen wir lieber!"

„Wieso, hast du etwa Angst?"

„Nö, nicht unbedingt."

„Dann komm, da steht das Haus!"

„Nichts wie weg!"

„Wieso?"

„Ich hab' nichts Gutes gehört. Als ich da drin war, habe ich eine Waldnymphe gesehen, wunderschön und mit langen Haaren. Und ich bin weggelaufen, weil ich mich so erschreckt habe. Zu Hause habe ich das gesagt, aber die halten mich für verrückt."

„Bist du aber nicht."

Die beiden gehen trotzdem nah an das Haus heran und gucken durch die Fenster. „Hier ist niemand! Sie kann sich doch nicht verkriechen!"

Auf einmal erscheint die Nymphe. Olaf erschrickt und versteckt sich hinter Christian und bleibt wie ein Stein stehen. Die Nymphe zieht mit unheimlicher Macht Olaf ins Haus rein und wie von Geisterhand geht die Tür hinter ihm zu. Drinnen sieht Olaf unheimliche Wesen, die es gar nicht gibt: Riesen, Zwerge, Kobolde und Hexen. Olaf ist ängstlich, denn die Hexen haben gelbe Augen. Und die Kobolde sind sehr klein und sausen schnell herum. Plötzlich klopft es an der Tür. Draußen stehen zwei haushohe Riesen. Sie sind wie aus dem Nichts aufgetaucht. Christian ist schon vor ihnen weggelaufen. Sie sehen Olaf.

„So, genau den wollen wir haben. Ich glaube, er hat Angst, wir wollen alles wissen, was er rausgefunden hat. Die gesamten Details. Also, Olaf, fang an zu reden! Oder hast du Angst? Raus damit, was du über uns weißt!"

„Ich war in der Bücherei und habe mir Bücher ausgeliehen."

„Was für Bücher hast du?"

„‚Das Buch der Schatten und der magischen Orte' und ‚Handlesen für Hexen'. Ich wollte was nachgucken über die Hexenkräfte. Ist das schlimm?"

„Nein, aber nicht weitersagen."

„Mir glaubt sowieso niemand, was ich sage. Sie sagen immer, ich soll keine Märchen auftischen."

Die Riesen beraten, was sie mit Olaf tun wollen.

„Ich glaube, wir lassen ihn hier."

Fortsetzung folgt...

In einem Kondolenzbrief, den ich nach Olafs Tod von zwei Organisatorinnen aus der Schwatzkisten-Redaktion erhielt, kann man sehr deutlich lesen, wie sehr auch dort Olafs Talent und sein Wesen geschätzt wurden:

„Liebe Frau Müller-Erichsen,
zum Tod Ihres Sohnes Olaf möchten wir Ihnen unser herzliches Beileid aussprechen. Die Nachricht von seinem viel zu frühen Tod hat uns sehr berührt und tief getroffen. In unserer gemeinsamen Zeit in der Schwatzkiste haben wir ihn schätzen gelernt und viele schöne Erinnerungen bewahrt. Olaf war ein sehr lieber und liebenswerter Mensch, der mit seiner ganz besonderen Art die Arbeit in der Redaktion geprägt und bereichert hat. Er hat uns mit seiner bildreichen Sprache und seiner Fähigkeit, poetisch anmutende Worte und Formulierung zu finden, nicht nur beeindruckt und angerührt, sondern auch an seinen Gedanken und Gefühlen teilhaben lassen. Olaf hatte die Gabe, mit leisem Humor und treffsicher mit wenigen Sätzen das ausdrücken zu können und auf den Punkt zu bringen, was ihm ein Anliegen war. Mit seinen phantasievollen Geschichten, seinen Texten, den oftmals ganz praktischen Ratschlägen bis hin zu Lebensweisheiten hat er uns ein Stück in seine Welt mitgenommen. Dafür sind wir sehr dankbar. Olaf wird immer in unserer Erinnerung bleiben. Wir trauern mit Ihnen und Ihrer Familie.
Susanne Wendel und Petra Briel“

Olaf hatte eine große, kreative Begabung. Geschichten erfinden und aufschreiben, machte er eigentlich unaufhörlich. Romantik und hintergründiger Witz waren zwei Stilelemente, die er sehr mochte, beherrschte und einsetzte. Ganz sicher hätten wir noch viel von Olaf zu lesen bekommen.

Er hatte aber nicht nur Spaß am Schreiben. Auch die Musik interessierte ihn sehr. In der Zeit, als Olaf und Christian in der Schwatzkiste engagiert waren, hörten sie auch immer die gängigste Pop-Musik und tanzten danach. Jeder mit einem Mikrophon, Sonnenbrille und später mit einem T-Shirt mit Bildaufdruck der TV-Serie „Charmed“ ausgestattet. Es war wirklich buchstäblich „verzaubernd“! Sie gründeten eine Band, ließen sich Visitenkarten drucken und übten jeden Tag. Ich war beeindruckt von ihrer Ausdauer. Aufgetreten sind sie bei Familienfestlichkeiten und den Vorbereitungsseminaren der Freiwilligen des Deutsch-Israelischen Vereins, die zum Einsatz in Israel vorbereitet wurden. Ihren ganz großen Auftritt hatten sie beim 50-jährigen Jubiläum der Lebenshilfe Gießen auf großer Bühne im Juni 2009 mitten in der Stadt. In dieser Zeit lebte Olaf schon vier Jahre mit einer neuen Niere und war gesundheitlich topfit.

Ein Tag mit Folgen – die Nierentransplantation

Im Jahr 2000 fuhr ich mit Olaf nach Jena, wo ich einen Vortrag vor Eltern halten sollte. Während meiner Rede hatte ich Olaf immer im Blick und mir fiel seine Teilnahmslosigkeit und seine Blässe auf. Ich beschloss, am nächsten Tag mit ihm zum Arzt zu gehen. Die Diagnose war katastrophal: Er hatte einen Kreatininwert von 14! Das ist ein desaströs hoher Wert. Der Normwert für Männer soll nicht über 1,1 liegen! Kreatinin ist ein wichtiger Laborwert, mit dem sich die Nierenfunktion beurteilen lässt. Wir sollten *sofort* in die Uniklinik fahren und führten dort ein Gespräch mit dem Nephrologen, der mir die Ernsthaftigkeit der Ergebnisse erklärte. Wir sollten sogar die Nacht in der Klinik verbringen, damit gleich am nächsten Tag die Therapie beginnen konnte. Auch Olaf hatte die Dramatik der Situation mitbekommen und dann in der Notaufnahme, in der wir übernachten sollten, eine Geschichte dazu geschrieben. „Mutti, hast du einen Block für mich?" Ja, das hatte ich tatsächlich, denn ich hatte meine Aktentasche dabei, schließlich hatte es geheißen: „Sofort kommen!" Und ich war *direkt* vom Büro mit Olaf in die Klinik gefahren.

Die Geschichte von Olaf und Bianca

(Das Leben für Bianca ist ein Chaos)

Es war einmal ein Junge, und der liegt im Krankenhaus, und der heißt Olaf Müller-Erichsen.
Er lebt noch 24 Stunden lang.
Und dann kam Bianca reingestürmt.
Sie sah Olafs Mutter, seinen Vater, seinen
Bruder und seine Freundin weinen.
Da sagte sie:
„Wo ist Olaf? Warum weint ihr?"
„Weil Olaf noch 24 Stunden zu leben hat."
„Was, nur noch 24 Stunden zu leben, ja?"
„Er will dich noch einmal sehen."
„Gut, ich gehe rein." Sie klopft an die Tür.
„Ja, wer ist da?"
„Ist die Bianca, darf ich rein?"
„Aber ja doch, komm rein!"
Gut, sie ging hinein.
„Olaf, was hast du, eine schlimme Krankheit?
Wie heißt die Krankheit?
Du Armer!"
„Ich will dir etwas geben. Hier, bitte,
kriegst du mein Testament."

„Danke. Moment mal, ich bekomme
deine Million Mark?"
„Klar."
„Aber warum?"
„Weil ich dich so sehr liebe, was ich dir
beweisen will."
„Hallo, ich bring für dich ein Bett, so,
schlaf gut, und jetzt ist Schlafenszeit."
Und sie schlafen ein.

Er hat noch einen Zettel geschrieben,
darauf steht: „Ich liebe dich, such
dir einen Freund, nimm einen und sei
glücklich."

Am nächsten Morgen kommen die
Leichenbestatter. Sie holen ihn gleich aus
seinem Bett und bringen ihn weg.
Und die Bianca wacht auf und will nun
ihren Olaf sehen. Sie ist erschreckt:
„Wo ist der Olaf?" und guckt unters Bett.
Da kommt Doktor Schäfer:
„Na, was suchen Sie, kleine Mistress?"
„Ich heiße Bianca, und ich suche meinen
Freund Olaf, wo ist der?"
„Er wurde vom Leichenbestatter geholt."
„Was, die haben ihn geholt, ja?"
„Ich habe einen Zettel für Sie."
„Danke." Sie liest:
„Ich liebe dich, nimm dir einen Freund,
der dich glücklich macht. Dein Olaf."

„Oh nein, er ist tot!“
„Jetzt kommst du ihn auf dem Friedhof
besuchen.“
Bianca ging zum Friedhof. Familie und
Freunde, alle stehen da und weinen
sich die Augen aus.
Und er fliegt mit seiner Seele in den
Himmel zu Gott. Der aber gibt seine
Seele dahin zurück, wo die anderen
sind – er schenkt ihm sein Leben zurück.
Olaf fliegt auf die Erde zurück zur
Bewährung.
Alle gehen davon, sie weinen und
haben Tränen in ihren Augen. Und alle
liegen in ihren Betten und schlafen ein.
Und auf dem Friedhof bewegt sich
etwas, steht auf und schleicht in
Dunkelheit dorthin, wo Bianca wohnt.

In den nächsten Tagen erhielt Olaf eine Blutwäsche, um den Kreatininwert zu senken. Das klappte auch, aber das Ergebnis aller Untersuchungen war, dass seine Nieren nicht richtig arbeiteten und er von nun an dreimal wöchentlich zur Dialyse musste, dazu war auch eine Umstellung der Ernährung notwendig und er durfte vor allem nur wenig trinken.

Mit der Zeit organisierten wir ein System für die Behandlungen. Olaf wurde von einem Taxi abgeholt und wieder nach Hause gebracht. Nach einiger Zeit entließ uns die Uniklinik und er wurde Patient im Dialysezentrum in Gießen. Olaf hat niemals gejammert, sondern die Termine der Dialyse einfach akzeptiert. Mit mehreren Blöcken und Buntstiften hat er seinen Platz im Dialysezentrum eingenommen. Er war der Jüngste in dieser Gruppe und fühlte sich dort wohl. Er machte seine Späßchen mit den Schwestern, unterhielt die ganze Gruppe und schrieb und schrieb.

Nach einer gewissen Zeit fand ich, dass Olaf, weil er noch sehr jung war, auf die Liste der Organempfänger gesetzt werden sollte. Das war auch schon meine Idee gewesen, als er noch in der Uniklinik lag. Davor hatte ich aber schon gedacht, ich könnte ihm eine Niere spenden. Dafür hatte ich einige Untersuchungen durchführen lassen müssen. Alle Ärzte sagten, ich wäre geeignet, ich sollte mir das aber gut überlegen. Aber sie meinten auch, ich solle mir keine Hoffnung darauf machen, dass ein behinderter Mensch eine neue Niere bekäme. Das hat mich auf die sprichwörtliche Palme gebracht! Ich suchte sofort das Gespräch mit dem Ethikrat der Universität Gießen. Letztendlich kam Olaf auf die Liste und im Jahr 2005 kam dann auch der erlösende Anruf, Olaf könne und solle sofort in die Klinik kommen, eine Niere wäre gefunden.

Es war gut, dass die Transplantation stattfand. Das Leben mit der Dialyse war für Olaf sicher nicht einfach, auch wenn er sich, wie gesagt, niemals beschwert hat. Schlimm war allerdings der Besuch in einer Klinik in Bad Hersfeld, als der Shunt für die Dialyse gelegt wurde. Ein Dialyse-Shunt ist eine operativ angelegte Verbindung zwischen einer Schlagader (Arterie) und einer Vene. In der Schlagader liegt ein höherer Blutdruck als in der Vene vor. Dieser Druck führt zu einer Aufdehnung der Vene, die Venenwand verdickt sich so, dass diese einfach punktiert werden kann, um so die Aufnahme der Dialysekanüle zu gewährleisten. Darüber hinaus wird ein für die Dialyse ausreichender Blutfluss gewährleistet.

Ich durfte damals nicht mit in den OP-Saal. Olaf hatte sich massiv gewehrt und musste angeschnallt werden. Als er aus dem

OP zurückkam, hat er mächtig geschimpft: „Die haben mich angeschnallt, das ist verboten!“

Vier bis fünf Jahre hatte die Dialyse Olafs Leben geprägt, bis dann der besagte ersehnte Anruf kam. Olaf und ich zogen in die Klinik ein und schon abends fand die Transplantation statt. Als er zurück ins Zimmer kam, arbeitete die Niere schon, alle waren glücklich. Wir beide blieben 14 Tage in der Klinik in Quarantäne und verbrachten die Zeit mit Lesen und Schreiben.

Nach einiger Zeit bekam Olaf allerdings hohes Fieber und musste wieder zurück in die Klinik. Man stellte fest, dass er eine Zahnentzündung hatte. Mir wurde gesagt, ein Zahn müsse gezogen werden, alle anderen Zähne könnten gerettet werden. Aber unter der Vollnarkose wurden ihm dann *fünf* Zähne gezogen.

Wieder war ich wütend auf die Ärzteschaft. Mit einem behinderten Menschen kann man das ja machen! Ich kannte diese Art der Behandlung schon von anderen Menschen mit Behinderungen. Ich weiß von vielen Menschen mit Behinderungen, die quasi zahnlos durch die Welt laufen und kein Geld haben, um Brücken und Ähnliches zu finanzieren. Es ist eine ganz wichtige Aufgabe für Eltern und Betreuer, hier aufzupassen! Jeder Mensch, auch der Mensch mit Behinderung, hat das Recht, ein ordentliches Gebiss zu haben.

Vor einigen Jahren hat die LH Gießen eine Stiftung, deren Vorsitzende ich bin, genau dafür gegründet, speziell für die Unterstützung von Menschen mit Behinderungen. Erst kürzlich haben wir einen sehr schwer behinderten Menschen mit 600 Euro unterstützen können, damit er eine Brücke finanzieren konnte. Ich möchte den Mitarbeitern dieser Gruppe für ihren Einsatz so sehr danken! Meines Erachtens gibt es hier eine Lücke im Sozialgesetzbuch. Wie soll sich ein Mensch mit Behinderung, der nur den üblichen Barbetrag bekommt, eine derartige Sonderausgabe leisten? Es ist unsere Aufgabe als Eltern oder auch als Träger von Einrichtungen, dafür zu sorgen, dass Menschen mit Behinderungen in solchen Fällen dieselben Rechte haben wie Menschen ohne Behinderungen. Dabei geht es um die Kleidung wie auch um das Aussehen!

Nachdem Olaf sich von der Zahn-OP erholt hatte, suchten wir einen Zahnarzt, der ihm helfen sollte, mit seinen Zahnlücken auch kauen zu können. Dr. Wolfgang Wirkner, der auch einen Sohn mit einer Behinderung hat, entwickelte eine Idee, wie mit einer Zahnspange eine Brücke am Gaumen befestigt werden konnte. Damit lebte Olaf viele Jahre bis zu seinem Tod.

Das Leben geht weiter, auch beruflich

Nach der erfolgreichen Nieren-Transplantation konnte Olafs Leben weitergehen. Seine berufliche Zukunft musste bedacht werden. Und auch hier konnte ich ihm wieder eine Möglichkeit bieten, dadurch, dass ich mir anderswo etwas abgeguckt hatte. Das Konzept für das Projekt „Trans-Work 2000" der Lebenshilfe Gießen, an dem Olaf als einziger Mensch mit Down-Syndrom teilnahm, hatte ich aus Israel mitgebracht. Dort bildete Professor Reuven Feuerstein in Jerusalem Menschen mit geistigen Behinderungen zu Helfern in der Altenpflege aus. Überhaupt war er der Meinung, dass Menschen mit geistiger Behinderung viel mehr Fähigkeiten hätten, als weltweit angenommen wurde. Er entwickelte eine besondere Methode, um leistungsschwache und geistig behinderte Kinder und Jugendliche zu fördern. Sie umfasst 14 Übungsreihen, die drauf abzielen, die Intelligenz und Lernfähigkeit der jungen Menschen zu verbessern, die Aufgaben wurden in knapp 20 Sprachen übersetzt, und heute wird in mehr als 55 Ländern danach unterrichtet.

Ich habe in Israel die Altentagesstätten besucht und Menschen, die die Ausbildung zu Altenpflegehelfern absolviert hatten, kennengelernt. Ihre Aufgabe in der Tagesstätte war es, die alten Menschen zu ihrem Platz zu begleiten, ihnen Wasser und Essen zu bringen, sie aufzumuntern und Freude zu verbreiten. Mich hat dieses Konzept total begeistert und wir wollten es bei uns in Gießen etablieren. Das ist mit dem EU-finanzierten Projekt „Trans-Work 2000" auch gelungen. Fachkräfte wurden eingestellt und Olaf war mit Feuereifer dabei.

In der Ausbildung wechselten sich Theorie und Praxis ab. Aber auf die Dauer lief es nicht ideal: Olaf hatte einen Praktikumsplatz im Johannesstift in Gießen und war immer wieder schockiert, dass so viele der alten Menschen starben. Auch das Verhalten der Johannesstift-Bewohner, die ihn oft tätscheln wollten, gefiel ihm nicht.

Er bekam dann einen Außenarbeitsplatz in der Montessori-Kindertagesstätte in Gießen und arbeitete dort gerne zusammen mit Alla, der Chefin der Küche. Alla lobte ihn sehr und war begeistert von seinen Ideen, z. B. welches Buch sie lesen sollte. Manchmal fuhren wir auch zu ihr nach Hause zum Quatschen und Haare schneiden, als gelernte Frisörin machte sie das prima.

In der Kita wurde er von den Eltern der Kinder und den Kindern selbst immer herzlich begrüßt, und in der Stadt habe ich oft Eltern getroffen, die ihm herzliche Grüße bestellen ließen.

Olaf fuhr mit dem öffentlichen Bus nach Gießen und zurück, er hatte damit keine Probleme. Immer wieder habe ich ihn ermahnt, keinen Kontakt mit Kindern, die erkältet waren, aufzunehmen. Durch die Transplantation war sein Immunsystem beeinträchtigt und er konnte sich leicht anstecken. Er hatte auch den Auftrag, zu Hause zu bleiben, wenn er erkältet war. Diesem Auftrag ist er auch gefolgt, was allerdings zu einem Missverständnis zwischen ihm und seiner Chefin führte.

Die Leiterin behauptete, dass er sie belogen habe. Er hatte zwei Tage gefehlt, weil er eine Erkältung hatte. Sie glaubte ihm nicht, was ihn so tief traf, dass er nicht mehr dorthin gehen wollte. Auch ich fühlte mich betroffen, weil ich nicht vermittelnd eingegriffen hatte. Er ist dann noch einige Zeit in der Holzwerkstatt beschäftigt gewesen, aber irgendwann beschloss er, die WfbM zu verlassen. Seitdem genoss er seine Zeit als Rentner, denn er hatte herausgefunden, dass Mitarbeitende der Werkstätten nach 20 Jahren eine Rente beziehen können.

Mr. Parkinson

Um die Zeitenwende 2000 verlor mein Mann seine Arbeitsstelle bei der Höchst AG in Frankfurt und es zog ihn nach Berlin, seiner Traumstadt. Alle 14 Tage kam er am Wochenende nach Hause. Ich war mit den Jungs alleine und erlebte eine etwas schwierige Zeit – Michael in der Pubertät und Olaf unsicher mit seiner Zukunft. Die Auseinandersetzungen mit Michael waren teils heftig, aber am Abend kam er immer zu mir und entschuldigte sich. Ich habe das sehr bewundert.

Mein Mann arbeitete inzwischen bei der Treuhand als Finanzexperte und genoss das kulturelle Leben in Berlin. Er kaufte sich eine Wohnung in Karlshorst, eine schicke Wohnung mit exklusiven Möbeln. Nach dem Renteneintritt kam er zurück nach Linden. Endlich Rente, davon hatte er schon lange geträumt, mir völlig unverständlich. Mit der Zeit machte sich eine Krankheit, Mr. Parkinson (so sagte er es immer), bemerkbar. Im Laufe der Entwicklung der Erkrankung wurde es notwendig, einen Pflegedienst zu beauftragen, der morgens und manchmal abends kam. Das Essen besorgte ich mit Hilfe unserer Haushaltshilfe Conny, die mich noch heute unterstützt.

Nach einem Sturz und Oberschenkelhalsbruch lag mein Mann in der Klinik und konnte anschließend nicht mehr nach Hause kommen, obwohl wir im Erdgeschoss einen Sanitärbereich und Schlafplatz in seinem Büro eingerichtet hatten. Ich fand einen Platz in einem Seniorenheim der Diakonie in Linden und besuchte ihn täglich zu den Mahlzeiten morgens und abends. Er hatte eine Patientenverfügung zugunsten seines Bruders, der in der Nähe von Hannover wohnte, abgeschlossen, sodass ich keinen Zugriff auf Post oder Informationen zu Arztbesuchen etc. hatte. Sollte mein Mann also sterben, würde nur der Bruder benachrichtigt werden. Eine Krankenschwester rief mich aber dann doch an, sie erreichte mich im Landtag bei einer Anhörung und ich machte mich gleich auf den Weg nach Linden. Am 17. Januar 2017, kurz vor seinem 80.Geburtstag, ist er verstorben.

Olaf hat das sehr mitgenommen, auch schon die Zeiten der Krankheit und die im Seniorenstift. Er konnte und wollte nicht an der Beisetzung teilnehmen, stattdessen schrieb er einen Brief (siehe im Anschluss), den wir mit in die Urne gelegt haben.

Jetzt liegt Olaf im gleichen Urnengrab neben seinem Vater.

Ach Papa – ein Abschiedsbrief

Ach Papa,
warum du von uns gegangen bist,
du warst alles für mich,
mit dir hatte ich viel Spaß gehabt,
gemeinsam waren wir zwei Musketiere in Spann,
für mich bleibst du ein Held in Sternenlicht,
wir haben alles erlebt, was wir gemacht haben,
aber ohne dich habe ich alles verloren, was ich von dir hab,
für deine wahre Familie bist du immer da
auch bei Streit oder gar kein Streit.

Ich bin so traurig,
und wenn ich traurig bin,
fange ich an, traurige CD Lieder für dich zu singen
nämlich Schlager Hit Mix 4,
wenn ich an Liebe denke, Schlager 9, Ohne dich
Discofox Charts 4, Mitten ins Herz
Dein geliebter Sohn Olaf Müller-Erichsen

Liebe, Sex und andere Fragen

Im Jahr 2011 beschloss ich, mit meinem älteren Sohn Michael eine eigene Einrichtung zu schaffen. Dort sollten 10 Menschen mit Beeinträchtigung wohnen und ihr Leben über das „Persönliche Budget" finanzieren können. (Dieses System erläuterte ich bereits an anderer Stelle.) Zur Umsetzung unseres Projektes gründete ich eine Stiftung. Eigentlich sollte die Stiftung nach einem Stern benannt werden, denn die Idee dazu war mir gekommen, als ich eine Sternschnuppe über den Nachthimmel fallen sah. Alle infrage kommenden Sterne-Namen waren aber schon vergeben. So kam ich auf mein Hobby, die Rosen, und wir nannten die Stiftung „Rosenhofstiftung". Sie liegt in Linden. Wir fanden ein Gehöft mitten im Ortsteil Leihgestern. Das Gehöft hatte ein gut erhaltenes Wohnhaus, das Michael kaufte und renovieren ließ, und eine riesige Scheune, die abgerissen und durch ein Wohnhaus ersetzt werden sollte. Ein mir bekannter Architekt bekam den Auftrag, zu planen und zu bauen.

Als Olaf von dieser Planung erfuhr, beschloss er, dort einziehen zu wollen. Leider wollte die Familie seines Freundes Christian nicht, dass dieser mitging. Er wohnte aber in der Nähe und kam häufig in die Stiftung, weil seine Freundin Johanna dort lebte, gleich neben dem Zimmer, das Olaf gehörte. So verbrachten sie zu dritt manche Stunde am Wochenende oder auch abends. Olaf mochte Johanna gern. Er akzeptierte aber, dass sie die Freundin von Christian war.

Sexualität war für Olaf ein wichtiges Thema. Aber er hatte da für sich alles klar. Ein Interview mit dem Pädagogen Dr. Isack Kandel, meinem Weggefährten in der Arbeit im Deutsch-Israelischen Verein, zeigt, wie aufgeklärt und selbstverständlich Olaf mit dem Thema umging. Mich beeindruckte auch zutiefst seine Fürsorge und Zugewandtheit für einen geliebten Menschen und für seine potenziellen Kinder, die darin zum Ausdruck kommt.

Dr. Isack Kandel: „Olaf, was verstehst du von Sexualität?"

Olaf: „Sexualität ist Vertrauen und Zuneigung. In Liebesfilmen sieht man, wie man mit Sex umgeht, vorsichtig, nicht gleich Sex haben."

Dr. Isack Kandel: „Du hast eine Freundin. Wollt ihr auch heiraten und Kinder haben?"

Olaf: „Na klar! Ich wäre ein stolzer Vater, genau wie meine Eltern auf mich stolz sind."

Dr. Isack Kandel: „Weißt du denn, was Erziehung bedeutet?"

Olaf: „Ich kann meinem Sohn alles Mögliche beibringen, zum Beispiel wie man sich als erwachsener Mensch fühlt. Ich werde ihm erzählen, was ich gemacht habe, als ich klein war. Ich werde mit dem kleinen Racker duschen gehen."

Dr. Isack Kandel: „Meinst du, das Kind kann gleich duschen gehen?"

Olaf: „Das Kind muss doch öfter gewaschen werden. Ich kaufe eine kleine Badewanne und wasche das Baby drin. Spielzeug habe ich noch genug. Ich bringe ihm bei, wie man etwas lernen kann. Wenn er älter wird, bringe ich ihm das Schaukeln bei, wie man Walkman hört, wie man das Gruseln lernt."

Dr. Isack Kandel: „Was meinst du damit?“

Olaf: „Abends im Dunkeln gehe ich raus, setze mich auf die Schaukel, höre Gruselgeschichten, zum Beispiel von Vampiren und grusele mich.“

Dr. Isack Kandel: „Zum Kindererziehen gehört noch mehr?“

Olaf: „Natürlich, zum Beispiel Pflege.“

Dr. Isack Kandel: „Was heißt das?“

Olaf: „Wir werden dem Baby die Flasche geben, es bekommt Muttermilch aus dem Busen, daran kann es nuckeln und legt sich dann zur Ruhe.“

Dr. Isack Kandel: „Und wenn das Baby nicht schlafen kann?“

Olaf: „Dann singe ich ein Liedchen oder nehme das Baby auf den Arm und wiege es hin und her, dann schläft es sofort ein. Oder ich gucke ihm tief in die Augen.“

Dr. Isack Kandel: „Was meinst du damit?“

Olaf: „Das machen doch alle Eltern. Sie gucken dem Kind in die Augen und zeigen dem kleinen Racker, dass man ihn richtig liebhat.“

Dr. Isack Kandel: „Wie ist das mit den Windeln?“

Olaf: „Da habe ich keine Probleme, das kann doch jeder.“

Dr. Isack Kandel: „Und wenn das Kind weint?“

Olaf: „Das heißt auf Deutsch, dass es Hunger hat. Dann kaufen wir Babynahrung. Man muss nur aufpassen, dass das Kind einem nicht ins Gesicht spuckt, so wie ich das gemacht habe. Damit will das Kind Aufsehen erregen, wenn es spuckt, das ist der Sinn der Sache.“

Dr. Isack Kandel: „Und wenn das Kind krank ist?“

Olaf: „Dann gehen wir zum Doktor, zu Frau P.“

Dr. Isack Kandel: „Und wenn das Kind alle drei Stunden Medizin braucht, du hast doch Probleme mit der Uhrzeit?“

Olaf: „Dafür ist dann Dagmar zuständig, sie kann doch die Uhr.“

Dr. Isack Kandel: „Warum hast du nie die Uhrzeit gelernt?“
Olaf: „Das weiß ich auch nicht, ich lebe eben zeitlos.“
Dr. Isack Kandel: „Was verstehst du unter Erziehung?“
Olaf: „Da kann ich dir viel erzählen. Vorsichtig sein, wenn es heiß ist, nicht an die Blumenvasen gehen.“
Dr. Isack Kandel: „Und wenn das Kind nicht hört?“
Olaf: „Dann gibt es etwas auf den Po.“
Dr. Isack Kandel: „Du willst das Kind schlagen?“
Olaf: „Nein, nur vorwarnen, vielleicht gibt es eine kleine Strafe, vielleicht einen Zimmerarrest.“
Dr. Isack Kandel: „Wie lange?“
Olaf: „Vielleicht eine Woche.“
Dr. Isack Kandel: „Ist das nicht zu lang?“
Olaf: „Vielleicht ja, aber eigentlich soll man sich ja am gleichen Tag wieder vertragen.“
Dr. Isack Kandel: „Was ist denn für ein Kind wichtig?“
Olaf: „Liebe, das muss man zeigen.“
Dr. Isack Kandel: „Wie kann man das?“
Olaf: „Hey, sei nicht so frech, lass das. Du bist doch mein Sohn. Wir mögen dich.“
Dr. Isack Kandel: „Wenn das Kind in die Hosen macht?“
Olaf: „Da sagt man: ‚Das finde ich nicht so gut!‘ und wechselt die Hose.“
Dr. Isack Kandel: „Wenn das Kind in den Kindergarten geht?“
Olaf: „Dann sage ich ihm, er soll uns keine Schande machen.“
Dr. Isack Kandel: „Was verstehst du darunter?“
Olaf: „Keine Kloppereien im Kindergarten, nicht den Kindern an den Haaren ziehen.“
Dr. Isack Kandel: „Und was ist mit der Schule?“
Olaf: „Dann sage ich: ‚So, mein Sohn, nun gehst du in die

Schule, damit du Lesen, Schreiben und Rechnen lernst, so wie ich das gemacht habe.'"

Dr. Isack Kandel: „Und wenn dein Sohn die Uhrzeit lernt, die du nicht gelernt hast?"

Olaf: „Dann staune ich und sage: ‚Hey, du bist ja noch schlauer als ich, ich bin stolz auf dich.'"

Dr. Isack Kandel: „Hast du keine Sorge, dass dein Sohn dich auslacht, weil du die Uhrzeit nicht gelernt hast?"

Olaf: „Darauf passe ich schon auf und sage: ‚Bitte nicht lachen.' Der Sohn wird das akzeptieren. Ich bin stolz auf ihn."

Dr. Isack Kandel: „Meint ihr, ihr braucht noch Berater?"

Olaf: „Berater finde ich gut, vielleicht meine Mutter oder andere. Hauptsache, wir bekommen gute Tipps, auch von unseren Freunden."

Dr. Isack Kandel: „Wie könnt ihr euch ernähren? Von dem Lohn der Werkstatt für Behinderte (WfB) kannst du keine Familie ernähren."

Olaf: „Wenn ich heirate, ist die WfB-Arbeit vorbei, dann werde ich Geschäftsmann. Dagmar macht dann Probewohnen, dann lernt sie auch das, was ich gelernt habe: Aufräumen, Staubsaugen, Klo säubern usw."

Dr. Isack Kandel: „Und wenn es Streit gibt?"

Olaf: „Dann sage ich: ‚Bitte nicht streiten.' Ich ziehe mich zurück. Streitigkeiten liegen mir nicht im Blut."

Dr. Isack Kandel: „Wenn dich jemand mit Kind sieht und sagt: ‚Der ist doch behindert. Wie kann er ein Kind haben?'"

Olaf: „Dann werde ich sagen: ‚Kannst du das noch einmal sagen? Ich habe nicht gut hingehört.'"

Dr. Isack Kandel: „Und dann?"

Olaf: „Dann sage ich: ‚Das ist ganz normal, so wie du ein Arschloch bist!'"

Dr. Isack Kandel: „Bist Du dann verletzt?"
Olaf: „So leicht kann mich keiner verletzen!"

Dr. Isack Kandels Fazit lautete zu diesem Interview: „Dieses Gespräch macht deutlich, dass Olaf, der junge Mann mit dem Down-Syndrom, „praktisch" und „emotional" durchaus aufgeklärt ist und vernünftige Beziehungsstrukturen kennt. Es wird deutlich, dass er, sollte er Vater werden, Hilfe bei der Erziehung der Kinder braucht. Die Vorurteile, die es gegenüber ihm und seinesgleichen hinsichtlich der Bereiche Partner- und Elternschaft gibt, gilt es abzubauen!"

Ende der 80er-Jahre entwickelte die Bundesvereinigung Lebenshilfe einen Flyer zum Thema „Wie nutze ich ein Kondom?" Man gab mir den Flyer mit in den Urlaub mit der Bemerkung, ich könne meine Söhne ihn einmal lesen lassen, um zu prüfen, ob der Flyer was tauge. Was passierte? Natürlich kauften sich Olaf und Michael als Erstes Kondome, um damit zu üben. Michael äußerte sich mir gegenüber nicht dazu, aber Olafs lapidarer Kommentar war wieder einmal königlich: „Mit einer Banane klappt es ganz gut…" Der Flyer war für gut befunden worden. Von nun an gab es in den Wohnstätten immer auch ein Körbchen mit Kondomen.

Als Olaf noch in der Werkstatt arbeitete, fuhr er auf viele Freizeiten mit, meist in den Süden. Es war immer die gleiche Crew. Später meldete er sich dort aber ab und fuhr lieber allein mit seinem FuD-Betreuer, Michael Kurz, in den Norden, was auch immer gut funktionierte.

Zunächst reisten die beiden nach Schottland, denn das Ungeheuer von Loch Ness wollte Olaf unbedingt sehen! Es folgten Reisen nach Irland, England und Schweden. Norwegen und Finnland standen auch noch auf dem Plan. Olaf hatte einen besonderen

Bezug zu den Nordländern, weil er gehört hatte, dass meine Familie, die Erichsens, aus dem Norden stammt, von den Wikingern her. Er kennt die Geschichten von meinem Großvater, der immer erzählte, dass die Wikinger als Wegelagerer im Norden gelebt haben und dann irgendwann nach Schleswig-Holstein gelangten. Das waren unsere Vorfahren! Außerdem fühlte er sich den Norwegern stark verbunden, weil ihr König Olaf heißt, so wie er.

Leider wollte er nicht mehr mit uns nach Amrum fahren. Vielleicht waren meine Enkel, die Kinder von Michael, der Grund. Sie waren inzwischen sehr lebhaft. Das ging ihm „auf den Geist". Es können aber auch andere Gründe gewesen sein: Vor wenigen Jahren wollte ich ihn überreden, mit in die Türkei zu fahren. Sein Bruder Michael hatte dort eine sehr schöne Anlage für Familien gefunden, wo wir mehrfach Ferien machten. Aber nein, Olaf wollte nicht mit. Lange habe ich gebohrt und gefragt: „Warum denn nicht?"

„Da gibt es so viele Leute und Kinder, die mich anglotzen. Das mag ich nicht." Natürlich wollte ich nicht, dass er sich verletzt fühlte und habe seine Entscheidung akzeptiert. In den nordischen Ländern sind die Menschen mit Behinderungen einfach besser integriert, da „glotzt" keiner!

Die Redaktion der Schwatzkiste hatte Olaf inzwischen verlassen. „Das ist langweilig", sagte er. Ja, so erlebte ich, wie mein Sohn sich veränderte, älter wurde und seinen eigenen Weg gehen wollte. Immer hatte ich die Sorge, dass er eines Tages dement werden würde, denn viele Menschen mit DS ereilt diese Krankheit. So lange er sich aber mit Literatur beschäftigte und täglich zu Fuß zum Supermarkt lief, hoffte ich, dass die Demenz ihn nicht einholen würde.

Bis ihn etwas anderes einholte, mit dem wir alle nicht gerechnet hatten: das Corona-Virus.

Noch mehr Unrecht: MmB haben es auch als Kranke schwerer

Niemals hätte ich gedacht, dass eine Pandemie Olafs besonderes Leben beenden würde. Aber wer von uns hat überhaupt an so etwas gedacht? Oder daran, was dieser Schrecken aus uns machen würde? Viele Menschen, die älter oder gesundheitlich beeinträchtigt waren, sind dem Virus erlegen. Viele leiden noch an den Spätschäden, an „Long-Covid". Aber es sind auch viele Menschen verstorben, die gesund und in der Mitte ihres Lebens standen. Vor dieser schrecklichen Krankheit waren nun alle fast gleich. Ist es nicht bedrückend, dass es eine Epidemie schafft, für Gleichheit zu sorgen, und wir als Menschheit sind dazu nicht imstande?

Ich habe mein Leben diesem Gedanken gewidmet: gleiche Chancen und Rechte für alle. Mein Sohn Olaf hat mir diese Aufgabe mit seiner Geburt mitgebracht, und ich habe sie dankbar angenommen. Aber es war sein Dickkopf, seine Sturheit, sein Aufbegehren, seine Wut und sein Durchhaltevermögen, die dafür sorgten, dass wir beide dranblieben an dieser Aufgabe. Wir haben lange nicht alles geschafft, was notwendig wäre, um von gleichen Rechten und Chancen auch für Menschen mit Beeinträchtigungen sprechen zu können. Aber wir sind gemeinsam viele kleine und große Schritte gegangen. Es ist einer der wichtigsten Gründe für mich, dieses Buch zu schreiben, denn ich wünsche mir sehr, dass Olafs Vermächtnis bekannt wird und bewahrt bleibt. Wie sehr er für sich und damit für andere eingestanden ist und gekämpft hat. Allen Widrigkeiten zum Trotz!

Der Bereich der Gesundheit und Prävention bei Menschen mit Behinderungen hat mich durch Olafs zahlreiche Erkrankungen und Gefährdungen stark beschäftigt. Es gibt nicht viele Ärzte, die hierzu eine Fachausbildung haben. Es gibt auch noch nicht genug Forschung und Wissen in diesem Bereich. Insbesondere das Thema Demenz bei Menschen mit Beeinträchtigung hat mich intensiv nachdenken lassen. Viele ehemals aktive Mitarbeiter der WfbM sind inzwischen von Demenz betroffen und ich frage mich, ob wir von der LH genügend dagegen gearbeitet haben.

Mehr Bewegung, mehr kognitive Anforderungen wären Möglichkeiten, die Demenz zumindest hinauszuschieben. Aus diesem Grunde habe ich mich auch einer Initiative „Demenzfreundliche Kommune" angeschlossen und diesen Verein mitbegründet. Auch hier war ich im Vereinsvorstand als Kassenwartin aktiv. Inzwischen hat sich das Thema dieses Vereins eher auf die „normale" Bevölkerung ausgedehnt. Jährlich steigt die Zahl der Menschen, die an Demenz leiden, sodass die Menschen mit DS aus dem Fokus geraten sind. Vielleicht hätte ich mich aktiver beteiligen müssen. Andere Aufgaben haben mich gehindert. Aber dennoch lässt mich das Gefühl nicht los, etwas für diese Menschen tun zu müssen.

Hadamar

Olaf war des Öfteren in der „Gedenkstätte Hadamar" in der gleichnamigen hessischen Stadt in der Nähe von Limburg. 1998 gründeten wir den Förderverein der Gedenkstätte Hadamar. Von Anfang an war ich Mitglied des Vorstands und bin es noch. In der „Tötungsanstalt Hadamar" wurden zwischen Januar 1941 und März 1945 im Rahmen der sogenannten „Aktion T4", so genannt nach dem Ort in der Berliner Tiergartenstraße 4, in der all das beschlossen wurde, und der anschließenden „dezentralen Euthanasie" etwa 14.500 Menschen mit Behinderungen und psychischen Erkrankungen in einer Gaskammer, durch tödliche Injektionen und Medikationen sowie durch vorsätzliches Verhungern-lassen ermordet. An diese Verbrechen erinnert heute die Gedenkstätte in Hadamar.

Olaf hatte das System der Nazis sofort erfasst: „Mutti, in der Ausstellung gibt es nur *einen* Brief von einer Mutter." Ja, das war so in der Nazizeit, da war der sogenannte „Gnadentod" durchaus akzeptabel – auch für Mütter. Da gab es wenig Raum für Gefühle. Olaf konnte das nicht verstehen, weil er an die bedingungslose und unerschütterliche Liebe von Eltern zu ihren Kindern glaubte.

Ähnlich erschüttert wie nach der Entdeckung der Geschichte von Hadamar reagierte er, als ich ihm erklärte, was die PID ist: Die Präimplantationsdiagnostik (PID) umfasst die Methoden zellbiologischer und molekulargenetischer Untersuchungen, die der Entscheidung darüber dienen, ob ein durch In-vitro-Fertilisation erzeugter Embryo in die Gebärmutter eingepflanzt werden soll oder nicht.

Die PID ist seit den frühen 1990er-Jahren verfügbar und wurde bereits bei der Zeugung von über 10 000 Kindern weltweit angewendet. Sie wird hauptsächlich zur Erkennung von Erbkrankheiten und Anomalien der Chromosomen angewendet. Auch die Auswahl des Geschlechts oder bestimmter erblicher Eigenschaften des Kindes sind möglich. Die PID kann auch zur Erzeugung eines sogenannten „Retterbabys" eingesetzt werden, das als genetisch kompatibler Spender von Stammzellen für ein erkranktes Geschwisterkind geeignet ist.

Die PID ist aber ethisch und politisch umstritten, da sie grundlegende Fragen nach dem Wert – und der Zulässigkeit der Bewertung – sich entwickelnden Lebens aufwirft. In vielen Ländern, darunter den meisten europäischen Länder, ist die PID gesetzlich geregelt und für teils unterschiedliche Anwendungen erlaubt. In Deutschland ist sie ausschließlich zur Vermeidung von schweren Erbkrankheiten, Tot- oder Fehlgeburten zulässig, in Österreich nur zur Behebung erblich bedingter Unfruchtbarkeit und in der Schweiz für beide Anwendungsfälle.

Olaf war entsetzt: „Was passiert mit den Embryonen, die das DS haben?", fragte er. „Die werden entsorgt", war meine Antwort. Er antwortete: „Dann sind die Eltern sicher sehr traurig." Es fiel mir schwer, ihm zu erklären, dass es Eltern gibt, die kein Kind mit DS akzeptieren. Damals habe ich mit Olaf immer wieder über dieses Thema diskutiert.

Eines Tages sagte er: „Es ist entsetzlich, dass die Zahl der Nazis zunimmt." „Woher weißt du das?", war meine Frage. „Du hast doch gesagt, dass alle Kinder von jüdischen Eltern auch Juden sind." Die logische Folgerung von Olaf war, dass also auch Kinder von Nazis Nazis sind. Ich habe ihn dann erklärt, dass das nicht sein muss, aber vielleicht hatte er doch ein bisschen recht, wenn man sich unsere Gesellschaft und viele traurige Entwicklungen und Ereignisse dieser Zeit ansieht.

Pränataldiagnostik und das Recht auf Leben

In der Presse erschien einst ein Interview mit Wolfgang Schäuble, damals noch Bundesminister. Darin sagte er, der Artikel 1 des Grundgesetzes „Die Würde des Menschen ist unantastbar" sei sein liebster Artikel. Einer der Kommentatoren unter dem Interview schloss sich ihm an, fragte aber: „Wie stehen wir zu Abtreibungen?" Ja, das ist auch meine Frage: „Ist denn nicht auch die Würde des ungeborenen Menschen unantastbar?" Bei vielen Podiumsdiskussionen an denen ich teilgenommen habe, sagte ich immer wieder, dass ich für die ungeborenen Menschen mit Behinderungen einträte und nicht für die Frauen, denn diese könnten für sich selbst sprechen, ihre ungeborenen Kinder aber nicht.

Eigentlich müssten sich darüber Menschen mit Behinderungen äußern, nicht nur ich, speziell solche, deren Leben durch die Pränatale Diagnostik gefährdet gewesen wäre. „Ich glaube, sie hätten mehr Chancen, gehört zu werden, als die Funktionäre“, sagte Peter Radtke. Er war der Sohn des Schauspielers Ernst Radtke, seine Mutter Käthe war Krankenschwester. Er selbst war ebenfalls Schauspieler, aber auch Dolmetscher und promovierter Romanist. Und er hatte die Glasknochenkrankheit und war daher auf einen Rollstuhl angewiesen. Er selbst verstand seine Behinderung nicht als ein Leiden: „Ich leide nicht an der Behinderung. Ich habe sie einfach. Es ist eine Art Lebensform.“

Er engagierte sich in vielen Vereinen und Gremien für die Belange von Menschen mit Behinderungen, sogar als Mitglied im Nationalen Ethikrat. „Die Probleme von Menschen mit Behinderungen sind gesellschaftliche Probleme“, davon war er überzeugt. Die Pränatale Diagnostik beschäftigte ihn sehr, denn er selbst war – 1943 geboren – den Nationalsozialisten glücklicherweise *nicht* in die Fänge geraten. Damals wurde ganz offiziell Leben in „wertes“ und „unwertes“ unterteilt. Man muss sich nicht fragen, was die Möglichkeit einer vorgeburtlichen Bestimmung in dieser Zeit verursacht hätte. Kein Mensch mit Behinderung hätte zur Welt kommen dürfen. Daher verursacht mir die PID schweres Unbehagen,

In den 90er-Jahren haben sich die Behindertenverbände „Bundesvereinigung Lebenshilfe“ und der „Bundesverband für Körper- und Mehrfachbehinderte e. V.“ intensiv mit der Pränatalen Diagnostik befasst. Auf einer Fachtagung in Köln zum Thema „Vom Recht auf Anderssein“ haben Experten dazu Stellung genommen, unter anderem auch Peter Radtke. In seinem Referat erwähnt er die Dissertation von Hans Heinrich von Stackelberg, der noch *1980* (!) in einer Kosten-Nutzen-Analyse den ökonomischen Vorteil von humangenetischen Instituten errechnet hat. In einer genauen Kalkulation zeigte er die Einsparungen für Hessen auf, wenn weniger bis keine Menschen mit Behinderungen betreut werden müssten. Unglaublich aus heutiger Sicht ist es, dass diese Dissertation mit einem Preis des damaligen Bundessozialministeriums ausgezeichnet wurde!

Peter Radtke sagte als Experte in eigener Sache Folgendes: „Die Angst vor einer Säuberungswelle, diesmal unter Zuhilfenahme der modernen gentechnologischen Erkenntnisse, ist keinesfalls mehr nur ein Hirngespinst eines hysterischen Betroffenen, sondern lässt sich aus Fakten und Umständen belegen."

Mich als Mutter eines Sohnes mit Down-Syndrom hat speziell die Aussage des wissenschaftlichen Beirates der Ärztekammer, ebenfalls aus dem Jahr 1980, schockiert. In dieser Veröffentlichung steht unter Kapitel 2 „Die Notwendigkeit der genetischen Beratung" folgendes: „Die Grenze der Leistungsfähigkeit der Gesamtheit der Versicherten und des Staates im Bereich gesundheitlicher Maßnahmen ist in Sicht, ja, verschiedentlich bereits überschritten."

Niemand aus unserer angeblichen Solidargemeinschaft hat protestiert. Das war eine Begründung für die flächendeckende Einrichtung von humangenetischen Instituten. Ich weiß noch sehr genau, dass ich damals das Sozialministerium und den Landeswohlfahrtsverband Hessen nach dem Ziel der Gründungen in Hessen befragt habe. „Wir wollen nur beraten", war deren Antwort.

Dr. Michael Wunder, der auch während der oben genannten Tagung referiert hat, zitierte damals ebenfalls den wissenschaftlichen Beirat der Bundesärztekammer von 1980: „Als wichtige Konsequenz ergibt sich aus dieser Situation, dass der Krankheitsvorbeugung und damit der genetischen Beratung ein besonderes Gewicht beigemessen wird."

Der Hamburger Psychologe und Psychotherapeut Dr. Michael Wunder gilt als ausgewiesener Experte für die Aufarbeitung der

Euthanasieverbrechen während des Nationalsozialismus. Das Thema beschäftigte ihn bereits seit den 1980er-Jahren. Innerhalb des Medizinbetriebs war er damit einer der Vorreiter.

Wunder arbeitete zunächst an der Fachklinik für hirngeschädigte Kinder und Jugendliche in Unna und wechselte 1981 zur Evangelischen Stiftung Alsterdorf nach Hamburg. Seit 1998 leitete er dort ein Beratungszentrum. 2001 war er Mitbegründer des Instituts „Mensch, Ethik und Wissenschaft", das sich insbesondere für die Rechte von Menschen mit Behinderungen einsetzt, die Bundesvereinigung Lebenshilfe war die Initiatorin dieses Instituts. Von 2000 bis 2005 war Wunder Mitglied in der Enquete-Kommission „Recht und Ethik der modernen Medizin" des Deutschen Bundestages. 2008 wurde er in den Deutschen Ethikrat berufen, dem er bis 2016 angehörte. Dort brachte sich der Psychologe über Jahre hinweg auch auf Bundesebene in wichtige medizinisch-ethische Debatten ein, unter anderem zur Reproduktionsmedizin, zur Pränataldiagnostik sowie zur Behandlung und Versorgung von behinderten, sterbenden und dementen Menschen.

Im Jahre 2001 organisierte die Akademie für Politik und Zeitgeschehen in Bayern eine Klausurtagung zum Thema Ethik und Biomedizin, auf der ich referierte. Wesentlicher Inhalt war der Umgang mit der Präimplantationsdiagnostik (PID). Ich habe mich dagegen ausgesprochen und Olaf erwähnt, der damals schon aussagte, dass die Auswahl der Embryonen, die in den Mutterleib eingepflanzt werden sollen, als Selektion zu bezeichnen ist. „Das ist das Gleiche, was die Nazis gemacht haben."

Tanja, eine Frau mit Behinderung, deren Nachnamen ich hier nicht preisgeben will, schrieb dazu ein Gedicht:

Olaf im Alter von 2 Jahren.

Olaf und sein Bruder Michael.

Mit beiden Kindern im Urlaub auf Amrum.

Olaf beim Entsteinen der Sauerkirschen aus dem Garten.

Fotos: privat

Olaf im Alter von 35 Jahren.

Olaf und seine Band.

Olaf und seine Schaukel. Immer dabei: Der Walkman mit Geschichten.

Olaf mit seinem Freund Christian beim Verfassen von Gruseltexten für die „Schwatzkiste".

Mutter und Sohn. Zitat Olaf: „Meine Mutter ist ein Mythos."

Olafs Grabstein mit Schaukel und Tintenfass verziert, sinnbildlich für Dinge, die ihm wichtig waren.

Prof. Dr. von Boguslawski,
Direktor des Instituts
Pflanzenbau und
Pflanzenzüchtung.

Fotos: privat

Ich als junge Frau auf
der Versuchsstation.

Das Jagen war ein
liebgewonnenes
Hobby von mir.

Bei der Eröffnung des Sharon-Hauses mit Prof. Rimmermann, Dr. Maraun, Prof. von Harbou und Dr. Isack Kandel.

Die Einweihung des Hauses 1 der Sophie-Scholl-Schule.

Die Kinder der Sophie-Scholl-Schule durften in einem Film von ihren Traumberufen erzählen. Der Film wurde u.a. an der Gepäckausgabe des Frankfurter Flughafens gezeigt.

Fotos: privat

In Israel in einem Haus voller Kinder mit Down-Syndrom.

Mit Jacov und Gila Bar Or.

Mit Dr. Kandel und Herrn Bar Or beim Besuch einer Schulbibliothek.

Bei der Ernennung zur Landesbeauftragten des Landes Hessen für Menschen mit Behinderung.

Bei der Verleihung des Bundesverdienstordens 1. Klasse.

„Im Fernsehen wieder Diskussion, ob ich es wert wäre zu leben.
Eugenik, vorgeburtliche Diagnose, Euthanasie und ich denke,
mit 15 wäre ich
gestorben ohne den medizinischen Fortschritt.
Vor 60 Jahren wäre ich
aufgrund des ideologischen Fortschritts vergast worden.
In ein paar Jahren
würde ich wegen beidem nicht geboren werden.
Wie soll ich leben mit
dieser Vergangenheit in Zukunft?"

Die Zahl der Schwangerschaftsabbrüche aufgrund der Pränataldiagnostik seit 1975 kann man heute nicht genau feststellen. Kürzlich wurde berichtet, dass der Vorsitzende des Gemeinsamen Bundesausschusses, das ist das oberste Beschlussgremium der gemeinsamen Selbstverwaltung im deutschen Gesundheitswesen, Professor Josef Hecken, äußerte, dass pro Jahr ungefähr 400 Kinder auch durch die Amniozentese tot geboren werden. Hochgerechnet seit 1975 bis 2018 sind das mehr als 13 200 Kinder. Und mehr als 900 Spätabtreibungen pro Jahr wurden seit 1972 durchgeführt. Es handelt sich überwiegend um Spätabtreibungen bis zur 22. Schwangerschaftswoche, das sind in den Jahren von 1972 bis 2018 mehr als 32 000 Kinder. Können Sie sich noch an Tim aus Oldenburg erinnern? Er überlebte den Abbruch und kam zu Pflegeeltern, da die leiblichen Eltern ihn nicht annehmen wollten. Jetzt ist er mit 21 Jahren gestorben. Aber so lange durfte er leben!

Seit 1975 wurden ungefähr 100 000 Menschen mit dem Down-Syndrom und anderen genetischen Defekten abgetrieben. Ist es nicht an der Zeit, auch für diese getöteten Menschen einen Gedenktag auszurufen?

Seit September 2012 gibt es den Präna-Test, pränataler Test, von verschiedenen Pharmazie-Unternehmen. Der nicht invasive Test ist ein Verfahren, das es ermöglicht, bereits ab der 10. Schwangerschaftswoche, in Deutschland ab der 12. Schwangerschaftswoche, die DNA zu identifizieren und die Merkmale der Trisomie zu entdecken. Einfach in einem einzigen Tropfen Blut, der der Mutter entnommen wird. Ein Abbruch der Schwangerschaft ist nach § 218 a, Abs. 2 StGB nach dieser Diagnose möglich. Um ganz sicher zu gehen, sollen dem Präna-Test noch weitere Tests folgen. Ultraschall und die Amniozentese, die es seit 1975 gibt.

Im März 2012 haben sich die Behindertenverbände gegen diesen Test ausgesprochen und auf Artikel 3, Absatz 3 des Grundgesetzes verwiesen. (Der Artikel 3 des Grundgesetzes für die Bundesrepublik Deutschland garantiert die Gleichheit vor dem Gesetz, die Gleichberechtigung der Geschlechter und verbietet Diskriminierung und Bevorzugung aufgrund bestimmter Eigenschaften.) Sie forderten, dass die Familie, die sich für ein Kind mit Trisomie entscheidet, auf die gesellschaftliche Solidarität zählen können muss. Das Recht auf „Nichtwissen" wurde eingefordert.

Mir ist wichtig, dass die bereits erwähnten humangenetischen Institute und auch Gynäkologinnen und Gynäkologen Mitarbeitende mit sozialpädagogischen Kompetenzen in ihrem Team haben. Dieses Fachpersonal könnte die Eltern begleiten und beraten, indem sie auf die guten Unterstützungen, die es ja inzwischen gibt, beispielsweise die Frühförderung, verweisen. Die negativen Prognosen der Ärzte sind *keine* Hilfestellung und es werden auch immer wieder Fehldiagnosen geäußert, so die Erfahrung von einigen Eltern.

Im „Spiegel", Ausgabe 12/2019, wurde das Thema sehr differenziert beschrieben, insbesondere mit den Aussagen von Müttern, die sich bewusst für das Kind mit Down-Syndrom entschieden haben. Nicole Preuss, Mutter eines Sohnes von 12 Jahren mit dem Down-Syndrom äußerte sich entsetzt: „Eltern verklagen Ärzte wegen der Geburt eines Kindes mit dem Down-Syndrom. Das Kind als ‚Schaden', das kann ich nicht fassen." Der bekannte Schauspieler Sebastian Urbanski vom Theater „Ramba-Zamba" wurde auch erwähnt, er sagt: „Ich bin anders, aber nicht krank!" Das Ramba-Zamba-Theater ist ein privates inklusives Theater mit fester Spielstätte in der „Kulturbrauerei" im Berliner Ortsteil Prenzlauer Berg. Es wurde 1990 gegründet und zählt 29 Künstlerinnen und Künstler (Stand 2020) mit Behinderung zu seinem Ensemble.

Theater-Chef Jacob Höhne bemerkte kritisch: „In unserer heutigen Gesellschaft gibt es trotz vollmundiger Inklusionsbemühungen wenig Toleranz gerade gegenüber geistig behinderten Menschen. Dass es immer schwer sein wird, kognitiv beeinträchtigte Schauspielerinnen und Schauspieler für mein Ensemble zu finden, führe ich auf die hohe Abtreibungsrate zurück. Die Gesellschaft braucht aber Andersartigkeit!"

Und es gibt ja nicht nur Förderungen für Menschen mit Behinderungen. Hervorheben möchte ich an dieser Stelle die enorme Entwicklung in der Kinderchirurgie. Bei einer Tagung in Gießen, organisiert von Professor Dr. Axt-Fliedner im Jahr 2018, wurden uns Bilder von Operationen gezeigt, die noch *im* Mutterleib stattfanden, Herzoperationen beispielsweise oder Operationen am Rücken bei Spina Bifida. Auf dieser Tagung berichtete ein Humangenetiker, dass man mit dem Bluttest inzwischen 460 Syndrome „entdeckt" hat. Wir alle sind eventuell Träger eines Syndroms, die Down-Syndrom-Menschen können also sagen: „Willkommen im Club!"

Aber leider ist das kein Spaß: Die Forschungsaktivitäten finden vielleicht auch bald die genetischen Codes für die Syndrome von seh- und hörbehinderten Menschen heraus. Das Gen für Legasthenie wurde schon vor einigen Jahren entdeckt. Stehen diese Menschen dann auch auf der (Abschuss-)Liste?!

In diesem Rahmen muss ich aber noch über die „UN-Behindertenrechtskonvention – UN-BRK" berichten. Sie ist keine Spezialkonvention für die Rechte von Menschen mit Behinderungen, sondern sie konkretisiert die bereits anerkannten allgemeinen Menschenrechte aus anderen Menschenrechtsübereinkommen für die Situation von Menschen mit Behinderungen. Hintergrund für das Entstehen der Konvention war die weltweite Erfahrung, dass Menschen mit Behinderungen nicht ausreichend vor Diskriminierung und Ausgrenzung geschützt worden sind – und immer noch nicht werden.

Durch die UN-Behindertenrechtskonvention soll ein Paradigmenwechsel stattfinden: Während früher das medizinisch-defizitäre Verständnis von Behinderung im Vordergrund stand, Behinderung als Nachteil empfunden worden ist und Menschen mit Behinderungen von der Politik als Bittstellerinnen und Bittsteller wahrgenommen wurden, soll es durch die UN-BRK gelingen, einen menschenrechtlichen Ansatz zu etablieren: Menschen mit Behinderungen sind Trägerinnen und Träger von Menschenrechten, und der Staat ist in der Pflicht, die Rechte von Menschen mit Behinderungen zu achten, zu gewährleisten und zu schützen. Behinderung wird in diesem Verständnis als Bereicherung der menschlichen Vielfalt angesehen.

Die für Deutschland verbindliche Konvention enthält Prinzipien (zum Beispiel Nicht-Diskriminierung, Chancengleichheit, Selbstbestimmung, Inklusion), Verpflichtungen (zum Beispiel Partizipation, Bewusstseinsbildung, Zugänglichkeit) und Einzelrechte (bürgerliche und politische sowie wirtschaftliche, soziale und kulturelle Rechte). Ziel der Konvention ist der volle und gleichberechtigte Genuss aller Menschenrechte und Grundfreiheiten für alle Menschen mit Behinderungen. Dafür setzt sich auch die Monitoring-Stelle der UN-Behindertenrechtskonvention des Deutschen Instituts für Menschenrechte ein.

Das „Übereinkommen über die Rechte von Menschen mit Behinderungen" wurde am 13. Dezember 2006 von der Generalversammlung der Vereinten Nationen verabschiedet. International ist es am 3. Mai 2008 in Kraft getreten, nachdem es 20 Staaten ratifiziert hatten. Die Bundesrepublik Deutschland hat die UN-BRK am 24. Februar 2009 ratifiziert. Nach den Regularien der Konvention trat sie am 26. März 2009 in Deutschland in Kraft und ist seitdem geltendes Recht in Deutschland, welches von allen staatlichen Stellen umgesetzt werden muss.

Die Interessen der UN-BRK und der PID-Befürworter verlaufen diametral. Die PID verhilft Eltern dazu, ein „gesundes Kind" zu gebären. Nach der UN-BRK soll aber die Teilhabe von Menschen mit Behinderungen in allen Lebensbereichen gewährleistet sein. In Art. 10 UN-BRK wird zwar auch das ungeborene Kind mit Behinderungen erwähnt, aber weitere Normen für das Recht dieser Menschen mit Behinderungen fehlen. Aus den Unterlagen und der Diskussionen der Vereinten Nationen ist zu lesen, dass die NGO „Inklusion International" gefordert hat, dass in Artikel 10 UN-BRK das „Right to be born" (Recht, geboren zu werden) eingefügt wird. Das war aber nicht konsensfähig.

Immer wieder erzählen mir werdende oder ehemals werdende Eltern, dass sie von ihrem Gynäkologen oder ihrer Gynäkologin gedrängt wurden, einen Präna-Test zu machen, zumindest, wenn sie das Alter von 35 Jahren erreicht hatten. Speziell nach dem Ultraschall der Nackenfalte. Ich kann das Dilemma der Eltern durchaus verstehen und will hier auch keine Frau, die sich zum Abbruch entschieden hat, diskreditieren, aber dennoch plädiere ich für das Recht auf Leben der Menschen mit Down-Syndrom. Mir hat noch keiner der vielen Menschen mit Down-Syndrom, die ich kenne, gesagt, dass er oder sie es bedauert, auf der Welt zu sein. Ich kenne sie als fröhliche Menschen, die durchaus auch selbstbestimmt das Leben genießen. Auf vielen Tagungen zu diesem Thema habe ich immer wieder gesagt, ich stehe auf der Seite der ungeborenen Kinder mit Behinderung.

Ihren Eltern muss man Mut machen, das Kind anzunehmen. Diese Kinder sind kein „Schaden", sie sind eine Bereicherung unserer Gesellschaft. Natürlich kann ein Mensch mit Down-Syndrom krank werden, wie wir alle. Ansonsten ist es ein Mensch mit Down-Syndrom! Noch hört man oft den Ausdruck, jemand „leide" am Down-Syndrom. Das ist genauso blöd, wie die Aussage, jemand sei an den Rollstuhl „gefesselt". Als „leidvoll" erfahren es manche Eltern vielleicht in der Anfangszeit, später überwiegt die Freude an der Entwicklung des Kindes und seiner Fröhlichkeit.

Ich frage mich immer wieder, warum die Humangenetik verschiedene Tests entwickelt, um das Leben mit Behinderungen zu verhindern. Die Leidenschaft von Forschenden in der Wissenschaft kenne ich sehr gut, da ich in der Pflanzenzüchtung an der Universität Gießen geforscht habe. Aber wollen wir wirklich eine Gesellschaft mit nur „perfekten Menschen" und „brauchbaren Menschen"? Die wiederum „Designer-Babys" bekommen? Oder akzeptieren wir eine Gesellschaft der Vielfältigkeit?

Diese Diskussion muss in den Parlamenten und der Zivilgesellschaft geführt werden. Dazu möchte ich alle meine Mitmenschen einbinden und anregen, diese Fragen zu diskutieren. Ansonsten ist die Diskussion zur UN-BRK und der Inklusion nur ein Aushängeschild!

Abschließend möchte ich nochmals den Schauspieler Sebastian Urbanski zitieren, der mir aus der Seele spricht: „Ich möchte erreichen, dass alle Menschen in Deutschland nochmal darüber nachdenken, wie sie in Zukunft mit Behinderten umgehen wollen. Ich will der deutschen Gesellschaft beibringen, dass sie ihre Denkweise gegenüber uns in Zukunft ändern muss. Ganz wichtig ist, dass wir mit allen gemeinsam leben dürfen. Dazu gehört auch, dass Babys nicht durch einen Bluttest vor der Geburt einfach aussortiert werden, weil sie nicht perfekt sind."

Ein Kindergarten, in dem alle wachsen dürfen

Als Olaf in mein Leben trat, zeigte sich mir meine Lebensaufgabe: Ich wollte konsequent die Perspektive von Menschen mit Behinderungen einnehmen und mich dafür einsetzen, dass sie die gleichen Rechte und Chancen auf Teilhabe am gesellschaftlichen Leben erhielten wie alle anderen auch. Olafs Leben und seine Bedürfnisse in seinen unterschiedlichen Entwicklungsstadien waren dabei mein Leitstern und mein Kompass. Olaf hat mich geführt, ohne es zu merken.

Meine Ziele konnte und wollte ich dabei aber nicht allein verfolgen, daher habe ich mich immer Organisationen und Vereinen zugewandt – und viele sogar selbst mitgegründet –, um Kräfte zu vereinen und Menschen zu versammeln, denen es wie mir ein Herzensanliegen war, für die vermeintlich Schwächeren in unserer Gesellschaft einzustehen.

Als Vorsitzende der Lebenshilfe Gießen, zu der ich ja 1979 gewählt wurde, habe ich mich stark um die Integration behinderter Kinder in Regelkindergärten bemüht. Der Gedanke der Integration ließ mich nicht los. Aber auch andere Kollegen und Kolleginnen, das Sozialministerium Hessen und der Landeswohlfahrtsverband (LWV) Hessen waren offen für diesen Gedanken. Ich wurde Mitglied in der Landesarbeitsgemeinschaft „Kindertagesstätte" und Mitglied einer entsprechenden Arbeitsgruppe im Sozialministerium. Wir entwickelten ein Konzept „Integrativer Kindergarten“: Eine Gruppe bestand aus 10 Kindern aus dem Regelbereich und 5 Kindern mit Beeinträchtigung. Die Gruppe wurde von zwei Fachkräften geführt. Der Clou aber war, dass wir beschlossen hatten, die Sonder-Kitas umzuwidmen in „Integrative Kindertagesstätten“. Das war einmalig in Deutschland! Die Idee war, dass alle Kinder mit Beeinträchtigung an der Integration teilnehmen konnten. Später wurde das Konzept „Integrative Gruppe“ umgewandelt in einen wohnortnahen Kitabesuch. Das heißt, jedes betroffene Kind sollte einfach den Kindergarten dort besuchen, wo es wohnt.

Die Erziehenden mussten dafür eine Fortbildung beim Landesverband der Lebenshilfe (LVLH) durchführen. Aber dennoch gab es Probleme für die sehr schwer betroffenen Kinder. Viele Kitas waren überfordert. Ja, es gab auch Forderungen aus einigen Regel-Kitas an die Eltern, sie mögen ihre Kinder abholen, um sie zu wickeln oder zu füttern. Ich habe damals, es war noch in den 80er-Jahren, viele Telefongespräche mit Eltern geführt, die sich beschwerten. Die Plätze in den Kitas der Lebenshilfe waren sehr gefragt, aber auch limitiert. Natürlich gab es in den Regel-Kitas keine Wickeltische und Ähnliches. Das hat sich aber inzwischen sehr verbessert.

Trotzdem, die Anforderungen bleiben hoch: Ein Kind mit Beatmungsgerät beispielsweise braucht natürlich entsprechend geschulte Erziehende, die wir bis heute noch nicht überall haben. Eine gute Entscheidung des Sozialministeriums ist die Begleitung der Menschen und Kinder durch die Frühförderung bis zum Schuleintritt. Weiterhin ist es positiv zu bewerten, dass Kinder mit Behinderung auch die „normalen“ Krabbelgruppen (unter drei Jahren) besuchen dürfen. Meines Erachtens ist es für ihre Entwicklung wirklich als sehr günstig zu bewerten. So kann auch schon frühzeitig die Inklusion begonnen werden. Wir alle streben danach, die Inklusion voranzubringen. Beginnen muss sie im Kindergartenalter. Das rate ich allen jungen Eltern.

Nochmal ein paar Gedanken zum Thema: Wir Deutschen sind im Allgemeinen kein Volk der Visionäre – so wird es uns nachgesagt. Wir wagen uns eher an das Machbare, an das, was in die Strukturen passt, das, was sorgfältig abgewogen, geprüft und evaluiert ist.

Die Lebenshilfe-Familie spiegelt diese Haltung, die vielleicht angeboren ist, wider: Damals, vor 30 bis 40 Jahren, hatten die Eltern behinderter Kinder, die Eltern der Lebenshilfe, eine Vision: „Unsere Kinder sind bildungsfähig, keine Idioten", wie den Eltern von Ärzten immer wieder bescheinigt wurde. So haben sie mit Verve Bildungseinrichtungen geschaffen, Sonderkindergärten, Sonderschulen, WfbMs und Wohnstätten. Das war für Deutschland nach der Nazizeit eine umwälzende Vision. Sonderschullehrerinnen, Heilpädagogen und Erzieherinnen wurden ausgebildet, Konzepte, die damals richtig erschienen, wurden aufgeschrieben und in den Einrichtungen der Lebenshilfe umgesetzt. Das war echte Integration in die Gesellschaft. Nach der „flächendeckenden" Umsetzung dieser Konzepte haben wir uns aber zufrieden zurückgelehnt: Geschafft hatten wir die Versorgung, Begleitung, Betreuung geistig behinderter Kinder und Erwachsener. Die Räumlichkeiten waren vorhanden, Finanzierungen gesichert, die Bilanzen stimmten und ein enormer Einsatz von Vorständen und Geschäftsführern war damit beschäftigt, die erworbenen Strukturen zu wahren und zu erhalten.

Integration und Inklusion, zwei Termini über deren Bedeutung sich trefflich streiten lässt, weil sie so unterschiedlich gedeutet und gefüllt werden, kamen damals immer mehr auf und wurden wie werden skeptisch beäugt von manchen Funktionären. Und andererseits herbeigesehnt von den Eltern. Und auch mir. Immer wieder wurde uns vorgeworfen, nur aus ideologischen Gründen zu handeln und die Wirklichkeit aus dem Blick zu verlieren. Die Wissenschaft steckte bei diesen Themen noch in den Kinderschuhen und konnte uns zunächst nicht mit entsprechenden Erkenntnissen unterstützen. Das passiert erst heute. Damals mussten wir einfach so kämpfen, ohne valide Zahlen, nur aus unserer Intuition und der Erfahrung als Eltern heraus. Meines Erachtens eine Quelle guter Ideen und sicherer Instinkte, die sich immer wieder bewährt hat! Ulla Schmidt, Bundesgesundheitsministerin a. D., Vizepräsidentin des Bundestages a. D. und derzeit Bundesvorsitzende der Bundesvereinigung Lebenshilfe hat uns damals sehr bei unseren Bestrebungen nach Integration und Inklusion unterstützt, daher freut es mich so sehr, dass sie, wie auch Volker Bouffier, diesem Buch einen Text vorangestellt hat.

Doch noch einmal zurück zur damaligen Debatte, die bis heute währt: Als langjährige Vorsitzende der Lebenshilfe Gießen weiß ich, wovon ich rede. Die Situation in den Kindertagesstätten wird sich mit Sicherheit noch weiter verändern, hier sind wir auf einem guten Weg, sodass wir als Lebenshilfeorganisation vielleicht doch schon bald von einer inklusiven Bildung und Erziehung im Vorschulalter in unseren Einrichtungen und Diensten sprechen können.

Aber von einer inklusiven Bildung in der Schule können wir in Deutschland noch lange nicht sprechen, man spricht sogar von einem Rückgang der Integration geistig behinderter Kinder in der Schule. In keinem Bundesland erkennen wir eine Umkehr von unserem differenzierten Schulsystem, eher kommt es zu einer Zunahme der „Aussonderung“. Im Übrigen wird von Politikern zwar von Integration gesprochen, aber nur im Zusammenhang mit Kindern aus Migrationsfamilien. Das wiederum sollte kein Thema sein, weil selbstverständlich! Also müssen wir uns weiter für eine flächendeckende, integrative und inklusive Bildung in staatlichen Schulen einsetzen.

Immerhin hat sich die Kultusministerkonferenz schon 1984 für den gemeinsamen Unterricht ausgesprochen. Auch die UN-Konvention für die Rechte behinderter Menschen von 2006 unterstützt, ja, fordert die Integration behinderter Menschen in allen Lebensbereichen!

Wir, die Lebenshilfe, die Selbsthilfevereinigung für Menschen mit geistiger Behinderung und deren Eltern, haben die Aufgabe, hier aktiv zu werden. Ich bin fest davon überzeugt, dass wir ein bis zwei Generationen junger Eltern verloren haben, weil diese den Weg zur Lebenshilfe aufgrund fehlender integrativer Angebote nicht gefunden haben. Sehr viel länger können wir uns das nicht leisten, ansonsten verlieren wir den Status einer Selbsthilfevereinigung!

Mein Appell zum Abschluss: Wenden wir uns den jungen Eltern zu, sie waren schon immer der Motor für Veränderungen, sie sind die Initiatoren für die Umsetzung unserer Visionen, sie haben die Kraft für die Idee der Inklusion!

Vorbilder und Leitlinien

In meinen ersten 20 Jahren als geschäftsführende Vorsitzende der Lebenshilfe Gießen konnten acht Wohnstätten und fünf Werkstätten eröffnet werden. Die Frühförderung begann ihre Arbeit, die Reha-WfbM wurde eröffnet und die Familienberatung etabliert sowie der Integrationskindergarten gestartet und die Sophie-Scholl-Schule gegründet. Viele andere Initiativen und Anlaufstellen entwickelten sich ebenfalls in dieser Zeit.

Die Beratung lag mir sehr am Herzen, denn aus eigener Erfahrung heraus erachte ich es für sehr wichtig, dass Eltern und auch Menschen mit Behinderungen selbst frühzeitig und begleitend Beratung in Anspruch nehmen können. Ich erinnere mich nur zu gut an meine eigenen Ängste und Sorgen, die überwiegend der Unwissenheit entsprangen. Leider haben wir nie eine reguläre Finanzierung für diesen Bereich erreichen können. Heute finanzieren wir die Beratung aus einer Umlage aller Einrichtungen für erwachsene Menschen mit Behinderungen.

Meine ersten Aktivitäten in der Lebenshilfe Gießen schienen sich herumgesprochen zu haben, denn 1985 wurde ich gefragt, ob ich dem Vorstand des Landesverbandes Hessen der Lebenshilfe beitreten wolle und wurde auch gewählt. Von der Bundesvereinigung der Lebenshilfe (BV LH) wurde ich gefragt, ob ich den Vorsitz des Bundeselternbeirates übernehmen möchte. Dem bin ich 1986 nachgekommen. Ich hatte die Vision, die besonderen Fragen der Lebenshilfe zu verändern. Das war nicht leicht.

Alle Beteiligten hingen noch an den Strukturen der Gründerzeit des Vereins. Speziell im Bundeselternrat hatte ich Probleme, wenn es beispielsweise auf das Thema der „Pränatalen Diagnostik" kam. Tatsächlich äußerten sich einige Eltern, deren Söhne und Töchter schon erwachsen waren, dass sie einer Abtreibung zugestimmt hätten, wenn es für sie möglich gewesen wäre. Das hat mich tief getroffen. Rückblickend muss ich aber auch konstatieren, dass es damals wenig Hilfe für Eltern gab. Die Finanzierung war nicht gesichert und es war selbstverständlich, dass die Mutter keinem Beruf nachgehen konnte, weil die Betreuung des behinderten Kindes im Vordergrund stand.

Heute hat sich das zum Glück verändert. Die Frühförderung ist bis zum Schulbeginn an der Seite der Eltern. Dabei gibt es immer wieder neue Ideen und Entwicklungen. Trotzdem: Ich muss gestehen, dass ich nicht allen Ideen der Lebenshilfe immer folgen konnte. Manches war mir zu wenig, manches fand ich nicht richtig. Ich wollte mehr: Ich wollte *meine* Vision der Integration umsetzen.

Im Jahr 1986 wurde ich ja vom Bundesvorstand zur Vorsitzenden des Bundeselternrats berufen. Aus jedem Bundesland wurde ein Elternteil in diesen Beirat delegiert. Unsere Aufgabe war es, Stellungnahmen des Vorstandes zu Gesetzesvorgaben zu überprüfen und zu begleiten. Ich konnte diese Stellungnahmen dem Bundesvorstand vortragen, da ich laut Geschäftsordnung einen Sitz dort hatte.

Gleichzeitig war ich aber auch Mitglied im Familienausschuss. Hier gehörte ich zu den sogenannten „Jungen Wilden" zusammen mit Ingrid Körner aus Hamburg und Anne Vetter aus Bremen. Unser Ziel war es, die Integration – damals noch nicht Inklusion – voranzutreiben. Das war durchaus schwierig, da die „gestandenen" Vorstandsmitglieder wie bereits erwähnt noch nicht bei diesem Thema angekommen waren. Dennoch konnten wir an der Universität Gießen einen großen Kongress zum Thema

„Gemeinsam leben, gemeinsam lernen" organisieren. Das Interesse der Eltern war riesig. Ich erinnere mich an eine Veranstaltung in der Bundesvereinigung. Wir hatten Professor Dr. Georg Feuser zu einem Vortrag eingeladen. Er plädierte damals dafür, dass Integration speziell zwischen Menschen mit Behinderungen und Gymnasiastinnen und Gymnasiasten am besten klappen könnte. Vielleicht hatte er recht. Ich konnte mir das Konstrukt nicht vorstellen. Theoretisch wohl, aber praktisch nicht.

In Erinnerung an die Sitzungen des Bundesvorstandes habe ich insbesondere die nicht immer harmonischen Diskussionen behalten, die sich damit befassten, welchen Anteil die Landesverbände von den Spenden der Bundesvereinigung erhalten sollten. Herbert Burger, Vorstand der Bundeskammer – hier saßen die Vorsitzenden der Landesverbände zusammen –, vertrat deren Anliegen vehement. Mit ihm habe ich mich immer gut verstanden, denn er kannte wie ich das operative Geschäft. Auch seine Frau Liselotte habe ich sehr geschätzt. Bei wichtigen Treffen war sie immer zugegen und eine ernstzunehmende Stimme für die Belange der Menschen mit Behinderungen. Das Ehepaar Burger hatte wie ich ein Kind mit Behinderung. Und auch sie hatten dies als ihre Lebensaufgabe begriffen. So etwas schweißt zusammen.

Als Vorsitzende erlebt habe ich Annemarie Griesinger, die ich sehr verehrt habe, sowie Günter Jaspert und Robert Antretter. Mit ihm hatte ich ein gutes Verhältnis, mir gefiel, dass er sich auch öffentlich als Bundestagsabgeordneter für das Lebensrecht behinderter Menschen einsetzte.

Der Bundesvorstand der LH beschloss, dass jeweils ein Mitglied des Vorstandes die Ausschüsse begleiten solle. So habe ich über Jahre die Ausschüsse „Arbeiten" und „Wohnen" begleitet. Diese Arbeit und alle Diskussionen befand ich für mich als positiv und innovativ, da ich ja in Gießen in genau diesem Geschäft tätig war.

In den 90er-Jahren hat der Bundesvorstand der LH sich intensiv mit ethischen Fragen beschäftigt. Wir gründeten dazu eigens einen „Arbeitskreis Ethik" unter Leitung von Professor Dr. Gerhard Neuhäuser, eine Koryphäe auf dem Gebiet der Kinderheilkunde, von der Universität Gießen. Wir fertigten Stellungnahmen zum Thema „Pränataldiagnostik" an und gaben einen Flyer zum Thema „Ethische Grundaussagen der Bundesvereinigung Lebenshilfe e. V." heraus. Formuliert wurden Grundsätze zu Menschenwürde, Lebensrecht, Behinderung, gesellschaftlichem Handeln, Perspektiven. Das war im September 1990. 2002 gab es eine Neuauflage. Hier einige Zitate:

Zur Menschenwürde: „Jeder Mensch ist eine Person – und als solche einzigartig und unverwechselbar."

Zum Lebensrecht: „Forschungs- und Wissenschaftsinteressen dürfen grundrechtliche Standards nicht unterlaufen … Menschliches Leben, auch vorgeburtliches Leben, darf nicht geopfert werden."

Zum Thema Behinderung: „Es ist normal, verschieden zu sein. Behinderung ist nur eine unter vielen möglichen Daseinsformen eines Menschen."

Zum Thema gesellschaftliches Handeln: „Die Gesellschaft ist unteilbar. Für alle Menschen sind gleichwertige Lebensbedingungen, Unterstützung und Hilfen zu schaffen."

Es gab eine Tradition, dass sich die deutschsprachigen Lebenshilfen ein- oder zweimal pro Jahr trafen. Gemeinsam mit den Organisationen aus der Schweiz, Österreich und Südtirol veröffentlichten wir im April 2003 die „Ethischen Grundaussagen zur Biomedizin". Wesentliche Aussagen der Bundesvereinigung der Lebenshilfe wurden übernommen. Einen Satz fügte ich hinzu: „Es darf aber keinen rechtlich legitimierten Automatismus zwischen der vorgeburtlichen Prognose einer Behinderung und einem

Schwangerschaftsabbruch geben. Entsprechenden Bestrebungen in der Gesellschaft ist entgegenzutreten."

Sind wir diesen Schritt gegangen? Ich denke nicht und fühle mich auch angesprochen. Bis zur Diskussion um den Bluttest war das Thema nicht auf den ersten Rängen der Tagesordnung zu finden.

In einem Referat anlässlich einer Fachtagung in Hadamar im Januar 2021 zum Thema „Von der Eugenik zur Pränataldiagnostik" versuchte ich die Zahl der entsprechenden Abtreibungen zu benennen, nach vielen Recherchen kam ich auf ca. 100 000 Kinder. Allerdings ist die Zahl nicht valide. Und das ist genauso wie die mutmaßliche Höhe ein Skandal! Wieso wissen wir nicht, wie viele Kinder abgetrieben wurden? Warum sind ihre Leben es noch nicht einmal wert, gezählt zu werden?

Angesichts dieser ungeheuerlichen Menge schien mir mein alter Vorschlag, einen Tag für die abgetriebenen Menschen mit Behinderungen zu installieren, sehr sinnvoll. Hier werde ich nicht nachlassen. All diese nicht geborenen Menschen und die, die noch kommen könnten, verdienen einen Tag, an dem an sie gedacht wird!

Israel – Lehrer und Freund in der Ferne

1992 habe ich den Generaldirektor des israelischen Sozialministeriums kennengelernt, den Pädagogen Dr. Isack Kandel. Das war eine schicksalshafte Begegnung! Isack Kandel wurde mein Lehrer, Mitstreiter und schließlich Freund. Gemeinsam haben wir so viele Initiativen angestoßen, umgesetzt und vorangetrieben, wie ich es alleine niemals geschafft hätte. Alleine die Ideen hätte ich gar nicht entwickelt, hätte ich sie nicht in Israel erleben dürfen. Die damalige Bundesvorsitzende der Bundesvereinigung Lebenshilfe,

Annemarie Griesinger, die ich oben bereits erwähnt habe, hatte den Kontakt hergestellt. Über Isack Kandel entwickelte sich ein intensiver Austausch mit Israel. Das war etwas ganz Neues!

Nach dem Ende der nationalsozialistischen Diktatur in Deutschland waren die Deutschen zunächst wie sprachlos über all das Grauen, dass sie durchlebt, und aber ja auch selbst herbeigeführt hatten. Vieles wurde einfach totgeschwiegen. Heute glauben viele, vor allem jüngere Menschen, Deutschland hätte sich eine vorbildliche Erinnerungskultur erarbeitet. Das entspricht aber in vielen Punkten nicht der Wahrheit. Viele Grausamkeiten und Unrecht kamen nicht ans Licht. Wurden in keinem Gerichtsaal benannt. Unser fast schon allgemeingültiger Glaube an die gute Erinnerungsarbeit beruht leider zum großen Teil auf einem Mythos, den wir kollektiv teilen. Hier ist noch viel zu tun. Wir müssen aufdecken und erinnern. Verhindern, dass vergessen wird. Zu Ehren derer, die umgekommen sind und als Mahnung für die Zukunft.

Mir liegt hierbei die Geschichte der Menschen mit Behinderungen besonders am Herzen. Sie darf sich nicht wiederholen. Wir müssen dafür sorgen, dass wir nicht wertes von unwertem Leben unterscheiden wollen – auch nicht pränatal. Leider sind wir sehr nah dran. Der Wert einer Gesellschaft, die divers ist und das auch sein will, ist vielen nicht klar, die danach streben, nur sogenannte „gesunde" Kinder in diese Welt zu lassen. Dieser Wert besteht aus Güte und Liebe. In Fürsorge und Gemeinsinn. Im Miteinander. Wenn wir diese Werte endgültig aufkündigen und nach dem hypergesunden Übermenschen streben, dann hat die Menschheit ihren Namen nicht mehr verdient und wird als solche auch allmählich untergehen.

Mir persönlich wurde das Thema Holocaust erst richtig bewusst, nachdem ich die amerikanische Serie über die „Familie Weiß" im Fernsehen gesehen hatte. Es ging um das Erleben der fiktiven jüdischen Familie Weiß in Nazideutschland. Ich denke, dass vielen Bürgern und Bürgerinnen nach der Sendung dieses Films ein Licht aufging – wie mir ja auch. Das Schweigen nach wenigstens einer Generation wurde gebrochen. Ich habe ja schon berichtet, dass meine Eltern dieses Thema nicht angesprochen hatten. Das war in Israel wohl ähnlich, wie ich später dort erfahren habe.

Die Verbindung zwischen Israel und uns führte dazu, dass gemeinsam über die Vergangenheit gesprochen wurde, aber auch dazu, dass man sich austauschte und gemeinsam Pläne schmiedete. Isack Kandel wollte beispielsweise die Integrationsbemühungen für Menschen mit Behinderungen in Deutschland kennenlernen. Nach seinen Besuchen im integrativen Kindergarten, in den Wohneinrichtungen und vielen Diskussionen mit ihm wurde ich schließlich als Staatsgast der Regierung nach Israel eingeladen. Das Programm war kompakt, private und öffentliche Diskussionen standen auf dem Programm. Alles in englischer, aber auch in deutscher Sprache. Die englischen Vokabeln kamen zum Glück zu mir zurück, ähnlich wie damals bei meinen Arbeiten im landwirtschaftlichen Institut, als ich mit französischen Wissenschaftlern zu tun hatte. Den Spaziergang mit Stefan Rothschild durch Jerusalem werde ich immer in Erinnerung behalten. Erst kürzlich habe ich ihn anlässlich eines Besuches mit Michael Thiele, Vorsitzender der „Karawane 2000“, in Jerusalem wiedergetroffen.

Die Karawane 2000 ist ein offenes Netzwerk zur sozialen Integration benachteiligter Menschen und Menschen mit Behinderungen in Deutschland, Europa und seinen Nachbarstaaten. Mitglieder sind entweder selbst Betroffene, Angehörige von Menschen mit Behinderungen, Vertreter von Organisationen oder Verbänden und Privatpersonen. So verschieden alle auch sind: Sie alle treten ein für Vielfalt und Verständigung. Es ist eine wunderbare Initiative mit hochkreativen und engagierten Menschen, die schon sehr viel Gutes bewirkt haben.

Hier ging es aber nicht um wissenschaftlichen Austausch, es ging viel tiefer. Die Diskussionen in deutscher Sprache waren sehr direkt. „Waren deine Eltern Nazis, was denkst du darüber?" Da ich mich völlig unbelastet fühlte, konnte ich auf alle Fragen ehrlich antworten.

Nach diesem ersten Besuch in Israel organisierten wir Austauschprogramme mit Experten der Sonderpädagogik aus Israel und Deutschland. Das geschah in einer sehr positiven und offenen Art. Nach dieser Vorlaufphase beschlossen Dr. Kandel und ich einen Verein zu gründen, den „Deutsch-Israelischen Verein für die Teilhabe von Menschen mit Behinderungen Gießen e. V.", wie er dann später offiziell hieß. Sein Motto ist: „Wir wollen eine Brücke bauen von Mensch zu Mensch in Israel und Deutschland."

Viele Themen standen auf dem Programm. Rückblickend will ich aber auch meine Intention für diese Gründung beschreiben: Ich war davon überzeugt, dass ein Zusammenschluss zwischen Israel und Deutschland zum Thema Integration der richtige Weg war. Schließlich haben auch die Israelis erst nach der Nazizeit ein System für Menschen mit Behinderungen in Israel aufgebaut. Sie sind nicht die gleichen Wege wie wir in Deutschland gegangen. Ihr Ziel war es schon damals, Angebote zu etablieren, die Menschen mit Behinderungen befähigen, mehr Selbstbestimmung zu erlernen. Zum Beispiel gab es in den Berufsbildungsbereichen und den Werkstätten andere Prioritäten als bei uns in Deutschland. Es gab in den sogenannten „Werkstätten" Angebote von Krankenkassen oder von Banken: „Wie errichte ich ein eigenes Konto?" und ähnliches.

Die Israelis hatten nicht den Plan, wie wir in Deutschland flächendeckend Werkstätten zu errichten, um Arbeit anzubieten – obwohl es diese Werkstätten auch gibt –, vielmehr ging es darum, die kognitiven Fähigkeiten der Menschen mit Behinderungen zu fördern und sie in die Gesellschaft zu integrieren.

Ein weiteres Thema ist das Alter: Anlässlich eines Besuches von Menschen mit Behinderungen aus Israel in Gießen fragte mich einer von ihnen ganz konkret: „Wie helfen Sie Menschen hier in Deutschland im Alter?“ Wir hatten dazu kein Programm. Aber in Jerusalem gibt es, wie berichtet, ein Programm, das die Versorgung der älteren Menschen dort organisiert. So bringen jüngere Menschen mit Behinderungen den älteren Menschen vorbestellte Nahrungsmittel nach Hause. Sie nehmen deren schmutzige Wäsche mit, lassen sie reinigen und bringen sie zurück.

Natürlich können sich nicht alle jungen Menschen mit Behinderungen aktiv, also beruflich an diesem Projekt beteiligen, es gibt andere Jobs für sie. Sie produzieren selbstständig und in Eigeninitiative allerlei Produkte, die sie mit Erfolg verkaufen. In Deutschland haben sich die Werkstätten für Menschen mit Behinderungen ganz anders organisiert, nicht so unabhängig: Sie arbeiten Aufträge der Industrie ab, sind aber kaum eigeninitiativ. Sie haben damit durchaus Erfolg. Ob es aber auch den Erfolg für die Entwicklung der Menschen mit Behinderungen bringt, wie man ihn in Israel erkennen kann, kann ich heute noch nicht beurteilen.

Als die Israelis unsere Werkstätten besuchten, waren sie tief beeindruckt von der Technik. Ich hoffe aber, sie bleiben bei ihrem System, denn im Sinne der Selbstverwirklichung von Menschen mit Behinderungen haben sie meines Erachtens das bessere System. Sie sind einfach kreativer, meine ich. Israelis mit Behinderungen sind auch nicht auf den Lohn einer Werkstatt angewiesen. Sie erhalten ab dem Zeitpunkt der Feststellung einer Behinderung ein Grundgehalt. Das ist auch für Eltern kleiner Kinder mit Behinderung ein wichtiger Bestandteil ihrer Existenz. Dennoch gibt es Eltern in Israel, zumindest war es so in den 90er-Jahren, die ihre Kinder mit DS nicht nach Hause holten, aus Platzgründen, aber auch, weil sie das Down-Syndrom als Strafe Gottes betrachteten. Ich habe einmal ein Haus besuchen können, in dem Kinder mit DS aufgefangen wurden. Ein Kind wunderbarer als das andere, am liebsten hätte ich alle mit zu mir nach Hause genommen. Wie könnte man diese entzückenden Geschöpfe nicht lieben und nicht zu Hause großziehen?

Es gibt aber natürlich auch ganz andere Eltern in Israel. Mein späterer Stellvertreter in unserem Verein, Jacob Bar-Or, hatte eine Schwiegertochter, die wiederum 9 Kinder hatte. Das zehnte Kind hatte das Down-Syndrom. Ich wollte es unbedingt kennenlernen. Jacob war nicht so begeistert, aber dennoch kam es zu einem Besuch. Die Familie wohnte im 4. oder 5. Stock eines Hauses in einer relativ kleinen Wohnung für eine so große Familie. Die Zimmer der Kinder waren praktisch organisiert, die Betten wurden unter die Tische geschoben, sodass die Kinder einen Tisch für ihre Schularbeiten hatten. Ich stellte mir vor, dass die Mutter eine rundliche Mama sei, aber ich hatte mich total verschätzt. Die Mutter, eine tiefreligiöse Frau, war schlank und rank, sie war Ärztin und arbeitete in einer Klinik. Und dann habe ich erlebt, wie die Geschwister mit ihrem kleinen Nesthäkchen mit Down-Syndrom umgingen. Es war zu schön! Sie trugen das Baby umher, bespaßten und fütterten es. Es war so eine Wonne, dabei zuzusehen! Ich war überzeugt, dass dieses Baby sich gut entwickeln würde und hoffe, dass es heute seinen Weg eigenständig und gut gehen kann.

Im Jahr 1994 hatten ja wie erwähnt Dr. Kandel und ich den Deutsch-Israelischen Verein gegründet. Wir entwickelten eine Satzung, an der auch Friedel Rinn mitarbeitete, ehemals Vorsitzender der BAG Selbsthilfe (Bundesarbeitsgemeinschaft Selbsthilfe von Menschen mit Behinderungen, chronischer Erkrankung und ihren Angehörigen) und mein Vorgänger als Beauftragter der Hessischen Landesregierung für Menschen mit Behinderungen. Eröffnet haben wir die Gründung des Vereins mit einer Tagung in Berlin an der Humboldt-Universität, an der auch Menschenrechtler aus den USA teilnahmen.

Das Symposium fand im Februar 1996 statt und wurde vom Gesundheitsministerium, damals noch in Bonn, finanziert. Anschließend wurden die Vorträge zum Thema „Unterstützung und Hilfen für Kinder und Erwachsene mit Entwicklungsstörungen und Behinderungen und deren Familien" im Band 1 unserer Schriftenreihe des Vereins im neu gegründeten Deutsch-Israelischen Reha-Verlag Gießen veröffentlicht.

Eröffnet wurde das Symposium u.a. von der Senatorin für Schule, Jugend und Sport in Berlin, Ingrid Stahmer, von Avi Primor, Botschafter des Staates Israels in Bonn, von Elke Vogel aus dem Bundesministerium für Gesundheit in Bonn, Dr. Zielinski, Vizepräsidentin der Humboldt-Universität Berlin, Professor Ph.D. Arie Rimmermann von der Universität Haifa und Professor Dr. Martin Th. Hahn vom Institut für Rehabilitationswissenschaften der Humboldt-Universität Berlin.

Nach der Begrüßung von Professor Hahn waren wir alle emotional tief betroffen. Er hatte uns die Geschehnisse der Nazi-Ära mit seinen Ausführungen nochmals sehr nahegebracht. Er sagte:

- „Durch die Fenster dieses Saales schauen wir auf den Platz zwischen der Oper und dem alten Palais, auf dem die Bücher jüdischer Autoren verbrannt wurden.
- 1000 Meter sind es von hier zur ehemaligen Reichskanzlei Adolf Hitlers.
- 1,7 km zur Gestapozentrale in der Prinz-Albrecht Straße.
- 67 km zur Stadt Brandenburg, wo Menschen im Rahmen der Euthanasieaktion des Hitlerregimes ermordet wurden.

- 31,5 km bis zum Konzentrationslager Oranienburg Sachsenhausen.
- 19 km bis zur Villa am Wannsee, wo die systematische Ermordung von Millionen jüdischer Menschen geplant wurde.
- 1,9 km sind es von diesem Saal, in dem wir jetzt gerade sitzen, bis zur Tiergartenstraße 4, wo die Euthanasieaktion „T4" ihre Zentrale hatte und die systematische Ermordung von Menschen mit Behinderungen organisiert wurde. Eine Inschrift auf einer Tafel vor dem Konzerthaus Philharmonie erinnert daran: „Ehre den vergessenen Opfern". An dieser Stelle wurde ab 1940 der erste Massenmord organisiert, benannt nach dieser Adresse: „Aktion T4".

Für mich war diese Tagung emotional kaum zu verkraften. Nur unter Tränen konnte ich meine Eröffnungsrede halten. Ich war so bewegt davon, was an diesem Ort gerade geschah: Erinnerung, Vergebung, Austausch, voneinander lernen, Versöhnung. Gerade Berlin war aufgrund der deutschen Vergangenheit und des Gedenkens daran genau der richtige Ort für diese Veranstaltung. Wir besuchten im Rahmen der gemeinsamen Zeit viele Gedenkstätten, beispielsweise auch den Ort der Bücherverbrennung.

So wie ich es sehe – und es eben auch in unserem Deutsch-Israelischen Verein erlebt habe –, ist das Gedenken an die, die den Schrecken der Nazis nicht überlebt haben, nicht nur wichtig, um ihnen ihre Würde zurückzugeben, sondern auch wichtig für uns. Nur durch die ernsthafte und ehrliche Beschäftigung mit unserer Vergangenheit können wir lernen zu verhindern, dass sich die Geschichte in Deutschland wiederholt. Und nur durch eine aktive und umfassende Erinnerungskultur ist eine Aussöhnung mit den Opfern und ihren Nachfahren möglich.

Nach der Veranstaltung in Berlin organisierten wir weitere ähnlich geartete Veranstaltungen mit anerkannten Wissenschaftlerinnen und Wissenschaftlern, um unsere gemeinsamen Themen über das soziale Leben von Menschen mit Beeinträchtigung in unseren jeweiligen Ländern zu diskutieren. So wie etwa in Gießen, wo Vertreterinnen und Vertreter aus Deutschland, Israel, Jordanien, Äthiopien, Marokko, Oman, Palästina und Tunesien zu einer großen Konferenz zusammenkamen. Professor Neuhäuser hatte die Tagung organisiert und begleitete uns dabei. Eines Abends, ich hatte alle Gäste zu mir nach Hause eingeladen, sagte einer der Delegierten: „Vielleicht sollten wir nicht nur uns, sondern auch einmal die Frauen unserer Staatsoberhäupter austauschen!?" Großes Gelächter, so etwas politisch Unkorrektes wurde damals noch sehr belacht... Ganz generell war aber das Klima der Konferenz sehr positiv. Egal, aus welchen Ländern die Delegierten stammten, man verstand sich untereinander.

Ich erinnere mich noch an das erste Treffen der Delegierten im Restaurant „Dachcafé" in Gießen. Das Hotel der Delegierten war ganz in der Nähe. Natürlich war ich etwas nervös. Israelis UND Palästinenser aus Gaza – wie wird dieses Treffen verlaufen, fragte ich mich? Aber es gab überhaupt keine Probleme und alle freuten sich auf die Auseinandersetzung. Die einzelnen Vorstellungen und Ideen lagen nicht weit auseinander. Alle waren davon überzeugt, dass es Programme geben müsste, um Menschen mit Beeinträchtigung das Leben in der Zivilgemeinschaft zu ermöglichen.

Bei einem weiteren Treffen in ähnlicher Runde wurde das Thema des sexuellen Missbrauchs, insbesondere Inzest, mit Menschen mit Behinderungen besprochen. Auch Israelis und Palästinenser bestätigten, dass es in den Familien der Juden und Muslime dieses Problem gäbe. Aber es gab auch schon Programme auf beiden Seiten, die die Kinder schützen sollten, so wie etwa

Anlaufstellen für missbrauchte Kinder, die dafür sorgten, dass die Opfer in Einrichtungen untergebracht wurden, die den Familienangehörigen nicht bekannt waren.

Später versuchten wir, dieses Thema auch auf einer Tagung in Israel zu diskutieren. Das funktionierte aber überhaupt nicht. Israelis und Palästinenser konnten sich in Israel nicht treffen. Man sprach nicht miteinander, ja, man grüßte sich nicht einmal. Was für eine verrückte Welt, in der Nachbarn erst Tausende von Kilometern mit dem Flugzeug zurücklegen müssen, um sich offen miteinander auszutauschen, weil es zu Hause von Tür zu Tür nicht ging und bis heute auch nicht geht.

Nach dem Treffen mit den Vertreterinnen und Vertretern der Wissenschaften organisierten wir auch Treffen mit Menschen mit Beeinträchtigung und ihren Eltern in und aus Israel sowie Deutschland. Mehrere Reisen von MmB aus unseren Werkstätten organisierte ich selbst und habe auf diesen Reisen Israels beeindruckende Sehenswürdigkeiten kennengelernt. Ich war erstaunt über die biblischen Kenntnisse der Teilnehmenden, mehr noch, ich war begeistert! Wir besuchten Jesu Geburtsstadt Bethlehem, waren im Norden des Landes in Kapernaum in der Kirche auf dem Berg, auf dem Jesus uns seine wichtigsten Worte in der Bergpredigt hinterließ. Wir fuhren über den See Genezareth und aßen wunderbaren Fisch. Es waren herrliche Tage in einem wunderschönen, gastfreundlichen Land, an die ich immer gerne zurückdenke.

Eine Reiseleiterin begleitete uns, aber trotzdem waren nicht alle Teilnehmenden ständig unter ihrer Aufsicht. Natürlich wurden auch sie von „fliegenden" Händlern angesprochen und ich erinnere mich, dass Olaf, der mitgereist war, 20 € für nur drei Postkarten bezahlt hat! Es gab aber auch ernsthaft problematische Situationen: Eine Teilnehmerin fiel bei der Silvesterfeier in Ohnmacht und musste in eine Klinik gebracht werden. Ich konnte die Behandlung aber nicht bezahlen, denn es war Schabbat, in dieser Zeit nimmt kein Israeli Geld in die Hand. Ich musste deswegen später nochmals dorthin fahren, was für unseren Reisezeitplan sehr ungünstig war und alle aufhielt.

Einige unserer Mitreisenden waren Menschen mit körperlichen Behinderungen. Damals war man in Israel auf die Bedürfnisse dieses Personenkreises noch nicht eingestellt. Es gab keine barrierefreien Hotelzimmer, wir mussten uns stets selbst behelfen. Eine körperbehinderte Teilnehmerin wollte unbedingt in die Grabeskirche und den Ort sehen, an dem Jesus ermordet wurde. Die Hilfe von vier anderen Teilnehmern war notwendig, damit sie die Treppe dorthin schaffen konnte. So mühsam für sie und ihre Helfer! Inzwischen hat sich die Situation in Israel zum Positiven verändert. Barrierefreiheit ist auch dort ein wichtiges Thema geworden.

Überall auf der Welt, auch in der sogenannten „Ersten Welt", auch in Deutschland, gibt es noch viel zu viele Stufen und Treppen, zu wenig Aufzüge und Toiletten für Menschen mit körperlichen Beeinträchtigungen. Da müssen wir dranbleiben!

Auf dem Rückweg einer Rundreise stellte ein Mensch im Rollstuhl mit Sehbehinderung fest, dass er dringend eine ärztliche Behandlung benötigte. Vor einer Klinik entließ man mich mit dem Patienten aus dem Bus. Da stand ich nun, zunächst ohne Plan! Englischsprechende Menschen? Fehlanzeige! Schließlich fanden wir aber die zuständige Abteilung und die Ärzte beschlossen, sofort zu operieren. Anschließend sei eine Überweisung in ein Hotel vorgesehen, hieß es, das sei in Israel üblich. Der Erkrankte lehnte das aber ab, er wollte 14 Tage in der Klinik bleiben, so wie es in Deutschland üblich sei. Das werde aber sehr teuer, hieß es wiederum. „Meine Krankenkasse bezahlt das", sagte er. Ich schwitzte

Blut und Wasser, würde das klappen? Tatsächlich war es dann auch so, aber bis dahin hatte ich ein paar graue Haare mehr erworben!

Neben den Sightseeing-Programmen diskutierten wir auf der fachlichen Ebene, beispielsweise haben wir uns intensiv mit dem Thema der Altenhilfe auseinandergesetzt. Der Schatzmeister unseres Vereins, Werner Schäfer-Mohr von der AWO (Arbeiterwohlfahrt) der Stadt Gießen, brachte sich hier besonders gewinnbringend ein. So konnten wir mehrere Austauschprogramme mit Experten aus der Altenhilfe in Israel und Deutschland durchführen. Auch über die Gerontopsychiatrie, die psychiatrische Behandlung von alten Menschen, haben wir uns auseinandergesetzt. Die damaligen Programme in Israel haben mich durch ihre Modernität sehr beeindruckt. Hier wurden alte Menschen wesentlich intensiver zu Aktivitäten animiert als in Deutschland. Logopäden, Ergotherapeuten und Helfer, darunter auch jüngere Menschen mit Behinderungen, waren im Einsatz. Oft wurde ich von Israelis gefragt, warum man die Menschen mit Behinderungen in Deutschland nicht damit beschäftigt, sich um alte Menschen zu kümmern wie in Israel. Ja, warum? Auf diese einfache Frage hatte ich keine gute Antwort. Hier liegt noch viel im Argen und muss angegangen werden.

Schabbat

Nach zwei Jahren intensiven Austauschs gründeten, wie schon gesagt, Dr. Isack Kandel, ich und weitere Experten 1994 den „Deutsch-Israelischen Verein für Rehabilitation und soziale Eingliederung für Behinderte und von Behinderung bedrohte Menschen, Gießen e.V." Programme wurden entwickelt und weitere Austauschprogramme organisiert. In der Zwischenzeit hatte ich mich intensiv mit der jüdischen Religion befasst. Ja, ich war sogar auf dem Weg zu konvertieren, so sehr hatte mich all das angesprochen, was ich über den mosaischen Glauben entdeckt hatte. Besonders viel gelernt habe ich von Jacob Bar-Or. Er wurde 1937 als jüdischer Deutscher in Berlin geboren, wanderte mit seinen Eltern nach Palästina aus, wurde Sozialarbeiter, heiratete Gilia und bekam vier Kinder. Sie wohnten in der Altstadt von Jerusalem nahe der Stadtmauer und führten ein religiöses Leben. Jacob Bar-Or engagierte sich für Menschen, speziell für Frauen, die vom „Weg abgekommen" waren, war Vorsitzender der Gemeinde der Altstadt in Jerusalem und später Mitarbeiter in einer religiösen Schule für Mädchen. Er benahm sich aber gar nicht so wie seine Söhne, die mir nicht die Hand gaben, weil es die jüdische Religion verbietet. Er war ein weltoffener Mensch mit jüdischer Religion. Ich habe oft den Schabbat in seinem Hause erlebt und möchte das niemals missen.

Im Hause Bar-Or war für den Schabbat alles organisiert. Das Licht ging an, ohne dass ein Mensch einen Knopf drücken musste. Am Schabbat ist das nämlich nicht erlaubt. Ich habe die Ruhe am Freitagabend, mit dem der Schabbat beginnt, und am Samstag, dem eigentlichen Schabbat-Tag, sehr genossen.

Den Beginn des Schabbat konnte man besonders in Jerusalem sehr genau spüren. Es war eine ruhige, besondere Atmosphäre. Die Frauen kochten, auch für den folgenden Tag. Das Essen wurde dann auf Warmhalteplatten gestellt, denn auch ein Anzünden der Kochplatten war am Schabbat nicht erlaubt. Rauchen und schreiben, zwei Dinge, die ich leidenschaftlich gern tue, waren auch nicht gestattet.

Was tut man am Schabbat? Viel schlafen, viel essen, viel trinken, im Garten sitzen oder spazieren gehen. Wir trafen andere Familien mit ihren Kindern, die alle herausgeputzt waren, und haben wirklich immer zu viel gegessen und geredet.

Oft war ich mit Jacob an der Klagemauer, er auf der Seite der Männer, ich auf der Seite der Frauen. Ich steckte viele Zettel in die Mauer und weiß natürlich nicht, ob die Wünsche in Erfüllung gegangen sind. Ich hoffe und bete, dass es so ist.

Wenn die Sonne am Abend des Samstages untergegangen war, war der Schabbat vorbei und die Menschen gingen in die Stadt, gingen dort essen oder ins Kino, bis tief in die Nacht. Ja, man konnte auch einkaufen bis weit nach Mitternacht. Für mich eine völlig neue Erfahrung.

Das habe ich alles ganz hautnah miterleben dürfen. Manchmal wünsche ich mir heute dieses Schabbat-Erlebnis an einem Freitagabend oder auch am Samstag zurück, so sehr habe ich diese Rituale geliebt und genossen.

Oft habe ich den Schabbat auch in der Familie von Isack Kandel erlebt. Die Kinder und die Enkelkinder kamen, es gab hervorragendes Essen. Und immer wurden die Rituale eingehalten: Der Hausherr brach das Brot für alle. Zuvor war er in der Synagoge gewesen und seine Frau Judith, die ich sehr mochte und bewunderte, sie hatte einen ambulanten Dienst für Senioren in der Region um Kfar Sabra gegründet, zündete zwei Kerzen an. Mich hat das alles sehr bewegt und diese Abende gehören zu meinen schönsten Erinnerungen.

Das Sharon-Haus

Auf den vielen Fahrten zu verschiedenen Institutionen und Organisationen lernte ich das israelische Konzept für Kinder mit Lernschwierigkeiten kennen. Es war sehr modern und funktionierte fantastisch. Das hat mich so fasziniert, dass ich es mit nach Gießen brachte. Werner Schäfer-Mohr und ich verhandelten darüber mit dem Landkreis. Dort war man von dem Konzept auch begeistert, insbesondere für Kinder mit Legasthenie und Dyskalkulie. Wir suchten ein Haus, fanden dieses im Aulweg 66 und nannten es „Sharon-Haus", nach der Ebene, in der die Partnerstadt von Gießen, Netanya, liegt. Am 11. November 1996 wurde das Haus eröffnet. Inge Frank von der Gießener Frühforderung übernahm die Leitung des Sharon-Hauses. Es beherbergte jetzt ein interdisziplinäres Konzept, dafür mussten wir Pädagogen, Psychologinnen, Ergotherapeuten und Logopädinnen finden, was damals gar nicht so schwierig war. Alle Mitarbeitenden wurden nach Israel geschickt, um sich dort fortzubilden. Später kam auch eine israelische Expertin nach Gießen, um uns dort zu begleiten. Die Anfragen waren zahlreich. Zeitweise hatten wir 200 Kinder im System.

Aufgrund der vielen Nachfragen eröffneten wir auch in Wetzlar ein Sharon-Haus unter der Leitung von Roland Freitag und waren auch dort schnell ausgebucht. Viele Eltern waren dankbar für das Angebot und freuten sich über die Erfolge, die bei ihren Kindern erzielt werden konnten. Die Finanzierung basierte auf Paragraph 35a des Sozialgesetzbuchs VIII zur Eingliederungshilfe für Kinder und Jugendliche mit seelischer Behinderung oder drohender seelischer Behinderung. Leider wurde die Finanzierung nach einigen Jahren beendet. Die Schulen sollten die Förderung übernehmen. Das klappte natürlich – schon aus Zeitmangel – nicht so gut.

Das Sharon-Haus-Konzept

Das Sharon-Haus-Konzept, dass ich aus Israel mitgebracht hatte, ist so einzigartig und hilfreich, dass ich es hier gern genauer vorstellen möchte. Es ist auf so vielen Ebenen wichtig. Natürlich in erster Linie für die Betroffenen, die ins Sharon-Haus kamen, um Unterstützung zu finden, aber auch für alle dort Arbeitenden und für all diejenigen, die wie ich damit befasst sind, das Leben für Menschen mit Behinderungen – ganz gleich, welche es ist – mit mehr Teilhabe am ganz normalen, gesellschaftlichen Dasein auszustatten. Das Sharon-Haus in Gießen war ein wichtiges Leuchtturmprojekt dabei, auf das ich sehr stolz bin. In dieser Gießener Einrichtung boten wir je nach Bedarf Hilfen im Einzelfall in ambulanter Form für Kinder mit Lernstörungen an. Diagnostik und Therapie im Sinne einer Krisenintervention sind die wichtigsten Säulen des Angebotes.

Das in Gießen realisierte Projekt hatte Modellcharakter. Ein enger fachlicher Austausch fand mit den Mitarbeitern und Mitarbeiterinnen der Zentren in Israel in Netanya, Jerusalem und Ramat Gan statt. Weitere Projekte in Deutschland sollten folgen, die nach den jeweils gegebenen regional unterschiedlichen Bedingungen dem Angebot in Israel angeglichen würden. Das Konzept beschränkte sich dabei auf Kinder mit Lernstörungen, da das örtliche Netz der sozialen und therapeutischen Versorgung lediglich in diesem Bereich Lücken aufweist. Zudem ergab sich hieraus eine enge Kooperation mit vorher versorgenden Institutionen und Folgeeinrichtungen, die in Kontaktgesprächen erörtert und bereits zugesagt wurden.

Der Deutsch-Israelische Verein hatte es sich zudem zur Aufgabe gemacht, über die inhaltliche Zusammenarbeit hinaus Grenzen überwindende, längst fällige und notwendige Schritte aufeinander zu zutun und den Austausch zwischen den Ländern sowie gegenseitige gute Beziehungen zu ermöglichen.

Neben dem Aufbau des Zentrums wurden deshalb zusätzliche Angebote geplant, wie die Durchführung von Fachkongressen mit den entsprechenden Berufsgruppen in Deutschland und Israel, außerdem Hospitationsaufenthalte der Mitarbeitenden in beiden Ländern.

Doch zurück zum Sharon-Haus-Konzept: Was genau sind Lernstörungen? Ich wusste es zunächst auch nicht. Aber im Zuge meines Engagements für Menschen mit Behinderungen ging ich quasi nochmal zur Schule – obwohl man das wohl bald schon Universität nennen müsste – und lernte unglaublich viele Details. Während Olaf mir mit seinem Leben ganz praktisch zeigte, worum es ging, lernte ich nun auch die fachliche Seite kennen. Durch das Konzept des Sharon-Hauses entdeckte ich ganz konkret eine Menge über Lernstörungen, welche Ursachen sie haben und wie man sie therapieren kann.

Die Beschäftigung mit Hirnfunktionsstörungen hat in der Kinder- und Jugendpsychiatrie und der Neuropädiatrie eine lange Tradition. Darunter werden Ausfälle sehr unterschiedlicher Hirnfunktionen verstanden. Die wichtigsten und klinisch bedeutsamen sogenannten „Teilleistungsstörungen“ sind:

- Lese-Rechtschreibschwäche (Legasthenie),
- Rechenschwäche (Dyskalkulie),
- Andere Lernschwächen,
- Rückstand in der Sprech- und Sprachentwicklung,
- Rückstand in der motorischen Entwicklung (Dyskoordination),
- multiple Entwicklungsrückstände.

Als Ursachen werden u.a. genetische Gründe, angeborene und erworbene Hirnfunktionsstörungen, Reifungs- und Entwicklungsverzögerungen angesehen. Teilleistungsstörungen betrachtet man als bedeutsam bei Kindern, deren Schulversagen durch Intelligenzschwäche nicht erklärt werden kann, im Gegensatz zu Kindern mit relativ niedriger Intelligenz in allen Leistungsbereichen, bei denen eine Lernbehinderung vorliegt. Die Differenzierung ist jedoch nicht immer einfach.

Spezielle Teilleistungen, wie Visuomotorik, die Koordination von visueller Wahrnehmung und der Motorik, unmittelbares Behalten, Antrieb, Aufmerksamkeit und Sprachwahrnehmung, stehen in Beziehung mit der allgemeinen Intelligenz. Kinder, die eine Schwäche für Sprachwahrnehmung haben, bilden eine besonders auffällige Gruppe, die sich im Ausmaß von Verhaltens- und Lernproblemen deutlich von Kindern mit anderen Teilleistungsschwächen unterscheidet. Es besteht auch eine Wechselwirkung zwischen neuropsychologischen Funktionsstörungen und der subjektiven Verarbeitung dieser Ausfälle, beziehungsweise der Reaktion des Kindes auf diese Störungen.

Die wichtigsten Ursachen, die zu neuropsychologischen Ausfällen führen, sind: Fehlbildungen des Gehirns, Infektionen des Gehirns, metabolische, genetische und degenerative Erkrankungen, Gefäßprozesse, raumfordernde Prozesse und Verletzungen. Dass neuropsychologische Syndrome zu Störungen in der Gesamtentwicklung führen, wurde durch verschiedene Studien belegt: Verbindungen zwischen Teilleistungsstörungen und Störungen der Motorik oder Wahrnehmungsstörungen sind vielfach festgestellt worden.

Kontroverse Auffassungen über Erscheinungsformen, Ursache und Behandlungsmethoden verhindern nicht selten geeignete Therapie- und Fördermaßnahmen betroffener Kinder und Jugendlicher. Zudem scheitert die Behandlung in der Praxis häufig an einer ungenügenden Zusammenarbeit der Therapeuten.

Diese schwierige Situation in der Diagnostik führt oft dazu, dass Kinder falsch oder zu spät ein passendes Therapieangebot erfahren. Als Olaf sehr klein war, habe ich oft darüber nachgedacht, ob er alle nur möglichen Förderungen erfährt, die es für ihn gab. Und ob ich auch alle Diagnosemöglichkeiten genutzt hätte, die dazu notwendig gewesen wären. Das Konzept des Sharon-Hauses sorgt dafür, dass das Kind ganzheitlich angesehen wird, dass alle Disziplinen zusammenarbeiten – und nicht nebeneinander her!

Im Haus Sharon ist die Bandbreite der betreuten Kinder und Jugendlichen samt deren Familien sehr groß. Dazu zählen:

- Kinder, die von Behinderung bedroht sind,
- Kinder mit Lernbehinderung,
- Kinder mit Wahrnehmungsstörungen,
- Kinder mit minimaler cerebraler Dysfunktion (MCD),
- Kinder mit Lernschwächen,
- Hyperaktive Kinder,
- Kinder, die sich zurückziehen,
- Kinder mit Konzentrationsschwächen,
- Kinder mit seelischen Problemen und Behinderungen,
- Kinder mit Lese- und Schreibschwächen,
- Kinder mit Koordinationsstörungen, insbesondere Graphomotorik.

Es handelt sich um Kinder und Jugendliche, deren Probleme zwar über Frühwarnzeichen erkannt werden können, die aber bis heute zumeist in der Tragweite ihrer Auswirkungen auf Lernfähigkeit und Lerntempo unterschätzt werden. Frühzeitige Hilfen und Förderungsmaßnahmen unterbleiben. An dieser Nahtstelle ist die Aufgabe des Sharon-Hauses ganz besonders wichtig!

Die Kinder leiden unter ihren Schwächen, entwickeln einen Mangel in der Selbstwertschätzung, was Lernprozesse zusätzlich erschwert. Eltern sind verunsichert, da klare Diagnosen ausbleiben und die Kinder über einen oft langen Zeitraum in der Schule mitbetreut werden, ohne gezielt gefördert werden zu können. Hier müssen neue Wege der Beratung, Begleitung und Förderung beschritten werden, damit diese Menschen eine Chance haben, mit den gegebenen Einschränkungen umzugehen, sich selbst zu akzeptieren und ihren Platz in der sozialen Gemeinschaft zu finden, ohne ausgegrenzt zu werden.

Das wichtigste Ziel des Angebots im Sharon-Haus war deshalb die Stärkung des Selbstwertgefühls des Kindes, um den Lernwillen anzuregen. Genau das habe ich in der ganzen Zeit, die mir mit Olaf vergönnt war, versucht zu erreichen. Dass Olaf ein Kind und später ein erwachsener Mensch wurde, der wusste, dass er viel wert war. Dass seine Meinung und sein Wille zählten. Dass er ein Recht darauf hatte, seine Persönlichkeit zu entfalten.

Ich durfte erleben, wie Olaf sich von einem sicher gebundenen Kind, das sich in der Liebe seiner Familie fest verankert wusste, zu einem selbstbestimmten Mann entwickelte, der sein Leben mit Freude lebte. Diese Erfahrungen bestärkten mich darin, auch für andere Kinder mit Behinderungen im Sharon-Haus Möglichkeiten zu eröffnen, mit denen sie – wie Olaf – ihren Selbstwert erfahren und als wertvollen Schatz sicher bewahren lernten.

Mit den Angeboten im Sharon-Haus wollten wir daher jedem Kind helfen, seine persönlichen Potenziale zu nutzen. Wir wissen, dass 20 Prozent der Kinder im Kindergartenalter – das ist in Israel und Deutschland gleich – aus unterschiedlichen Gründen Probleme haben, die fast immer dazu führen, dass sie ihr Leistungsvermögen nicht voll einsetzen können. Wir wollten einerseits den Kindern Mut machen, Leistungen zu erbringen, so wie sie es schaffen und wie sie es brauchen, um in der Schule und ihrem Umfeld zu bestehen. Andererseits brauchen Kinder und Jugendliche Hilfen, um zu lernen, sich selbst anzunehmen, das heißt, auch ihre Grenzen zu erkennen.

In allen Bereichen erfuhren auch die Eltern Beratung und Unterstützung bei der Begleitung ihrer Kinder.

Das Ziel der ganzheitlichen Entwicklungsunterstützung über Impulse der verschiedenen Fachdisziplinen, was im vorschulischen

Bereich bereits mit großem Erfolg praktiziert wird, sollte durch das Sharon-Haus in den schulischen Wirkungsbereich übertragen werden. Die angebotene Interdisziplinarität beinhaltet perspektivisch auch die Einbeziehung des Schulsystems. Da es an dieser Stelle nicht reichen würde, einzelne Lehrkräfte zur Kooperation zu gewinnen, wollten wir langfristige Angebote und Vorschläge entwickeln, die in die Schulplanung einfließen sollen und somit eine Zusammenarbeit auf Ebene des Kultusministeriums wünschenswert erscheinen lassen.

Bei der Begleitung und Betreuung von Kindern mit Schulschwierigkeiten übernimmt unser deutsches pädagogisches System bislang nicht in ausreichendem Maße die Verantwortung. Von dort geht aber ein Druck auf Familien aus, die sich dann notgedrungen nach außerschulischen therapeutischen Maßnahmen umsehen müssen.

Aus unserer Sicht können Interventionen im medizinisch-therapeutischen Bereich nur dann wirken, wenn Lehrer ein größeres Verständnis für diese Probleme entwickeln, Ratschläge annehmen und in die Unterrichtspraxis einbauen. Dementsprechend muss sich unser Angebot auch auf die Beratung von Lehrern beziehungsweise die Fortbildung von Lehrerkollegien erstrecken.

Es gilt eine Lobby zu schaffen, damit diese Kinder und Jugendlichen Möglichkeiten erhalten, ihre Schullaufbahn erfolgreich zu absolvieren.

Der Aufbau eines Sharon-Hauses

Das Team eines Sharon-Hauses bestand aus Ärztinnen und Ärzten mit den Schwerpunkten Neuropädiatrie, Entwicklungsmedizin, Kinder- und Jugendpsychiatrie sowie aus Klinischen Psychologinnen und Psychologen mit den Schwerpunkten Entwicklungspsychologie und Lernpsychologie sowie aus Therapeutinnen und Therapeuten mit den Schwerpunkten Krankengymnastik (Psychomotorik), Beschäftigungstherapie, Sprachtherapie, Logopädie und anderen, sowie aus Sozialarbeitern, Sozialpädagoginnen, Erziehern und einem oder einer Case-Managerin.

Das Stammteam des Zentrums sollte aus weiteren festen Mitarbeitenden bestehen, die neben der Arbeit mit den einzelnen Familien für einen reibungslosen Ablauf der Koordination der Behandlungspläne sorgen. Um inhaltlich effektiv und finanziell effizient mit den Familien arbeiten zu können, lag die Beratung jeweils komplett in der Hand *eines* Teams. So wurden isoliertes Nebeneinander oder Mehrfachkosten ausgeschlossen. Bei therapeutischen Maßnahmen wurden eindeutige Prioritäten gesetzt. Absprachen über etwaige Verbindungen in der therapeutischen Betreuung erfolgten ebenfalls im Team.

Die Teamleitung führte in allen Fällen die Aufnahme- und Familiengespräche durch, vermittelte gegebenenfalls zur weiterführenden Diagnostik (zum Beispiel in Spezialkliniken), traf mit den Eltern die erste Wahl der Therapie unter Berücksichtigung vorhergehender und bereits laufender Therapien.

Darüber hinaus verfügte das Zentrum über einen Therapeutenpool. So standen individuell nach Bedarf des einzelnen Kindes Kapazitäten zur Verfügung, die die notwendige Versorgung ermöglichen und längere Wartezeiten ausschließen sollten.

Da das Angebot der therapeutischen Versorgung in Gießen außergewöhnlich differenziert ist, mussten die bereits am Kind tätigen Fachrichtungen in diese Zusammenarbeit eingebunden werden. Es ging darum, eine Überversorgung auszuschließen und individuell optimierte Betreuungsangebote zu gestalten. Hierbei war, wie im israelischen Konzept, die Bestimmung des Case-Managers bedeutsam. Er oder sie begleitete die Familie über die gesamte Dauer der Betreuung, war Ansprechpartner für die Familie, koordinierte alle Maßnahmen und war zuständig für die Erstellung der regelmäßigen Entwicklungsberichte. Um die Koordination des fallbezogenen, jeweils unterschiedlich besetzten Förderteams zu optimieren, wurden für diese Teilgruppen Supervisionen durchgeführt.

Das Angebot des Sharon-Hauses

Dass Teilleistungsstörungen, wie zum Beispiel Legasthenie, eine neurologisch begründete Ursache haben, wird zunehmend anerkannt und durch aktuelle Untersuchungen eindeutig belegt. Das Leistungspaket möglicher medizinischer und therapeutischer Hilfen muss daher von den üblichen Kostenträgern finanziert werden, alles andere entspräche nicht unseren Standards und Gesetzen. Was im Einzelnen erforderlich ist und wie die Leistungen inhaltlich aufgebaut werden müssen, darüber gibt es entweder noch keine klaren Aussagen, oder sie sind noch nicht im erforderlichen Maße überprüfbar. Bislang finden leider bewilligte Therapien oft unabhängig nebeneinander statt und haben möglicherweise keine relevante Auswirkung auf die Teilleistungsstörung.

Daher war unserer Therapie eine interdisziplinäre Diagnose vorangestellt. Dieser Diagnose folgt ein Behandlungsplan, der den Eltern etwa nach zwei Wochen vorgestellt wurde. Das notwendige Angebot konnte bestehen aus medizinischer und psychologischer Behandlung, aus Krankengymnastik, Psychomotorik, Ergotherapie, Sprachtherapie und Logopädie sowie Psychotherapie. Aber auch didaktische und Lernhilfen sowie Familientherapie wurden angeboten. Nach einer gemeinsamen Verabschiedung des Behandlungsplans wurde dieser im Prozess ständig überprüft und dokumentiert.

Nach einem klar begrenzten Zeitraum fand in interdisziplinärer Abstimmung eine Überprüfung des therapeutischen Settings und, falls angezeigt, eine Richtungsänderung statt. Diese regelmäßigen interdisziplinären Teamgespräche, die die Behandlung ständig begleiten, waren ein wichtiger Bestandteil des Konzepts. Die Dokumentation war dabei obligatorisch.

Das Angebot war bewusst erfolgsorientiert. Die Behandlung sollte schnell und zügig helfen, unter Berücksichtigung der individuellen Möglichkeiten des Kindes.

Bezüglich des Angebots gab es einen weiteren bedeutsamen Schnittpunkt, der sich aus der Besonderheit der Zusammenarbeit beider Länder ergab. In Israel wurde eine spezielle Didaktik der Pädagogik entwickelt, die eine punktgenaue Bewertung in der Diagnostik sowie die Bestimmung der zielgerichteten fördernden Behandlung ermöglichte. Vergleichbare pädagogische Einrichtungen in Deutschland gibt es nicht. Diagnostik wird beliebig nach Fachkenntnis der jeweils Betreuenden gehandhabt und ermöglicht keine standardisierten und übertragbaren Aussagen. Wir erhofften uns hier langfristig eine Veränderung der pädagogischen Diagnostik, die wissenschaftlich zunehmend besser belegt werden muss.

Auch in diesem Bereich wurde also die Bedeutung der länderübergreifenden Zusammenarbeit deutlich.

In Deutschland gibt es ein ausgebautes Netz der interdisziplinären Hilfen für behinderte Kinder und von Behinderung bedrohte Kinder, aber das Angebot endet oft mit Eintritt in die Schule. Für Kinder mit Lernbehinderung, Wahrnehmungsstörung und unklarer Genese gibt es in Deutschland Angebote verschiedener Experten, wie etwa im Bereich der Motopädie, der Ergotherapie oder beispielsweise für Legastheniker. Ein interdisziplinäres Angebot gibt es selten oder gar nicht.

Das Sharon-Haus in Gießen arbeitete in Kooperation mit der Frühförderung der Lebenshilfe, dem Kinderzentrum der Arbeiterwohlfahrt, der Kinderklinik der Universität, mit Jugendämtern der Stadt und des Landkreises Gießen, dem staatlichen Schulamt und freien Praxen.

Schulschwierigkeiten werden häufig damit abgetan, dass sie Folge innerfamiliärer Erziehungsprobleme seien. Andererseits wird dieser wichtige Aspekt bei therapeutischen Interventionen meist zu wenig berücksichtigt. Ich bin der Meinung, dass jede Hilfe für das Kind nur erfolgreich sein kann, wenn die Eltern mit den Problemen und Schwierigkeiten der Kinder umzugehen lernen. Aber dazu brauchen sie kompetente Unterstützung!

Den Eltern kam im Konzept des Sharon-Hauses besondere Bedeutung zu. Am Beginn der Diagnostik stand eine ausführliche Elternbefragung. Sie verfügten über das differenzierteste Wissen über ihr Kind und beschrieben häufig eine lange Phase von Schwierigkeiten, die die gesamte Entwicklung des Kindes gekennzeichnet hat. Zudem waren sie wichtige Partner in der Unterstützung ihrer Kinder, die Fachleute nicht ersetzen können und dürfen. Deshalb waren sie kontinuierlich in den Prozess eingebunden und die Entwicklungsberichte wurden an sie ausgehändigt.

Insgesamt sollten Familien in der Regel nicht länger als drei bis sechs Monate betreut werden. Diesen zeitlichen Rahmen nennt man Krisenintervention oder Kurzzeittherapie. Während dieser Zeit erfolgte eine eingehende Diagnostik, die alle notwendigen Bereiche umfasste – medizinische, logopädische, ergotherapeutische, pädagogisch-psychologische Diagnostik. Die vorrangig notwendigen Schritte wurden im Erstgespräch mit den Eltern festgelegt. Alle Fachdisziplinen verfügten nach Fort- und Weiterbildung – auch kontinuierlich fortgeführt – über spezielles

Wissen im Bereich der Teilleistungsstörungen und arbeiteten im Team gleichberechtigt nebeneinander. Nach der Eingangsdiagnostik erfolgte die therapeutische Planung. Alle Therapien wurden nicht isoliert mit Blick auf die ursächliche Störung durchgeführt, sondern hatten stets auch das Ziel, Strategien zum Erwerb von Kulturtechniken zu erarbeiten. Kulturtechniken sind beispielsweise Rechnen, Schreiben und Lesen, aber auch Hygiene oder die Erschaffung von Kunst und viele gruppendynamische Prozesse.

Die grundlegende Forderung, durch Verstehen der Störung dem Kind und seinem sozialen Umfeld (Elternhaus, Therapeuten und Schulen) zu helfen, sollte in dem angestrebten Kurzzeitraum mit diesem umfassenden Konzept verwirklicht werden. Dabei war es notwendig, die Hilfen zeitlich zu begrenzen, da sonst ein gegenteiliger Effekt erzielt würde. Kind und Familie könnten meinen, es sei ohne ständige Unterstützung durch Fachleute nicht zu schaffen. Die Wirkung solcher ungünstigen Modelle auf das Selbstwertgefühl des Kindes sind hinlänglich bekannt. Es kann sogar zu einer neurotischen Fehlentwicklung kommen. Außerdem gilt auch hier, dass frühe Hilfen die besten und die kostengünstigsten sind, um nachhaltige Folgen zu vermeiden. Wissenschaftliche Untersuchungen belegen beispielsweise einen Zusammenhang zwischen Analphabetentum und Abstieg in soziale Randgruppen. Das gilt es unbedingt zu vermeiden!

So ein umfangreiches Programm kann nur finanziert werden, wenn viele gemeinsam anpacken. Das Sharon-Haus in Gießen wurde daher finanziert durch Kommune, Krankenkassen, Landeswohlfahrtsverband, durch Mittel der Aktion Sorgenkind (Startfinanzierung) und durch die Beteiligung von Eltern. Die gesetzlichen Grundlagen für die Finanzierung sind in §§ 39 und 40 BSHG und § 35 a KJHG zu finden.

Es ist absolut bedauerlich, dass dieses so erfolgreiche und weitblickende, interdisziplinäre Konzept ab 2010 in Deutschland nicht weiter finanziert wurde und es diese Einrichtungen nicht mehr gibt.

InDiPro

Nicht nur das fantastische Konzept des Sharon-Hauses entdeckte ich in Israel, später lernte ich auch das Konzept „InDiPro – Interdisziplinäre Diagnose, Evaluation und Individuelles Programm zur Entwicklung der Fähigkeitspotenziale von Menschen mit geistiger Behinderung" kennen. Es hat mich so fasziniert, dass ich es unbedingt in Deutschland ausprobieren wollte.

In Israel ist das Prinzip InDiPro gesetzlich verankert und sehr erfolgreich: Es bedeutet interdisziplinäre Diagnose und individuelles Programm in allen Lebensbereichen für Menschen mit geistiger Behinderung! Unser Verein beschloss, nach dem gleichen Programm einen Modellversuch in Deutschland durchzuführen. Nach langen Bemühungen, auch mit Unterstützung des damaligen Bundesvorsitzenden der Lebenshilfe, Robert Antretter, bewilligte das Bundesministerium für Gesundheit und Soziales den dreijährigen Modellversuch mit einer Summe von rund 1,2 Millionen Euro!

Durchgeführt wurde das Modellvorhaben von Oktober 2002 bis September 2005. Zielsetzung des deutschen Modellvorhabens war es, die traditionellen Angebotsstrukturen der hiesigen Behindertenhilfe für erwachsene Menschen mit geistiger Behinderung in den Einrichtungen und Diensten hinsichtlich ihrer gesellschaftlichen Teilhabe und Selbstbestimmung mit dem System der Rehabilitationsmaßnahmen in Israel zu vergleichen und so neue Erkenntnisse für eine systematischen Kompetenzerweiterung zu gewinnen.

„Wir glauben an die dynamische Entwicklung eines Menschen mit geistiger Behinderung", so hatten wir es im Antrag formuliert, und genau diese Erkenntnis wurde im Verlauf des Modellvorhabens bestätigt. Im Antrag sind wir von 100 Teilnehmenden mit geistiger Behinderung in diesem Modellvorhaben ausgegangen. Es haben sich tatsächlich 104 potenzielle Kandidatinnen und Kandidaten gemeldet, letztendlich haben aber nur 63 Teilnehmende das komplette Programm durchlaufen.

Ziel unseres Modellprojekts in Deutschland war es, den in Israel gesetzlich verankerten persönlichen Masterplan eines Menschen mit geistiger Behinderung in Form verschiedener „Individueller Programme" (IP) durchzuführen. Dabei lag das besondere Interesse auf der interdisziplinären Diagnostik, die dem IP vorgeschaltet ist. In Deutschland sind wir zwar verpflichtet, einen Gesamtplan, in Israel eben Masterplan genannt, zu entwickeln, um den individuellen Hilfebedarf festzustellen. Wir kennen aber in Deutschland keine standardisierte interdisziplinäre Diagnostik für erwachsene Menschen mit geistiger Behinderung und keine systematischen Bildungspläne, die sich an den von der WHO festgelegten Lebensbereichen orientieren. Die Ergebnisse des vorliegenden Modellprojekts haben uns gezeigt, dass das israelische System den Menschen mit geistiger Behinderung befähigt, aufgrund seiner Potenziale in den verschiedenen Lebensbereichen und mit Hilfe angepasster Bildungsprograme, mehr Selbstständigkeit und Teilhabe zu erlangen.

Bevor wir starten konnten, hatten sich das Team und die Steuerungsgruppe intensiv mit der Umsetzung des israelischen Programms auseinandergesetzt, hatte Texte, Fragebögen und Ähnliches übersetzt und in Israel hospitiert. Schlussendlich wurde ein Pretest mit einigen Teilnehmenden durchgeführt.

Für sie begann der Start in das Projekt mit einem Erstgespräch, an dem auch die Eltern beziehungsweise die Betreuenden teilnahmen. Die Eltern konnten über die bisherige Entwicklung ihrer Kinder berichten und ihre Motivation vorstellen, warum sie es für wichtig erachteten, an dem Projekt teilzunehmen. Im Anschluss an dieses Gespräch erhielten sie einen Fragebogen, der die Fähigkeitspotenziale in den von der WHO festgelegten Lebensbereichen (s. Tabelle im folgenden Textabschnitt) abfragen sollte. Da wir die Teilnehmenden intensiv in die Gespräche einbezogen, war dieser Teil der Datenerhebung sehr zeitaufwendig. Zum Teil auch bedingt dadurch, dass die Teilnehmenden wenig oder keine Erfahrung mit einem derartigen Assessment hatten. Ein Zeichen dafür, dass Menschen mit einer geistigen Behinderung in Deutschland noch zu selten nach ihren Fähigkeiten oder ihren Wünschen gefragt werden. Beeindruckend war dabei, dass die Teilnehmenden zum einen im Verlauf des Treffens gesprächiger wurden und zum anderen gegenüber den Eltern forderten, das Gespräch alleine zu führen. (Mit dem neuen, deutschen Teilhabegesetz wird es hier eine positive Veränderung geben, so hoffe ich.)

Die Eltern hingegen waren sehr daran interessiert, gefragt zu werden beziehungsweise von der bisherigen Entwicklung des Sohnes oder der Tochter zu berichten und wollten, dass genügend Zeit für dieses Gespräch eingeräumt wurde. Außerdem wurde von den Eltern die Wichtigkeit von InDiPro als unabhängige Instanz betont, was sie ermutigte, offener zu sprechen.

Häufigste Ursache der Behinderung waren genetische Syndrome mit etwa 35 Prozent; davon 19 Prozent Menschen mit Trisomie 21 (dem Down-Syndrom), gefolgt von peri-, früh- und postnatalen Störungen, 27 Prozent. Mehrfachbehinderungen wurden insbesondere im visuellen (40 Prozent), im sprachlichen (83 Prozent) und im psychischen (51 Prozent) Bereich festgestellt. Folgende somatische Befunde (chronische Erkrankungen) wurden registriert: Übergewicht bei 30 Prozent, Zahnfehlstellungen bei 37 Prozent, orthopädische Störungen bei 84 Prozent. Diese Ergebnisse sind durchaus besorgniserregend und deuten auf eine mangelhafte gesundheitliche Vorsorge hin. Aufgrund der vorliegenden medizinischen Befunderhebung habe ich als Vorsitzende der Lebenshilfe Gießen in der Limeswerkstatt (WfbM) gemeinsam mit dem Betriebsarzt bei allen behinderten Mitarbeitenden (200 Personen) einen Sehtest durchführen lassen. Das Ergebnis war, dass *mehr als die Hälfte* der getesteten Personen ein eingeschränktes Sehvermögen (siehe auch Lebenshilfe-Zeitung 3/05) haben. Die Eltern und Betreuer wurden daraufhin informiert und aufgefordert, einen Facharzt aufzusuchen.

Besorgniserregend ist ebenso der hohe Anteil (83 Prozent) der sprachlich beeinträchtigten Menschen mit geistiger Behinderung. Hier müssen wir uns fragen, ob Logopäden, Hausärztinnen, Schule und wohl auch das Elternhaus etwas versäumt haben oder ob die Beeinträchtigung so manifest ist, dass eine Verbesserung der Sprache nicht möglich ist. Ich hege hier meine Zweifel und wünschte mir, dass die Menschen mit geistiger Behinderung auch im Erwachsenenalter mehr Möglichkeiten einer logopädischen Behandlung hätten. Leider gibt unser heutiges Gesundheitssystem das nicht her.

In seinen Ausführungen zu den Konsequenzen der medizinischen Diagnostik wies der schon erwähnte Professor Dr. Neuhäuser insbesondere auf die Notwendigkeit hin, dass Menschen mit geistiger Behinderung und Verhaltensproblematiken angemessen mit Psychopharmaka behandelt werden, das heißt es muss zur Sicherung der Diagnose durch Psychiater kommen und bedarf der fachlichen Beratung der pädagogischen Mitarbeitenden, um zu vermeiden, dass Verhaltensproblematiken durch vorschnelle Medikamentengabe, zum Beispiel von Neuroleptika, behandelt werden. Weiterhin mahnte Professor Neuhäuser an, dass es dringend zu einer Verbesserung der medizinischen Vorsorge und hier zu einer Koordination zwischen Hausärztinnen und Fachärzten sowie dem Elternhaus und der Einrichtung kommen muss. Ebenso hatte sich gezeigt, dass es in den Einrichtungen keine einheitliche Berichterstattung zum Entwicklungsverlauf beziehungsweise zur Befunderhebung gibt, bis dahin, dass *gar keine* Unterlagen vorhanden waren. Von daher wurde ein verbindliches, möglichst einheitliches Dokumentationssystem der wichtigsten gesundheitlichen und entwicklungspsychologischen Daten eingefordert.

Die psychologische Diagnostik im Modellprojekt verlief nicht ohne Probleme. In Israel ist man da ganz pragmatisch und nutzt einfach diverse Testmethoden, um zu verlässlichen Ergebnissen zu kommen. Ein Vorteil dieses Verfahrens ist, dass die Tests nur von erfahrenen Diagnostikerinnen und Diagnostikern durchgeführt werden, die als unabhängige Teams in den verschiedenen Regionen Israels tätig sind. Im InDiPro-Projekt haben wir entschieden, ebenfalls mit verschiedenen Tests zu arbeiten, wie etwa dem K-ABC-Test (Kaufman Assessment Battery for Children-Test), vollständig und teilweise, dem Bender-Visual-Motor-Gestalt-Test, teilweise mit den Bayley-Scales sowie mit dem House-Tree-Person-Test mit Bildtafeln.

Die Tests haben zum Teil erheblich viel Zeit gekostet. Zum einen, weil die Teilnehmenden die Fragen nicht verstanden haben, oder auch, weil sie mit der besonderen Situation nicht umgehen konnten. Auf jeden Fall spielte auch die aktuelle Tagesform eine große Rolle, manche Teilnehmende hatten Hemmungen zu antworten und bei einigen musste erst eine Beziehung zwischen Psychologin und Teilnehmendem wachsen. Letztendlich haben wir uns gefragt, inwiefern das erhaltene Profil den Anspruch erheben konnte, die kognitiven Fähigkeiten und Fertigkeiten valide abzubilden. Brauchen wir eventuell andere Methoden?

Zur Auswertung der Daten traf sich das Team mit Professor Neuhäuser. In diesem interdisziplinären Teamgespräch wurden alle Daten einer jeden Teilnehmerin und eines jeden Teilnehmers zusammengetragen und in einem ausführlichen Bericht dokumentiert. In dieser Sitzung wurden aber auch gemeinsam Empfehlungen formuliert, die grundsätzlich das Ziel hatten, die Selbstständigkeit der Teilnehmenden in bestimmten Teilbereichen zu erhöhen. Sie waren unterteilt in allgemeine Empfehlungen, medizinisch-therapeutische Empfehlungen sowie Empfehlungen zu den neun Lebensbereichen der WHO (World Health Organization = Weltgesundheitsorganisation): Lernen und Wissensanwendung, allgemeine Anforderungen und Aufgaben, Kommunikation, Mobilität, Selbstsorge, Häuslichkeit, Interaktion/soziale Beziehungen, bedeutende Lebensbereiche, soziales und staatsbürgerliches Leben.

In der nachfolgenden Tabelle sind die Bereiche nochmals aufgeführt und vor allem ausgeführt. Bei der Durchsicht wird klar, wie viel für einen Menschen ohne Behinderung ganz selbstverständlich umgesetzt und in Anspruch genommen wird. Für Menschen mit Behinderungen ist das absolut nicht selbstverständlich und/oder machbar, weil man ihnen entweder unüberwindbare Grenzen setzt, z. B. durch Isolation bzw. fehlende Inklusionsmöglichkeiten, oder schlicht und ergreifend durch fehlende bauliche Maßnahmen. Erst wenn man sich einmal ernsthaft in die Lage eines Menschen mit Behinderungen versetzt, beispielsweise eines Rollstuhlfahrenden, und genau schaut, ob man sich ganz einfach dort bewegen könnte, wo man sich gerade selbst als Mensch *ohne* Behinderungen bewegt, wird klar: Es ist noch jede Menge zu tun. Ich denke, die genaue Betrachtung der folgenden Tabelle unterstreicht das deutlich.

9 Lebensbereiche definiert durch die WHO

Lebensbereich 1 **Lernen und Wissensanwendung**	Lebensbereich 2 **Allgemeine Anforderungen und Aufgaben**	Lebensbereich 3 **Kommunikation**	Lebensbereich 4 **Mobilität**	Lebensbereich 5 **Selbstsorge**
• Zuschauen • Zuhören • Nachmachen • Nachahmen • Üben • Lesen lernen • Schreiben lernen • Rechnen lernen • Sich Fertigkeiten aneignen • Aufmerksamkeit, fokussieren • Denken • Lesen • Schreiben • Rechnen • Probleme lösen • Entscheidungen treffen	• Eine Einzelaufgabe übernehmen • Mehrfachaufgaben übernehmen • Tägliche Routinen durchführen • Mit Stress und anderen psychischen Anforderungen umgehen	• Als Empfänger gesprochener Mitteilungen, nonverbaler Mitteilungen, Mitteilungen in Gebärdensprache, schriftlicher Mitteilungen • Sprechen • Nonverbale Mitteilungen produzieren • Mitteilungen in Gebärdensprache ausdrücken • Mitteilungen schreiben • Konversation • Diskussion • Kommunikationsgeräte und -techniken nutzen	• Elementare Körperposition wechseln • In einer Körperposition verbleiben • Sich verlagern • Gegenstände anheben, tragen • Gegenstände mit den unteren Extremitäten bewegen • Feinmotorischer Handgebrauch • Hand- und Armgebrauch • Gehen • In div. Umgebungen fortbewegen • Unter Verwendung von Geräten fortbewegen • Transportmittel benutzen • Ein Fahrzeug fahren	• Sich waschen • Seine Körperteile pflegen • Die Toilette benutzen • Sich kleiden • Essen • Trinken • Auf seine Gesundheit achten

Lebensbereich 6 **Häuslichkeit**	Lebensbereich 7 **Interaktion/soziale Beziehungen**	Lebensbereich 8 **Bedeutende Lebensbereiche**	Lebensbereich 9 **Soziales, staatsbürgerliches Leben**
• Wohnraum beschaffen • Waren und Dienstleistungen des täglichen Bedarfs beschaffen • Mahlzeiten vorbereiten • Hausarbeiten erledigen	• Elementare interpersonelle Aktivitäten • Komplexe interpersonelle Interaktion • Mit Fremden umgehen • Formelle Beziehungen • Informelle soziale Beziehungen • Familien-beziehungen • Intime Beziehungen	• Informelle Bildung/ Ausbildung • Vorschulerziehung • Schulbildung • Theoretische Berufsausbildung • Höhere Bildung und Ausbildung • Vorbereitung auf Erwerbstätigkeit • Eine Arbeit erhalten, behalten und beenden • Bezahlte und unbezahlte Tätigkeit • Elementare wirtschaftliche Transaktionen • Komplexe wirtschaftliche Transaktionen • Wirtschaftliche Eigenständigkeit	• Gemeinschafts-leben • Erholung und Freizeit • Religion und Spiritualität • Menschenrechte

Zurück zu InDiPro: Im sogenannten Diagnostikabschlussgespräch wurden den Teilnehmenden und ihren Eltern die Ergebnisse der Diagnostik und die Empfehlungen in einfacher Sprache vorgetragen, aber auch in Form eines ausführlichen Berichts ausgehändigt. Gleichzeitig wurden Empfehlungen für ein IP ausgesprochen. Grundlage für diese Empfehlungen waren die Fähigkeitspotenziale, die das Team in den verschiedenen Lebensbereichen festgestellt hatte und die nach den Wünschen der Teilnehmenden erweitert werden sollten.

Die Diagnostikabschlussgespräche waren für alle Beteiligten durchaus positiv. Die Eltern waren dankbar für eine objektive, „neutrale" und von einem unabhängigen Gremium erstellte Einschätzung der Fähigkeiten ihrer Kinder. Die Teilnehmenden fanden gut, dass sie in die Diskussion einbezogen wurden und ihre Wünsche bei der Themenauswahl Priorität hatten. Hier konnte auch festgestellt werden, dass nach mehrfachen Settings mit den Teammitgliedern die Menschen mit geistiger Behinderung auffallend mehr Mut entwickelten, sich persönlich zu äußern und ihre Wünsche zu artikulieren. Die Eltern wurden aufgefordert, den Abschlussbericht den Einrichtungen zu überlassen, damit diese auch von den Erkenntnissen der Diagnostik erfuhren und das folgende IP, das der behinderte Mensch selbst ausgewählt hatte, kannten. Damit war es auch möglich – häufig erstmals – eine Vernetzung des Umfeldes der Teilnehmenden zu initiieren.

In Israel werden die Empfehlungen für das individuelle Programm an die Einrichtungen weitergegeben, die dann verpflichtet sind, es durchzuführen. Für diese Umsetzung erhalten die Einrichtungen in Israel eine gesonderte Personalstelle. Im Rahmen unseres InDiPro-Projektes war vorgesehen, dass Studentinnen und Studenten der Pädagogik, die vom Team supervidiert wurden, die Lernprogramme durchführten. Sie erhielten dazu Vorgaben für eine ausführliche Dokumentation, die sie nach jedem Treffen ausfüllten. Grundpfeiler dabei waren die individuelle Themenwahl, die individuelle Anpassung der Bildungsmethodik und -didaktik und die individuelle Orientierung an der Lebenswelt und dem Alltag der Teilnehmenden.

Zwei Stunden in der Woche trafen sich die Studentinnen und Studenten mit den Teilnehmenden, entweder zu Hause oder aber auch in den Einrichtungen. Die Probanden nahmen diese Termine sehr ernst und genossen es offensichtlich, dass sie in dieser Zeit im Mittelpunkt des Geschehens standen und einen Menschen für sich alleine hatten, was auch sehr stark die Lernbereitschaft unterstützte. Auffallend war, dass dabei der Themenbereich „Arbeit“ nie gewählt wurde, vermutlich, weil sie in diesem Bereich für ihre derzeitige Arbeit bereits gut ausgebildet waren und weil ihre Motivation, mehr Selbstständigkeit zu erlangen, zum Beispiel im Bereich Bildung, Freizeit und Alltag, natürlich besonders ausgeprägt war.

Vier bis sechs Wochen nach dem Start der individuellen Programme fand das erste Evaluationsgespräch statt, welches später alle drei bis sechs Monate wiederholt wurde. An dem Gespräch nahmen die Teilnehmenden, die Eltern oder die gesetzlichen Betreuenden, die Mitarbeitenden der Einrichtungen, die IP-Begleitenden und ein Teammitglied von uns teil. Inhalt der Gespräche waren der Ablauf des IP, die Zufriedenheit der Teilnehmenden, die Beobachtungen des Umfeldes und natürlich der Lernfortschritt. Im ersten Evaluationsgespräch wurde auch nochmals überprüft, ob das Programm korrekt gewählt wurde oder ob es Änderungswünsche von Seiten der Projektteilnehmenden gab.

Deutlich zeigte sich in den Evaluationsgesprächen, dass von allen Teilnehmenden Lernfortschritte in den gewählten Themenbereichen erzielt wurden und dass sie sehr motiviert waren, weitere Schritte zu gehen beziehungsweise neue Themenbereiche zu wählen. Offensichtlich hatte der Aufbau einer positiven Beziehung zwischen IP-Begleitenden und Teilnehmenden, der respektvolle Umgang und die Begegnung auf Augenhöhe dazu beitragen, dass die Teilnehmenden mehr Selbstbewusstsein entwickeln konnten und so in ihrer Entscheidungskompetenz wesentlich gestärkt wurden. Die weiteren Evaluationsgespräche haben diese Einschätzung immer wieder bestätigt.

Die Ergebnisse des Modellversuchs zeigten, dass Menschen mit geistiger Behinderung ihre Fähigkeitspotenziale ausbauen und mit Unterstützung mehr Selbstbestimmung und Teilhabe erlangen können. Wir haben uns in Deutschland noch nicht von der einrichtungsbezogenen Finanzierung gelöst, das heißt, es ist zu überprüfen, ob eine flexiblere, individuell orientierte Finanzierung und Begleitung im Sinne der Selbstbestimmung der Menschen mit geistiger Behinderung eine sinnvolle Alternative wäre, zum Beispiel durch das trägerübergreifende „Persönliche Budget".

Aufgrund der Erfahrungen des Modellversuchs hatten wir uns für folgende Empfehlung ausgesprochen: Die frühkindliche, schulische und die Bildung für Erwachsene im Sinne der Selbstbestimmung und Teilhabemöglichkeiten muss ausgebaut werden. Wir müssen geeignetere Assessmentverfahren entwickeln, die den Menschen mit geistiger Behinderung befähigen, seine Potenziale zu erkennen und diese weiterzuentwickeln. Das System der ICF (Internationalen Klassifikation der Funktionsfähigkeit, Behinderung und Gesundheit der WHO) soll zur Grundlage der Rehabilitation gemacht werden, um überprüfbare Parameter zu etablieren. Flexible Angebote im Bereich von Arbeit und Wohnen müssen entwickelt werden, damit Menschen mit geistiger Behinderung auch über Wahlmöglichkeiten verfügen. Insgesamt soll die individuelle Lebens- und Zukunftsplanung des Menschen mit geistiger Behinderung *selbst* intensiv unterstützt werden.

Daraus ergaben sich für das deutsche System der Rehabilitation eine Reihe von Forderungen: Eine gesundheitliche Vorsorge beziehungsweise die Überprüfung des Gesundheitszustandes, in Abständen von etwa fünf Jahren, sollte verpflichtend sein. Es kann sich zum Beispiel ergeben, dass ein Mensch mit geistiger Behinderung durch das Hilfsmittel einer Brille weniger Hilfebedarf hat, das heißt die Kostenverteilung kann neu überdacht werden. Die Wissenschaft sollte sich bemühen, ein angepasstes Diagnostiksystem zu entwickeln, das für alle Menschen mit geistiger Behinderung, insbesondere erwachsene Menschen, geeignet ist. In jeder Region sollte ein erfahrenes unabhängiges Diagnostikteam etabliert werden. Die Schulen für Menschen mit geistiger Behinderung in Hessen müssen ihre Schülerinnen und Schüler auf ein selbstbestimmtes Leben vorbereiten. Im Curriculum muss darauf geachtet werden, die Fähigkeitspotenziale zu erkennen und auszubauen und Menschen mit geistiger Behinderung auf das Leben in der Gemeinschaft, und zwar in allen Lebensbereichen, vorzubereiten. Die Werkstätten sind aufgerufen, den Ansatz der Bildung, insbesondere im Berufsbildungsbereich, aufzugreifen und fortzuentwickeln. Angebote der beruflichen Bildung und der Beschäftigung außerhalb der WfbMs müssen entwickelt werden, um auch hier Wahlmöglichkeiten für den Menschen mit geistiger Behinderung zu schaffen, wie es zum Beispiel im Gießener Kompetenzzentrum möglich ist. In den Einrichtungen sollte versucht werden, für jeden Menschen mit geistiger Behinderung ein individuelles Bildungsprogramm zu entwickeln.

In meinem Abschlussbericht, den Interessierte beim Deutsch-Israelischen-Verein in Pohlheim bestellen können, kam ich abschließend zu der Überzeugung, dass der im Antrag zu unserem Vorhaben formulierte Ansatz „Wir glauben an die dynamische

Entwicklung eines Menschen mit geistiger Behinderung" kein Irrglaube ist, sondern in diesem Modellversuch eindrucksvoll bestätigt wurde. Für die Zukunft wünsche ich mir für die Menschen mit geistiger Behinderung mehr individuelle Bildung und Unterstützung, etwa im Sinne des InDiPro-Ansatzes.

Mein Dank gilt unserer Steuerungsgruppe und unseren Mitarbeiterinnen und Mitarbeitern, die das Projekt mit viel Engagement und Herzblut durchgeführt haben. Ich nenne hier besonders Andrea Pahlich, Psychologin, Regina Echer, Sozialpädagogin und Thomas Bauer, Diplompädagoge.

Moti Arbel

Während meiner Reisen in Israel lernte ich auch Mardehay „Moti" Arbel kennen. Er war Direktor des Levzeller Instituts für Menschen mit geistiger Behinderungen in Herzliya, einer Stadt in der Nähe Tel Avivs. Moti Arbel hatte ein Konzept entwickelt, das hieß: „Körperliche Intervention beim Umgang mit aggressiven Verhaltensweisen von Menschen mit Behinderungen". Sein Leitgedanke dabei war, dass der oder die hauptamtlich Tätige während des körperlichen Kontakts mit der Person mit Behinderung darauf achten muss, die zu begleitende Person mit Achtung und Würde zu behandeln, sie nicht körperlich zu verletzen und zu verhindern, dass sie sich unwohl fühlt oder gedemütigt wird.

Moti Arbel unterrichtete sein Konzept jahrelang auch in Deutschland. Jährlich waren es bis 2015 180 Mitarbeitende der Lebenshilfe und anderer Organisationen in Deutschland, die nach seinen Ideen fortgebildet wurden. Mardehay „Moti" Arbel war ein hochgeschätzter und beliebter Ausbilder und unterstützte mit seinem Angebot die Betreuung von Menschen mit sehr schweren Behinderungen in deutschen Einrichtungen.

Das Konzept ist von so großer Bedeutung, gerade hinsichtlich seiner ihm innewohnenden Ethik, dass ich es hier noch einmal verdeutlichen will:

Körperliche Intervention im Umgang mit Behinderten ist ein Konzept, das ursprünglich in den USA entwickelt und von Moti Arbel ausgebaut wurde. Die Methode ist für Menschen gedacht, die mit geistig und psychisch behinderten Menschen arbeiten. Das Verfahren zeigt klare und eindeutige Methoden auf, wie man mit aggressivem Verhalten umgeht, das sowohl Menschen mit geistigen und psychischen Behinderungen selbst, als auch Freunde und Menschen, die mit ihnen arbeiten, und die Umwelt allgemein in Gefahr bringt.

Während des Erlernens und Praktizierens des Verfahrens steht die zu behandelnde Person im Mittelpunkt. Während jeglichem körperlichen Kontakt wird darauf geachtet, dass dieser Mensch mit Achtung und Würde behandelt wird. Das Verfahren gibt Tools an die Hand, sich selbst gegen Bisse, Stöße, Umarmungen, An-den-Haaren-Ziehen usw. zu verteidigen und erlaubt, die zu behandelnde Person zu führen, Abstand herzustellen, zu beruhigen oder sie zum Hinsetzen zu bringen. Weil körperliche Einmischung täglich passiert und bei vielen Anlässen kritisch ist, müssen hauptamtlich Tätige die bestmöglichen Fähigkeiten entwickeln, das Wohlergehen – sowohl das eigene, als auch das der zu begleitenden Person – aufrechtzuerhalten.

Aggressives Verhalten von behinderten Menschen wurde lange Zeit tabuisiert, nicht zuletzt, weil es nur wenig brauchbare Konzepte für den Ernstfall gab. Im Allgemeinen wurde versucht, bei auftretenden Aggressionen Betroffene möglichst schnell und umfassend ruhigzustellen und das Ende der Störung abzuwarten. Eine weitergehende Diskussion über Interventionsalternativen fand selten statt. Die Gründe dafür sind einfach: Aggressives

Verhalten verunsichert nicht nur, sondern erzeugt auch Angst. Angst davor, bei einer Intervention verletzt zu werden oder Angst davor, nicht angemessen reagieren zu können, Angst davor, möglicherweise zu stark zu reagieren und den behinderten Menschen physische wie psychische Verletzungen zuzufügen.

Auf diese Verunsicherungen reagierte Moti Arbel mit seinem einmaligen Fortbildungsangebot für Mitarbeiter von Einrichtungen, in denen Menschen mit geistigen Behinderungen mit Problemverhalten leben. In den zweitägigen Seminaren wurden verschiedene Techniken zur körperlichen Intervention erprobt und eingeübt, die dann im Rollenspiel simuliert werden. Die Übungen wurden teils auf Video aufgezeichnet, um sie später mit den Seminarteilnehmenden besprechen zu können. Gespräche über die Spielsituation und die dort ausgelösten Gefühle waren ein elementarer Bestandteil der Seminare. Im Vordergrund standen dabei immer der situative Kontext, die Beziehung von Klient und Betreuer und auch Grenzen der Intervention.

Begegnungen mit so großartigen Menschen und Lehrern wie Moti haben mir bewiesen, dass ich mit meinem Austausch-Konzept mit Israel auf der richtigen Spur war. Es ist ungeheuer wichtig, über den eigenen Tellerrand zu schauen. Sich in andere Länder und Kulturen einzufühlen. Neue Haltungen auszuprobieren, in die Schuhe von anderen zu schlüpfen. Nur in der tatsächlichen Einnahme fremder Perspektiven können wir effektiv lernen, Neues ausprobieren und Synthesen wagen.

Blick über den Tellerrand

Israel eröffnete mir zahlreiche neue Perspektiven. Ich lernte nicht nur die hier ausführlich vorgestellten Konzepte des Sharon-Hauses und InDiPro, sondern auch zahlreiche andere Projekte kennen und konnte in vielen Diskussionen mit verschiedenen Experten aus dem Sozial-, Bildungs- und Gesundheitsministerium einiges über die jeweiligen Grundideen dazu erfahren. So wurde etwa im Bildungsministerium beschlossen, dass alle Lehramtsstudenten das Thema Förderprogramm für Menschen mit Behinderungen zu belegen haben. Ich habe auch integrative Schulen besuchen können.

Beeindruckt war ich von einer Schule, in der Schülerinnen und Schüler mit aggressivem Verhalten drei Jahre lang nach speziellen Programmen unterrichtet wurden. Sie erzählten mir, wie wichtig ihnen dieses Programm sei. Alles gefiel mir, weil ich spürte, dass die Israelis sich auf die Bedarfe von Menschen mit Behinderungen eingestellt hatten und auf dem Weg waren, eine inklusive Gesellschaft zu entwickeln.

Mit Beginn der Arbeit des Deutsch-Israelischen Vereins hatten wir auch einen Blick auf den Personenkreis der Menschen mit einer chronischen psychischen Krankheit (seelischer Behinderung) geworfen und festgestellt, dass diese Menschen in Israel fast ausschließlich noch in psychiatrischen Kliniken lebten. Unter dem Dach des Gesundheitsministeriums wurden sie als „kranke Menschen" eingestuft und von daher in den Kliniken belassen.

In Deutschland dagegen hatte nach der Verabschiedung der Psychiatrie-Enquête im Bundestag von 1974 eine Welle der

Ausgliederung chronisch psychisch kranker Menschen heraus aus den Kliniken hinein die Gesellschaft eingesetzt. Diese Idee der Ausgliederung chronisch psychisch kranker Menschen konnten wir als Deutsch-Israelischer Verein insbesondere auch für *Rehabilitation* nach Israel „verpflanzen“. Der Deutsch-Israelische Verein wurde vom israelischen Gesundheitsministerium beauftragt, in Haifa ein Modellprogramm durchzuführen. Es wurden Arbeitsplätze und Wohnplätze für diesen Personenkreis in der Kommune Haifa nach dem deutschen Konzept eingerichtet.

Vor und während dieses Prozesses besuchten diverse israelische Experten der Psychiatrie und des Gesundheitsministeriums Deutschland, um die Ausgliederung auch persönlich in Augenschein zu nehmen. Sie sollten prüfen, ob das deutsche Modell tragfähig und auch übertragbar war. Letztendlich ist es uns gelungen, die Psychiater zu überzeugen. Besondere Unterstützung erhielt der Deutsch-Israelische Verein von der Lebenshilfe Gießen und dem bereits erwähnten Wolfgang Schrank, dem pädagogischen Direktor der Sozialen Heimstätten in Frankfurt am Main.

Wir in Deutschland hatten uns mit diesem Thema der psychisch kranken MmB bereits befasst und organisierten Angebote - auch die Lebenshilfe Gießen -, um außerhalb der Klinik ein Angebot machen zu können, etwa in Werkstätten und im „Betreuten Wohnen“. Es entstand die Idee, auf dem Gelände der Psychiatrie Werkstätten zu errichten. Ich war von Anfang an dagegen und habe das auch dem LWV bekundet und war froh, dass die Lebenshilfe Gießen in dem Gebäude in der Siemensstraße 6 in Gießen ein besseres Angebot schaffen konnte.

In Israel war das zu dieser Zeit kein Thema. Kranke Menschen gehörten in eine Klinik und Direktoren wurden nach der Zahl ihrer Patienten bezahlt. Honi soit, qui mal y pense!

In den 90er-Jahren las ich einen Bericht im „Spiegel“. Darin wurde über die Unterbringung von Holocaust-Überlebenden in Psychiatrien berichtet. Untergebracht in Vier- bis Achtbettzimmern. Das hatte mich aufgebracht und ich bat Isack Kandel, mir einen Termin in einer dieser israelischen Psychiatrien zu besorgen.

Die größte Psychiatrie lag in Tel Aviv und tatsächlich erhielt ich einen Termin, um diese Psychiatrie zu besuchen. Auf dem Rundgang durch die Räume sprach ich mit einem Psychiater, meist englisch, und mit Dr. Kandel, der sich durchgerungen hatte, deutsch mit mir zu reden. Auf einmal zupfte eine Bewohnerin an meiner Jacke und sagte zu mir „Ich kann das Lied ‚O Tannenbaum‘ noch singen!“ Und begann zu singen. Wir alle waren betroffen, speziell das Pflegepersonal, denn diese Frau hatte seit ihrer Einlieferung in die Psychiatrie niemals ein einziges Wort gesprochen!

Es gab damals hauptsächlich jüdisches Pflegepersonal und nur wenige, die deutsch sprechen konnten. Dringend habe ich den Direktor gebeten, dieser Frau deutschsprechendes Personal zur Begleitung zur Verfügung zu stellen. Nach einigen Jahren wurde für diesen Personenkreis der Holocaust-Überlebenden ein neues Haus gebaut, sodass sich die Verhältnisse verbessert haben. Aber damit war das Problem der Ausgliederung noch nicht gelöst.

Speziell die Psychiatrie in Haifa zeigte sich offen für die Ausgliederung psychisch erkrankter Menschen. In mehreren Gesprächen mit den Experten der Psychiatrie dort gelang es mir, sie davon zu überzeugen, dass die Ausgliederung von psychisch behinderten Menschen Sinn ergibt. Hochrangige Experten des Sozialministeriums habe ich nach Deutschland eingeladen, um speziell die entsprechende Einrichtung in Frankfurt am Main unter Leitung von Wolfgang Schrank vorzustellen, aber auch unser Konzept in Gießen. Letztendlich erhielt der Deutsch-Israelische Verein in Haifa die Genehmigung, ein ähnliches Projekt zu entwickeln. 60 Wohnplätze und eine Werkstatt sollten aufgebaut werden. Wolfgang Schrank hat mich hierbei sehr unterstützt. Wir suchten und fanden einen Ort für die Werkstatt und entsprechende Wohnplätze. Ich erinnere mich noch an die Eröffnungsfeier hoch über dem malerischen Haifa!

Wir stellten Personal ein und los ging's. Aber die Kosten stiegen und stiegen. Ich, die ich immer für die Finanzen zuständig war, wurde unsicher. Irgendwann musste ich bekennen, dass wir die rasant steigenden Kosten nicht mehr über das Budget des israelischen Gesundheitsministeriums decken konnten, wir mussten von Deutschland aus mitfinanzieren. So kamen wir auf die Idee, das ganze Projekt an eine israelische Organisation zu übergeben. Ein ehemaliger Mitarbeiter von Dr. Kandel im Sozialministerium, selbst Mitglied einer Organisation für Menschen mit psychischer Erkrankung, war dazu bereit. Ein Wochenende, den Schabbat, habe ich in seiner Familie verbracht und war überzeugt, dass es klappen könnte. Und so kam es!

Für mich war bei alledem der Kontakt zu den Betroffenen immer am bedeutendsten. Jede Begegnung war tief emotional und zugewandt. Ich kannte alle von ihnen und hoffe, dass sie in ihrem neuen Zuhause außerhalb der Klinik noch viele schöne Jahre verbrachten oder vielleicht auch noch verbringen.

Lifegate

Seit einigen Jahren kenne ich auch Burkhart Schunkert, der aus dem Landkreis Gießen stammt, und seine Bemühungen in den Palästinensergebieten. Er lebt in Jerusalem und ist Gründer und Direktor von Lifegate in Beit Jala bei Bethlehem. Er hat dort mit Lifegate eine große Einrichtung geschaffen und bietet ein Förderprogramm für palästinensische Kinder und Erwachsene mit

Behinderung an. Unglaublich, wie er das schafft. Fast ausschließlich mit Spenden, denn die meist sehr armen Palästinenser können ihn nicht unterstützen. Mehrmals war ich dort und war jedes Mal tief beeindruckt von seinen Programmen.

Lifegate ist eine deutsche christliche Organisation, die seit 1991 behinderte Kinder und junge Menschen in Palästina nach einem ganzheitlichen Konzept fördert. Mit einem Team von palästinensischen und deutschen Mitarbeitern stellt sich Lifegate dieser Herausforderung. 250 Kinder und junge Menschen mit Behinderungen nutzen die wöchentlichen Förderprogramme.

Zu den Aufgaben gehört die Förderung der jungen behinderten Menschen in Spielgruppe, Kindergarten und Schule sowie in einer Berufsausbildungswerkstatt für zwölf Handwerksberufe. Lifegate hilft bei der Integration von behinderten Kindern in Regelschulen. Die Mitarbeitenden besuchen alte und bedürftige Menschen zu Hause, um ihnen zu helfen. Alle Kinder und Jugendlichen erhalten bei Lifegate eine umfangreiche medizinische und therapeutische Versorgung, denn ein gesetzliches Sozialversicherungssystem fehlt ebenso wie eine spezielle finanzielle Unterstützung für Menschen mit Behinderungen.

Die Freiwilligen

Der Deutsch-Israelische Verein wollte und will jungen Menschen im Alter zwischen 18 und 27 Jahren die Möglichkeit geben, sich über den Internationalen Jugendfreiwilligendienst (IJFD; früher FSJ, freiwilliges soziales Jahr), für sechs bis 18 Monate, üblich sind 12 Monate, in Einrichtungen der Behinderten- und Altenhilfe in Israel sozial zu engagieren.

Voraussetzungen für einen Einsatz sind soziales Engagement, Aufgeschlossenheit gegenüber anderen Kulturen, dem Staat Israel im Besonderen, und gute Englischkenntnisse. Zudem muss der Einsatz vor Vollendung des 27. Lebensjahres beendet sein. Bestandteil des Internationalen Jugendfreiwilligendienstes sind 25 Bildungstage, die teilweise vorbereitend in Deutschland und teilweise begleitend in Israel stattfinden.

Betreut werden die Freiwilligen von Silvi Behm, unserer eigenen Mitarbeiterin. Sie ist für alles zuständig: die Unterkunft, die pädagogische Begleitung oder auch den Gang zum Zahnarzt. Sie organisiert für die Freiwilligen Seminare, Ausflüge und Diskussionen zur israelischen Politik. Empfangen wurden die Freiwilligen bis vor kurzem von Dina Lutati, einer Angestellten des israelischen Sozialministeriums. Sie kümmert sich um alle freiwilligen „Volunteers" in Israel aus aller Herren Länder und kennt jede und jeden. Jahr für Jahr. Mehrmals war sie bei uns zu den Einführungsseminaren. Eine wundervolle Frau!

Erwähnen möchte ich an dieser Stelle auch den Diplompädagogen Roland Freitag. Er war einst der Leiter des Sharon-Hauses in Wetzlar, steht aber immer noch für die Einführungsseminare unserer Freiwilligen zur Verfügung. Anfangs war er auch mit den Freiwilligen in Israel und hat sie dort begleitet.

In Deutschland wiederum ginge es ohne Bela Amirova nicht. Sie ist die erste Ansprechpartnerin der Freiwilligen und deren Eltern. Als Jüdin aus Belarus hat sie ein Herz für alle, die nach Israel wollen. Sie organisiert die Verträge mit den Freiwilligen, die Krankenversicherung und beantwortet alle Fragen, insbesondere die der Eltern.

Aber leider nimmt dieser Dienst heute keinen hohen Stellenwert mehr bei Freiwilligen ein, wie wir es uns anfangs gewünscht und erlebt haben. Heute können sich Freiwillige über das internationale Programm der Freiwilligendienste in allen Ländern der Welt bewerben und erhalten auch Zustimmung. Das Thema

„Begleitung von Menschen mit Behinderungen" ist nicht mehr so im Fokus. Unser Programm sah vor, dass sich die Freiwilligen melden und ihre Begründung für einen Einsatz in Israel schilderten. In den ersten Jahren war es immer der Holocaust. Die Eltern oder Großeltern hatten sie dazu motiviert. Viele Freiwillige wollten Kontakt mit Überlebenden aufnehmen. Leider geht das heute fast gar nicht mehr, weil viele Überlebenden verstorben sind. Heute reduziert sich das Angebot der Israelis auf Einrichtungen für Menschen mit Autismus; eine schwierige Aufgabe, gerade für junge Menschen. Aber die Begründung, ihre Eltern und Großeltern hätten sie dazu aufgefordert, einen freiwilligen Dienst in Israel zu absolvieren, kommt heute nicht mehr vor. Heute begründen die Interessenten ihren Einsatz damit, dass sie etwa mit der Schule schon einmal in Israel waren und den Kontakt fortsetzen wollten. Das Thema „Holocaust" steht heute nicht mehr im Fokus der Jugendlichen.

Das bedauere ich sehr, obwohl ich weiß, dass es nur noch wenige Holocaust-Überlebende in Israel gibt, aber genauso auch nur noch wenige Täter aus der Nazizeit. Dennoch müssen wir die Erinnerung daran wachhalten! Niemals darf sich das wiederholen, obwohl wir besorgt sein müssen und die derzeitigen Antisemitismus-Aussagen vieler Rechtsextremer ernst nehmen sollten.

Die Holocaust-Überlebenden

Ende der 90er-Jahre beschloss der Deutsch-Israelische Verein, sich auch um die Überlebenden des Holocaust in Israel zu kümmern. Ziel war es, ihnen ein wohliges Zuhause zu bieten. Damals, und ich glaube auch heute, gab es viele großzügige Altersresidenzen in Israel. Nur die Überlebenden des Holocaust lebten entweder in Psychiatrien oder Pflegeheimen, die mir nicht gefielen. Grund war ihr mangelndes Vermögen und angeblich reichten die Unterstützungsgelder aus Deutschland nicht aus, um ein schönes Unterkommen für diese Menschen zu garantieren. Das habe ich immer bezweifelt, konnte es aber nicht beweisen, obwohl ich recherchiert habe. Ich hatte mir auch mehr Engagement von der israelischen Regierung gewünscht. Oft erhielt ich die Antwort: „Das ist eigentlich die Angelegenheit der Deutschen." Wir haben uns bemüht, hatten aber leider keinen Erfolg. Das tut mir heute noch weh.

Um Spenden zu bekommen, habe ich alle deutschen Ministerpräsidenten sowie einige andere hochrangige Politiker Deutschlands angeschrieben und viele wohlwollende Antworten bekommen, beispielsweise von Altkanzler Helmut Kohl: „... Ihr Einsatz auf dem Gebiet der Wohlfahrtspflege und bei der Förderung von Maßnahmen zur Hilfestellung für ältere und behinderte Personen sowohl in Israel als auch in Deutschland wie auch Ihre Unterstützung von Forschung und Austausch sind bemerkenswert und verdienen Unterstützung ..."

Oder auch vom ehemaligen regierenden Bürgermeister von Berlin, Eberhard Diepgen: „... die Ziele des Deutsch-Israelischen Vereins erfassen Problembereiche, die sowohl mit Blick auf die Vergangenheit als auch auf die Auswirkungen der Konflikte der Gegenwart großer Aufmerksamkeit bedürfen ..."

Kurt Biedenkopf, ehemaliger Ministerpräsident Sachsens schrieb: „... Die Versöhnung mit Israel hat auch in Sachsen höchstes Gewicht. Sie können versichert sein, dass wir Ihnen jede uns mögliche Unterstützung geben werden ..."

Edmund Stoiber, ehemaliger Ministerpräsident von Bayern: „Die Förderung der Zusammenarbeit zwischen behinderten und nichtbehinderten Menschen in Israel und Deutschland, der sich Ihr Verein und seine Gründungsmitglieder verschrieben haben, verdient großen Dank und besondere Anerkennung ... Sie leisten nicht nur vorbildliche humanitäre Hilfe, sondern auch einen Beitrag dafür, die Beziehungen zwischen Deutschland und Israel weiter zu vertiefen ..."

„... der Austausch von jungen Menschen mit Schwerpunkt der heil- und sonderpädagogischen Hilfe verdient Unterstützung. Ihr Aufruf wird sicher breite Resonanz finden ... Ich wünsche Ihrer Arbeit nachhaltigen Erfolg ...", schrieb Henning Scherf, ehemaliger Senatspräsident der Freien Hansestadt Bremen.

Ex-Außenminister Dr. Klaus Kinkel äußerte: „... ich freue mich über die Gründung des Deutsch-Israelischen Vereins, Ihre Ausführungen habe ich mit großem Interesse gelesen ... Für Ihr Vorhaben wünsche ich viel Erfolg ..."

Freundliche Zeilen kamen auch vom ehemaligen Hessischen Ministerpräsident, Hans Eichel: „... Von Seiten der Hessischen Landesregierung haben wir die Initiative Ihres Vereins begrüßt ...", sowie dem ehemaligen Ministerpräsidenten von Sachsen-Anhalt, Dr. Reinhard Höppner: „... Die Gründung Ihres Vereins ist hier mit Interesse zur Kenntnis genommen worden. Für die Zukunft Ihrer Arbeit, bei der Umsetzung der von Ihnen genannten Ziele wünsche ich Ihnen jeden nur denkbaren Erfolg ..."

Schließlich erreichte mich auch ein Schreiben des israelischen Präsidenten Ezer Weizmann: „... sehr interessiert, Ihre Organisation kennenzulernen und wünschen jeden Erfolg für Ihr wichtiges Unternehmen, den behinderten und sozial schwachen Menschen unserer Gesellschaft zu helfen ..."

Die Antworten waren alle sehr positiv, aber Geld oder andere Spenden flossen nicht. Dann kam mir der Gedanke, die Gemeinden anzuschreiben, deren jüdische Mitbewohner getötet worden waren. Eine entsprechende Liste erhielt ich von Yad Vashem, der Gedenkstätte der Märtyrer und Helden des Staates Israel im Holocaust, der bedeutendsten Gedenkstätte, die an die nationalsozialistische Judenvernichtung erinnert und sie wissenschaftlich dokumentiert.

Den einzelnen Kommunen wird im „Tal der Gemeinden" in Yad Vashem gedacht. Viele der Gemeinden beziehungsweise deren Vertreter haben sich auch gemeldet und manche haben Beiträge überwiesen. Diese Mittel haben wir vorerst für die Menschen mit psychischer Erkrankung eingesetzt. Alle von ihnen hatte ihre Angehörigen in der Nazizeit verloren, sicher oft auch Ursache ihrer Erkrankung. Für sie haben wir ja in Haifa die 60 Wohnplätze geschaffen und auch eine WfbM eingerichtet, wie berichtet. Hierbei hatte mich Wolfgang Schrank, der pädagogische Direktor der Frankfurter Heimstätten, sehr unterstützt, davon habe ich ja bereits erzählt. Er hat Räumlichkeiten in Haifa gesucht und gefunden, hat Aufträge eingeholt und die Werkstatt auf den Weg gebracht. Ich war von ihm begeistert. Ohne ihn hätten wir das niemals geschafft. Leider ist Wolfgang Schrank vor kurzer Zeit verstorben. Ganz plötzlich. Er fehlt uns sehr. Er war für mich in allen Fragen der Behindertenhilfe ein wichtiger Berater. Was aber für mich noch schöner war: Er wurde auch Mitglied der Familie Erichsen. Mit meiner Nichte, Dr. Ulrike Erichsen, gründete er eine Partnerschaft. Beide bekamen eine Tochter, die heute schon das Studium der Medizin begonnen hat und eine erfolgreiche Fußballspielerin ist.

Ulrike und Franz Biebl (dieser war unter anderem Vorstandsvorsitzender und Geschäftsführer des Sozialwerks Main-Taunus), organisierten in Frankfurt eine Regionalgruppe des Deutsch-Israelischen Vereins und hatten sich zum Ziel gesetzt, Zeitzeugen zu Vorträgen einzuladen. Sie organisierten aber auch Lesungen, Konzerte und andere Veranstaltungen zum Thema Holocaust. Aus beruflichen und persönlichen Gründen verließ Franz Biebl Frankfurt und so endeten die Aktivitäten im Jahre 2004.

Wir versuchten in weiteren Städten Regionalgruppen zu installieren, zum Beispiel in Hamburg. Mehrmals trafen wir uns mit jüdischen und anderen interessierten Persönlichkeiten in Hamburg. Eine ständig arbeitende Regionalgruppe konnten wir dort aber leider nicht aufbauen.

In den 2000er-Jahren haben wir jährlich einen Newsletter herausgebracht und über unsere Tätigkeiten berichtet. Für die Mitglieder des Vereins war das sicher wichtig. Aber auch diese Berichte wurden leider nicht fortgesetzt, insbesondere nach der Überführung unserer Einrichtung in Haifa an dortige, israelische Organisationen.

Anfang der 2000er-Jahre haben wir Seminare in Auschwitz und Buchenwald organisiert, jeweils gemeinsam mit israelischen und deutschen Studenten. Meine Freundin Annette von Harbou, die leider auch viel zu früh verstorben ist, hat mich dabei sehr unterstützt. Ich erinnere mich noch an unser erstes Treffen in Auschwitz: Wir fuhren mit zwei Kleinbussen hin und trafen dort auf die israelischen Studenten. Irgendwie waren wir alle nervös und aufgeregt. Es gab aber keine negativen Äußerungen.

Es fällt mir schwer, meine Gefühle an diesem Ort zu formulieren. Stattdessen möchte ich die Erinnerungen meiner Freundin Annette an unsere gemeinsame Zeit einfügen, die mich als Gründungsmitglied des Deutsch-Israelischen Vereins mit viel Engagement begleitet hat:

Ein Blick zurück und ein Blick nach vorn

Von Professor Dr. Annette von Harbou am 20. März 1998 in Auschwitz:

„Ich gehöre zur ersten Nachkriegsgeneration, der Generation, die noch ganz unmittelbar unter dem Eindruck des ungeheuren Bergs von Schuld und Verantwortung, Trauer und Scham, den der Holocaust hinterlassen hat, aufgewachsen ist und erwachsen wurde.

Erst Willy Brandts Kniefall im Warschauer Ghetto schien stellvertretend für uns Deutsche ein wenig von diesem Berg abzutragen. Dieser Kniefall, mit dem viele von uns sich identifizieren konnten, war eine Geste, die dem Ort und seiner grauenvollen Geschichte angemessen war, auch oder gerade, weil sie nicht von einem gläubigen Katholiken vollzogen wurde.

Gesten – das habe ich auch in den vergangenen Jahren der Begegnungen zwischen Israelis und Deutschen oft erfahren, können eine große Hilfe sein, wo Worte versagen, weil es offenbar unmöglich ist, die Gefühle in Worte zu fassen, die uns angesichts des Leids überkommen, das Menschen ihren Brüdern und Schwestern angetan haben. Ich habe solche Gesten regelrecht ‚gesammelt', weil ich spürte, dass man sich an ihnen festhalten und orientieren kann, wenn man fürchtet, den Boden unter den Füßen zu verlieren.

Unter dem Dach des Deutsch-Israelischen Vereins konnte ich aktiv umsetzen, was ich für eine der wichtigsten Aufgaben in meinem Leben halte: dazu beizutragen, junge Menschen aus Israel und Deutschland einander näher zu bringen, ihnen zu helfen, Schwellen zu überschreiten, das Verständnis für die kulturellen und individuellen Eigenarten des Anderen zu wecken und zu fördern.

Dr. Isack Kandel schlug im Winter 1997/98 ein Treffen israelischer Studenten aus der Stadt Ariel in Israel mit Studierenden der Verwaltungsfachhochschule in Gießen vor. Ich bin dort Dozentin für Privat- und Verfassungsrecht. Die israelischen Studierenden planten für den März 1998 eine Reise zu mehreren Holocaust-Gedenkstätten in ehemaligen Konzentrationslagern in Polen, so auch in Auschwitz. Dort sollten sich beide Studentengruppen treffen und gemeinsam die Lager Auschwitz und Birkenau besuchen. Mit einem ersten Treffen in Auschwitz sollte also der Austausch israelischer und deutscher Studierender beginnen. Ich war zutiefst erschrocken. Konnten wir das wirklich verantworten und durchstehen? Wie würden die Studenten damit umgehen? Würden sie es sich zutrauen und überhaupt wollen?

Wenn ich heute zurückblicke auf diese erste Begegnung in Auschwitz, dann war das für mich das prägendste Erlebnis der letzten Jahre überhaupt. Und es hat in der Erinnerung nicht an Bedeutung verloren, sondern ist noch gewachsen! So geht es auch den anderen deutschen Teilnehmenden dieser Begegnung, mit denen ich noch in Kontakt stehe."

Dr. Nitza Dawidowic, Dozentin an der Universität Ariel, formulierte ihre Gedanken wie folgt:

„Immer wieder deutschen Boden betreten, immer wieder Gottes Ruf an Kain zu hören, dem ersten Mörder auf Erden: ‚Die Stimme deines Bruders Blut ruft von der Erde.' Beim Anblick der Landschaften, der grünen Bäume, der Häuser, der Wiesen, der lachenden Kinder. Auf der Straße ertönen die Stimmen unserer ermordeten Brüder und Schwestern, ermordet auf eine bis dahin von der Menschheit unbekannten Art und Weise. Im 20. Jahrhundert, als Schlagworte von Gerechtigkeit, Gleichberechtigung und Brüderlichkeit öffentlich angeschlagen wurden, ereignete sich der methodische Völkermord, ein Mord, der die Unterstützung von Politikern, Forschern, Wissenschaftlern und des Volkes selbst genoss – das deutsche Volk nahm daran teil.

Jahrelang geschah eine ‚Dämonisierung' des Holocaust. Wir sprachen vom ‚anderen Planeten', von ‚Unmenschen' – aber dieser Mörder, dieser ‚Kain', war ein Mensch, eine menschliche Kreatur. Dieser Kain war ein Freund, Nachbar, Arbeitskollege – der zum Mörder wurde.

Hier stehen wir in Auschwitz-Birkenau und wissen, dass der jüdische Geist nicht verschwunden ist, und wir stehen da, mit einer israelischen Fahne in unserer Mitte. Wir wissen, dass wir sonst nichts haben außer unserem Staat und der Kultur. Daraus schöpfen wir die Pflicht, zu gedenken und die nächste Generation zu lehren.

Daraus schöpfen wir den Glauben an den Sieg des Guten, und wir fanden Partner zum Bau einer Brücke: Maren, Annette, Roland und viele andere – die uns mutig bei dieser schweren Reise auf polnischem Boden begleiteten. Unsere gemeinsamen Maßnahmen werden stärker sein als alles; zusammenzuwirken, sich um eine bessere Zukunft zu bemühen, ohne Leugnen, ohne Vergessen, sondern durch gemeinsame Gespräche über das belastende und schmerzliche Thema, um stehen zu bleiben und fortzuschreiten.

Wir Juden haben die Pflicht, für unsere Heimat tätig zu sein, der einzige Ort, der uns gehört. Der der Ort ist, an dem und über den unsere Vorväter ihre Gebete richteten. Daraus schöpfen wir die große Anerkennung der anhaltenden Erfolge, die wir in der kurzen Zeit seit der Staatsgründung aufbauen konnten. Als Gott uns nach Zion zurückführte, waren wir wie im Traum."

Meine eigenen Gedanken in Auschwitz waren diese: Es gibt Stimmen von Juden, die sagen: „Es gibt keinen Grund, Auschwitz zu besuchen. Man sollte Auschwitz einzäunen und als Ael Olam belassen. Es ist eine biblische Bezeichnung für einen Ort, dessen fassbare Vergangenheit für immer ausgelöscht werden soll. Der Ort, der er war, soll er wieder werden. Nämlich ein Ort des Schweigens."

Angesichts der Katastrophe gibt es keine Sprache, keine Stimme, es kann nur Schweigen geben. Wie einmal jemand sagte: „Für viele Juden ist Auschwitz ein Symbol für das endgültige Nichts, das große Loch, in dem die europäischen Juden verschwanden."

Auschwitz ist kein Museum und es ist kein Friedhof, obwohl viele Menschen hier ihre letzte Ruhestätte gefunden haben. Es gibt keinen Stein zu Ehren eines Juden – so kann Auschwitz niemals als Friedhof geweiht werden. Dennoch ist es alles zugleich – Friedhof und Museum und Gedenkstätte.

Es ist ein Ort, an dem wir über die volle Bedeutung der hier geschehenen Massenmorde nachdenken müssen. Was bedeutet dieser Ort für uns Deutsche? Wir haben uns heute zu fragen: „Hätte ich ein Massenmörder werden können?" „Wäre ich Mitläufer gewesen?" Das entsetzliche Geschehen haben wir als Erinnerung mitzutragen und zu bedenken.

Es hat sowohl in Israel als auch in Deutschland zwei Generationen gegeben, die geschwiegen haben. Die Täter schwiegen und die nächste Generation hatte nicht den Mut zu fragen. Wir wissen, dass dies auch in Israel so geschehen ist. Erst die folgenden Generationen haben die nötige Distanz, um darüber zu sprechen. Diesen Dialog wollten wir aufgreifen. Der Deutsch-Israelische Verein sucht immer wieder Möglichkeiten, um den gemeinsamen Dialog zwischen deutschen und jüdischen (israelischen) jungen Menschen anzubieten.

In tiefer Trauer haben wir später von Annette von Habou Abschied genommen. Sie verstarb viel zu früh und wurde in Würzburg beigesetzt. Leider so weit weg von hier. Gern würde ich sie am Grab besuchen, um mich in Gedanken mit ihr auszutauschen und sie um Unterstützung bitten. Sie fragen: „Wie sollen wir heute mit antisemitistischen Parolen umgehen? Was bieten wir den Schülerinnen und Schüler an, um den Geschehnissen mit Würde zu begegnen?"

Unser damaliger Ministerpräsident Volker Bouffier forderte die Bevölkerung auf, sich mit dem Thema Antisemitismus zu beschäftigen, Antworten zu finden, Ideen zu entwickeln, um der

„Denke" der Rechtsradikalen, auch der AfD, zu widersprechen. Ich fühle mich da durchaus angesprochen und überlege, was kann *ich* tun. Gerne würde ich unserem Kultusminister in Hessen einige Vorschläge unterbreiten. Gerne würde ich mehr deutsche Freiwillige nach Israel schicken. Dieses Programm besteht weiterhin im Portfolio des Deutsch-Israelischen Vereins, aber es kommen sehr wenige junge Leute auf uns zu. Wir müssen aktiver werben, auch das nehmen wir uns vor.

Kürzlich hatte ich mit meiner Freundin Reinhilde Stöppler, Professorin für Geistigbehindertenpädagogik an der Uni Gießen, ein Treffen. Sie führt im Rahmen ihrer Veranstaltungen Studienreisen zu Gedenkstätten durch und erzählt, dass die Nachfrage sehr hoch sei. Sie berichtete mir von einem Besuch in einer Gedenkstätte in Brandenburg, wo Menschen mit Behinderungen die Gäste begrüßten und erklärten, was dort passiert wäre: „Hätte ich damals gelebt, stünde ich heute nicht vor Ihnen. Ich wäre getötet worden." Meines Erachtens ist das das richtige Konzept. Menschen mit Behinderungen müssen selber um ihre Existenz kämpfen, und es ist unsere Aufgabe, sie für ihren Einsatz zu befähigen.

Stöpplers Eindrücke von Auschwitz, anlässlich eines kürzlichen Besuchs, haben mich aber auch beunruhigt. Sie berichtete von einer Massenabfertigung der Besucher. Kein Besucher hat die Zeit, um im Haupthaus zu verweilen. In den Räumen, in denen Schuhe, Koffer und Haare der Ermordeten aufgetürmt sind, wird man eilig vorbeigeschleust. „Bitte weitergehen", heißt es. In Birkenau spielen die Kinder am Waggon der Bahn, sie machen Selfies und wissen gar nicht, wo sie sind, warum sie dort sind. Zumeist handelt es sich um israelische Kinder.

Nun weiß ich aus Erfahrung, dass am Holocaust-Gedenktag in Israel in den Schulen darüber gesprochen wird. Und dass alle Kinder auch entsprechende Gedenkstätten besuchen. Den

Holocaust-Gedenktag in Israel selbst mitzuerleben, war sehr beeindruckend für mich. Zu einer bestimmten Uhrzeit heulen die Sirenen, alle Autos bleiben stehen, die Insassen steigen aus, verneigen sich und fahren erst nach einer Minute des Schweigens weiter. Ich bin froh, dass wir 1998 in Ruhe das Haupthaus in Auschwitz besuchen konnten, verweilen durften. Und ich frage mich, ob das heutige Konzept, möglichst viele Besucher hindurchzuschleusen, viel Sinn ergibt. Quasi im Sinne eines „Pflichtprogramms“. Nach dem Bericht von Professor Stöppler wächst in mir der Wunsch, nochmals dorthin zu fahren.

Unser Bundespräsident Steinmeier hat das heutige Geschehen rund um und in der AfD so benannt: „die bösen Geister mit neuem Gesicht“. Heute erinnere ich mich, dass Michel Friedman schon vor 30 Jahren gesagt hat: „Zwanzig Prozent der Deutschen sind immer noch Nazis.“ Ähnlich hat es auch Ignaz Bubis formuliert. Mit beiden Vertretern der jüdischen Gemeinde hatte ich schon vor 20 Jahren Kontakt und bat um Unterstützung für unseren Verein. Als Avi Primor noch Botschafter der Israelis in Deutschland war, waren Dr. Isack Kandel und ich des Öfteren in der israelischen Botschaft in Bonn eingeladen. Primor und seine Frau haben mich sehr beeindruckt. Sie waren uns sehr zugetan und vermittelten uns Kontakte zu Vertretern der israelischen Gewerkschaft. Auch der deutsche Botschafter in Israel ist mir noch sehr in Erinnerung. Bei ihm waren wir ebenfalls öfter eingeladen und haben über die Begleitung der Freiwilligen aus Deutschland Abkommen getroffen.

Damals ging es auch um die Verwirklichung eines Altenheims für die Überlebenden des Holocaust in Zikron-Jacob, einem hübschen Städtchen an der Straße von Tel Aviv nach Haifa. Wir haben diese Einrichtung nie verwirklichen können. Die israelische *und* deutsche Bürokratie konnten wir nicht überwinden. Es ging darum, ob ein deutscher Verein Land in Israel erwerben, beziehungsweise ob Deutschland für eine israelische Einrichtung Finanzen bereitstellen könnte. Israel konnte und wollte kein Stück Land an einen deutschen Verein verkaufen und Deutschland konnte und wollte nur eine deutsche Einrichtung finanziell unterstützen. Später haben wir eine Broschüre mit dem Titel „Altenhilfe in Israel" erstellt. Es kam nichts so recht in die Gänge. Aber wir haben dann auch erlebt, dass Israel selbst Einrichtungen für Überlebende des Holocaust aufbaute, zum Beispiel in Tel Aviv unter dem Dach der dortigen Psychiatrie, sodass die Sechs-Bett-Zimmer-Unterbringung, von der ich bereits berichtete, aufgelöst werden konnte. Aber dennoch gab es noch immer sehr primitiv strukturierte Pflegeeinrichtungen für diesen Personenkreis. Vielleicht noch heute! Bis jetzt habe ich nicht begriffen, wo das Geld, das Deutschland für diesen Personenkreis bereitstellte, hingeflossen ist.

Viele der Freiwilligen, die wir nach Israel schickten, hatten den Wunsch, Menschen, die den Holocaust überlebt haben, zu begleiten. Nur wenigen ist das gelungen. Einige haben über ihre Zeit berichtet und mir positive Rückmeldung gegeben. Ich wünsche mir, dass wir jährlich mindestens 100 Freiwillige nach Israel schickten. Sie sind unsere Botschafter des Friedens.

Die politische Reise

Aus der Presse erfuhr ich, dass Ministerpräsident Bouffier mit einer Delegation nach Israel und Palästina reisen wollte. Da fasste ich den Mut, ihn zu fragen, ob er mich mitnehmen könne. Zu meiner Freude stimmte er zu. Ich musste meine Flugreise und Unterkunft zwar selbst bezahlen, das habe ich aber gern übernommen. Vor der Reise erhielt ich ein dickes Paket mit Programm und Materialien. Einmal zu den Orten, die wir besuchen sollten, aber auch fundierte diverse Presseartikel, die ich jetzt nochmals gelesen habe: Immer noch ist diese Gegend der Welt ein Unruheherd. Wann werden sich die beiden Völker, Israelis und Palästinenser, jemals einig?

Ich hatte während meiner Zeit in Israel selbst erlebt, wie man einander misstraute und sich nicht begegnen wollte. So war ich auch eines Tages in Ramallah im Westjordanland. Ein Teilnehmer unseres Austauschprogramms hatte mich eingeladen, seine therapeutische Einrichtung zu besuchen. Die israelischen Freunde konnten oder wollten mich nicht begleiten, also nahm ich den Bus. Die Einrichtung hat mich beeindruckt. Ich wurde im Übrigen sehr freundlich empfangen und auch wieder zum Bus gebracht. „Bist du mit den Marktfrauen und den Hühnern gefahren?", war die entsetzte Frage meiner israelischen Freunde. Die Hühner hatte ich gar nicht bemerkt.

Zurück zur politischen Reise: Mein Sohn Michael brachte mich am 22. Juni 2011 zur VIP-Lounge, alles etwas ungewohnt, aber doch beeindruckend. Ich musste mich um nichts kümmern. Kein Einchecken! Erstmalig flog ich in der ersten Klasse! Das war schon super.

In Israel angekommen wurden wir vom deutschen Botschafter Dr. Dr. h.c. Harald Kindermann auf dem Ben-Gurion-Flughafen bei Tel Aviv begrüßt, fuhren später zu einer Baumpflanzung im Wald der Nationen in Yad Vashem und landeten schließlich im Restaurant des Konrad-Adenauer-Konferenzzentrums in Jerusalem. Später fuhren wir zurück nach Tel Aviv und checkten im Hilton ein. Früh am nächsten Morgen fuhren wir zurück nach Jerusalem, um die Holocaust-Gedenkstätte zu besuchen. Ich war zuvor schon mehrmals dort, stellte aber fest, dass die Gedenkstätte ständig umorganisiert wird. Das Erleben an diesem Ort ist immer wieder ergreifend, bedrückend, nicht einfach. Ich kann nicht alle

Orte benennen, die wir dort besucht haben. Aber, und das war interessant, vor jedem Termin wurden wir gebrieft. Nachmittags besuchte ich mit Frau Bouffier den Kindergarten und die Schule des deutschsprachigen St. Charles Hospiz in Jerusalem. Betreut wurden dort jüdische und muslimische Kinder, die sich alle fröhlich beschäftigten und dankbar für die Geschenke waren, die Frau Bouffier mitgebracht hatte.

Nach dem Besuch einer Schule für Fotographie in Jerusalem fuhren wir nach Herzliya in das „Interdisciplinary Center". Dort unterzeichneten Ministerpräsident Bouffier und der Präsident der TU Darmstadt einen Vertrag über die Organisation der Zusammenarbeit mit diesem Institut. Anschließend gab es einen Empfang in der Deutschen Botschaft. Am nächsten Tag fuhren wir zur Festung Masada in der Nähe des Toten Meeres. Bemerkung dazu im Programm: Bitte Hut, Sonnenschutz, Sonnenbrille, geeignetes Schuhwerk und Wasser sowie eine Jacke für das kühlere Museum mitnehmen. Dress code: business casual.

Ich war ja vorher schon dort gewesen, kannte die Temperaturen (40 °C) und hatte noch einige Informationen erhalten und meine Gedanken kreisen lassen. Nach einem Mittagessen im Kibbuz En-Gedi fuhren wir nach Jerusalem und checkten im Hotel King David ein. Oft habe ich davorgestanden, aber niemals dort wohnen können. Altmodisch, etwas verstaubt, jedenfalls in meinem Zimmer. An diesem Tag war Schabbat und wir besuchten eine Kabbala-Schabbatfeier in einer Synagoge. Ich muss gestehen, dass es mein erster Besuch einer Synagoge in Israel war, während ich des Öfteren die Synagoge der Jüdischen Gemeinde in Gießen besucht habe, auf der Empore, dem Platz der Frauen. Am folgenden Tag besuchten wir die Altstadt von Jerusalem und fuhren anschließend nach Bethlehem. Dort begrüßte uns Mitri Raheb, der Pastor der Weihnachtskirche.

Als Raheb 13 Jahre alt war, starb sein Vater, sodass er neben der Schule den väterlichen Buchladen weiterführte. Raheb studierte später evangelische Theologie am Missionsseminar Hermannsburg und an der Philipps-Universität Marburg. Hier erwarb er den Doktor der Theologie mit einer kirchenhistorischen Arbeit über die evangelisch-lutherische Kirche in Palästina. Im Alter von 26 Jahren begann Raheb als Pastor an der evangelisch-lutherischen Weihnachtskirche in Bethlehem zu arbeiten. 1995 gründete Mitri Raheb das Internationale Begegnungszentrum in Bethlehem (International Center of Bethlehem – ICB, arabisch: Dar an-Nadwa ad-Dawwliyya, „Haus der Begegnung weltweit"). Im ersten Gottesdienst nach dem Ende der 39-tägigen israelischen Belagerung der Geburtskirche in Betlehem im April bis Mai 2002, in der sich rund 200 Kämpfer der PLO verschanzt hatten, verkündete Raheb: „Der Krieg kann uns nicht unsere Vision rauben, in Frieden mit unseren Nachbarn zusammenzuleben." Ein mutiger und bedeutender Aktivist und Pfarrer.

Bei meinem damaligen Besuch hat er mir sein Buch „Bethlehem hinter Mauern" gewidmet, das ich sehr in Ehren halte. Aber die Situation war schwierig. Schweigend fuhren wir an den Mauern vorbei.

Am nächsten Tag ging es wieder nach Palästina, nach Ramallah. Wieder wurden wir gebrieft. Einige Gespräche führte Volker Bouffier alleine, während die Delegation über die Besiedelung Westjordanlands informiert wurde. Ich habe mich gefreut, dass ich mit Willi van Ooyen, MdL der Linken im Hessischen Landtag, einen Termin für ein Treffen mit meinem alten Freund Moti Arbel fand. Willi van Ooyen war seinerzeit Sozialarbeiter in der Einrichtung gewesen, in der Moti seine Coachings durchgeführt hatte. Das war ein wunderschönes, freudiges Wiedersehen! Auf dieser Reise habe ich übrigens auch Nancy Faeser, die heutige

Innenministerin in Berlin, kennengelernt, sie war auch Mitglied dieser Delegation.

Diese politische Reise hat mir viele neue Perspektiven auf Israel und Palästina eröffnet. Ich bin dankbar, dass ich sie erleben durfte und habe mein weiteres Denken davon sehr prägen lassen. Aber wenn man mich fragte, was mir dabei am wichtigsten wurde, ist es immer noch die Arbeit mit und für Menschen mit Behinderungen. Burkhard Schunkerts Lifegate-Organisation bei Bethlehem vereint für mich beides: die dringend notwendige politische Versöhnung zwischen Israel und Palästina sowie den Einsatz und die Fürsorge für die Schwächsten in der Gesellschaft: Kinder mit Behinderungen. Aber nicht nur in Israel und Deutschland brauchen sie unseren Schutz und unser Engagement – nein, hier ist Familie Mensch weltweit gefragt!

Im Herbst 2022 wurde Dow Aviv, Vorsitzender der jüdischen Gemeinde in Gießen, zum Vorsitzenden des Deutsch-Israelischen Vereins gewählt und ich zur Ehrenvorsitzenden.

Landesbeauftragte der Hessischen Landesregierung

Im Frühjahr 2012 erreichte mich auf meinem Handy ein Anruf von Ministerpräsident Volker Bouffier. Er fragte mich, ob ich das Amt der Beauftragten der Hessischen Landesregierung für MmB übernehmen würde, als Nachfolgerin von Friedel Rinn, der aus gesundheitlichen Gründen zurücktreten wolle. Spontan habe ich zugesagt. Eine neue Aufgabe konnte und wollte ich zu der Zeit gerne übernehmen. Am 15. August 2012 wurde ich, nach der Verabschiedung von Friedel Rinn in der Staatskanzlei in Wiesbaden, vom MP und der Staatssekretärin Petra Müller-Klepper offiziell in das Amt eingeführt.

Einige Tage später besuchte ich zum ersten Mal mein Büro beziehungsweise die Mitarbeitenden der Beauftragten im Innenministerium. Alle hatten jeweils ein ganz spezifisches Aufgabengebiet. C. Beraus war zuständig für Gesetzgebungsverfahren, M. Rehn organisierte Fortbildungsangebote speziell für Führungskräfte und plante die alljährlichen Veranstaltungen der Schwerbehindertenvertretungen. Frau S. Koch organisierte das Vorzimmerbüro. Alles Aufgaben, die für mich neu waren. Ich konnte mich aber schnell einarbeiten, denn inhaltlich ging es ja immer um Menschen mit Behinderungen, mehrheitlich allerdings um sogenannte Schwerstbehinderte, weniger um Menschen mit geistiger Behinderung. Nach einiger Zeit hatte ich die Möglichkeit, einen weiteren Mitarbeiter einzustellen. Wir entschieden uns für die Juristin Ayse Oluk für den Bereich Eingliederungshilfe und den Bereich Menschen mit geistiger Behinderung. Mir zur Seite gestellt war ein Beirat mit Vertreterinnen und Vertretern verschiedener Behindertenorganisationen und Verbände. Dieser Beirat wurde später in einen Inklusionsbeirat umgewandelt, was ich sehr begrüßte. Einmal pro Jahr mussten wir einen Bericht erstellen, den ich im Kabinett und dem Sozialausschuss vorgestellt habe. Wichtiger Inhalt war immer der Teil über die Zahl der schwerbehinderten Menschen in den Ministerien. Insgesamt schwankte die Zahl der angestellten schwerbehinderten Menschen um sieben Prozent herum. Für diesen Bereich war Frau P. Schmidt verantwortlich. Für Deutschland ein hervorragendes Ergebnis, begründet auch durch den Fonds der Landesregierung, die jährlich etwa 11 Millionen Euro zur Verfügung stellte. Leider kann ich hier nicht alle Aktivitäten meines Büros aufführen, das würde den Rahmen sprengen, aber ein paar wenige möchte ich doch erwähnen.

So hat mir das jährliche Treffen der Landesbeauftragen mit dem Bundesbeauftragten an wechselnden Standorten immer neue Impulse gegeben. Und ebenfalls jährlich gab es den Tag der Menschen mit Behinderungen im Hessischen Landtag mit unterschiedlichen Themen. Eingeladen hatte jeweils der Landtagspräsident, das Sozialministerium und ich als Landesbeauftragte. Vorbereitet haben diese Tagungen Winfried Kron und ich. (Anlässlich dieser Tagung im Oktober 2019 wurde ich von Sozialminister Kai Klose verabschiedet.) Ein schönes Projekt waren auch die Fachtagungen unter dem Titel „Inklusion erleben", die ich mit Sozialminister Stefan Grüttner eröffnete. Auf dem Schlossplatz gab es eine gelungene Schlussveranstaltung.

Ein ganz besonderes Projekt war das Inklusionsprojekt „Traumberufe". Studierende der Fachhochschule Frankfurt entwickelten unter der Leitung von Professorin Dr. Carolin Winter ein Konzept zur Teilhabe von Menschen mit Behinderungen am normalen

Arbeitsleben. Herr Wagner von Fraport und Ayse Oluk hatten dieses Projekt vorbereitet, welches wir im Flughafen vorstellten. In der inklusiven Sophie-Scholl-Schule der Lebenshilfe Gießen fanden wir Kinder, die begeistert verschiedene Berufe präsentierten, wie etwa Polizistin, Kapitän, Rennfahrerin, Zirkusdirektor und Flugbegleiterin. Das ZDF hatte davon jeweils kurze Filmsequenzen gedreht, die an den Monitoren der Gepäckausgaben der Fraport ausgestrahlt wurden. Was für ein schöner Erfolg!

Erwähnen kann ich die vielen Tagungen und Referate gar nicht! Wir lernten so viel Neues und Spannendes. Auch die fachlichen Diskussionen mit den Mitarbeitenden der Ergänzenden Unabhängigen Teilhabeberatung (EUTB) haben mir immer viel Spaß bereitet.

Zum Abschied meiner Zeit in Wiesbaden haben wir eine Broschüre erstellt, die von A. M. Winkel erarbeitet wurde. Er interviewte diverse Politikerinnen und Politiker und Expertinnen und Experten, u. a. Staatsminister Grüttner, Hubert Hüppe, MdB und Behindertenbeauftragter der Bundesrepublik, P. Masuch, Präsident des Bundessozialgerichts a. D., Professor Dr. F. Welti, Dr. A. Jürgens, erster Beigeordneter des LWV, Freundinnen und Freunde und Mitarbeitende des Innenministeriums. Ihnen allen danke ich für die anerkennenden Worte. Auch bin ich dankbar, dass ich diese klugen und engagierten Menschen persönlich kennenlernen durfte.

Es war eine interessante Zeit in Wiesbaden, die ich nicht missen möchte. Zum Abschied erhielt ich von Ministerpräsident Bouffier einen Hessen-Löwen, der nun auf meinem Schreibtisch steht.

Corona

Im März 2020 begannen wir in der Lebenshilfe mit einer wöchentlichen Krisensitzung zum Thema Corona. Die Einrichtungen mussten zeitweise geschlossen werden und einige Bewohner waren mit der Coronainfektion in der Klinik. Auch in der Rosenhofstiftung wurden strenge Regeln eingeführt. Besucher durften nur in Ausnahmefällen das Haus betreten. Maskenpflicht war angesagt. Eine Bewohnerin war positiv getestet und musste in die Klinik. Mehrere Monate war sie dort, anfangs zwei Monate im Koma.

Ende des Jahres war ich mehrmals mit Olaf in der Dialysestation, wo er getestet wurde. Im Dezember 2020 war der Test dann positiv. Er musste in seinem Zimmer in Quarantäne bleiben. Nach einem weiteren positiven Test empfahl der Nephrologe, Dr. Zschätzsch, die Einweisung in die Universitätsklinik. Dr. Zschätzsch hat Olaf 17 Jahre begleitet. Olaf hatte sehr viel Vertrauen zu ihm und ich bin ihm dankbar für seine einfühlsame Unterstützung.

Olaf wurde dann vom Roten Kreuz abgeholt und ich sehe ihn noch heute vor mir, wie er traurig und ganz verloren im Rettungswagen saß und winkte. Ich konnte ihn nicht mehr umarmen.

Nach zwei Tagen in der Corona-Aufnahmestation wurde er in die Intensivstation der Chirurgischen Abteilung verlegt. Er wurde dort für drei Wochen ins Koma versetzt. Sein Zimmer war im Erdgeschoss, sodass wir ihn am Fenster besuchen, aber nicht mit ihm sprechen konnten. Später bekam er einen Luftröhrenschnitt, damit konnte er erst recht nicht sprechen. Mit Hilfe eines iPads, das eine Mitarbeiterin der Lebenshilfe für ihn einrichtete, und der Übermittlung einer Nephrologin, die ihn kannte, konnten wir mühsam kommunizieren. In dieser Zeit besuchten ihn auch viele andere Menschen, insbesondere die Mitarbeitenden und Mitbewohnerinnen und Mitbewohner der Rosenhofstiftung an diesem Fenster.

Jeden Vormittag und späten Nachmittag konnte ich mit den Ärzten sprechen. Die Nachrichten waren erschreckend: Die Niere arbeitete nicht mehr, also Dialyse. Die Galle wurde entfernt. Seine Herzklappen, die Leber und Bauchspeicheldrüse waren entzündet. Es ging rauf und runter, jeden Nachmittag besuchten sein Bruder Michael und ich ihn am Fenster. Immer hatten wir die Hoffnung, dass Olaf, der Kämpfer, das alles überstehen würde. Etwa drei Wochen vor seinem Tod durften wir Olaf auch in seinem Zimmer besuchen, mit Tests und Schutzkleidung. Er freute sich immer: „Da seid ihr ja!" und ließ sich gern von Michael mit Nahrungsmitteln füttern, die er sich wünschte. Auf Station war er der „King". Er scherzte mit dem Pflegepersonal, berichtete uns davon, dass er schon auf dem Bettrand gesessen habe. Er hat nie gejammert, war immer fröhlich und machte mit uns Pläne für seinen nächsten Urlaub mit Michael Kurz.

Das hat uns natürlich Mut gemacht. Wir machten ebenfalls Pläne für die Zeit nach der Klinik. Dem Pflegepersonal und den Ärzten sind wir von Herzen dankbar für ihre liebevolle Begleitung und Pflege. Wir spürten, dass sie ihn gernhatten.

Wir erkundigten uns nach einer Klinik für eine Lebertransfusion, aber die Ärzte äußerten sich skeptisch: „Das wird er nicht überstehen." Einen Tag vor seinem Tod kam der Anruf der Klinik, dass Olaf tatsächlich nicht überleben würde.

Michael und ich fuhren nachts zu ihm hin und haben zwei Stunden bei ihm gesessen. Am nächsten Morgen kam dann der Anruf, dass Olaf verstorben sei. Wir fuhren nochmals in die Klinik und nahmen Abschied von ihm. Alle Träume für die Zukunft waren mit ihm gestorben.

Es folgten tränenreiche Tage. Es war so schwer zu verstehen, warum gerade er – natürlich wie viele andere Menschen auch – dieses Virus nicht überwinden konnte. Olaf sollte eigentlich am Schluss dieses Buches noch ein paar Zeilen schreiben. Darauf müssen wir nun verzichten. War es doch seine Lieblingsbeschäftigung – seine Arbeit, wie er immer sagte –, zu lesen und zu schreiben, genau wie es seine Mutter tagtäglich tut. Das war seine Antwort auf meine Frage: „Willst du nicht wieder arbeiten?“ „Ich arbeite doch! Das gleiche wie du!“ Wieder so ein beiläufiger, selbstverständlicher Satz von Olaf, der in seiner Kürze *alles* umfasste, was es aus meiner Sicht zum gemeinsamen Leben von Menschen mit und ohne Behinderung in *einer* Gesellschaft zu sagen gibt.

Olaf war mein Kompass und mein Lehrer. Er gab und gibt meinem Leben Sinn. Ein ganz besonderer Mensch, wie es sie nur selten gibt.

Seine Beisetzung fand am 27. April 2021 statt. Wegen der Coronapandemie waren nur 30 Gäste erlaubt. Unser Pfarrer, Edwin Tonn, hielt eine einfühlsame Predigt. Sein Thema waren die Verse 11–12 aus Psalm 91:

„Denn er hat seinen Engeln befohlen über dir, dass sie dich behüten auf allen Wegen. Dass sie dich auf den Händen tragen und du deinen Fuß nicht an einem Stein stoßest.“

Das war ganz sicher im Sinne von Olaf, denn Engel waren seine Begleiter schon seit vielen Jahren.

Während der Urnenbeisetzung traten alle an sein Grab. Bettina Winter, Mutter einer Tochter mit dem DS und Mitglied im Bundesvorstand der LH, sprach dort diese Worte: „Lieber Olaf, ich danke dir für deinen Einsatz für die Inklusion, du hast mir und meiner Tochter sehr viel Mut gemacht.“

Was kann man dem noch hinzufügen? Es ist unsere Aufgabe, dort im Leben, wo wir hingestellt wurden, die Welt ein bisschen heller zu machen. Olaf hat seine Aufgabe über alle Maßen erfüllt.

Besondere Erinnerungen

Die Schaukel hat ja wie bereits geschrieben in Olafs Kindheit und Jugend eine große Rolle gespielt. Sie steht noch heute in unserem Garten und wird ab und an von den Enkeln genutzt.

Bis zu seinem Auszug hat er sie täglich bewegt, bei „Wind und Wetter". Ausgerüstet mit Walkman und Kopfhörer. Er hörte Musik, aber auch Geschichten von Flitze Feuerstein, Benjamin Blümchen, Meister Eder und ähnliches. Ich erinnere mich noch genau: Einmal kamen wir erst gegen Mitternacht von Amrum zurück, alle waren todmüde. Nicht Olaf! Vor dem Schlafengehen musste er erst noch einmal schaukeln. Alle Nachbarn, die heute noch hier wohnen, erinnern sich daran.

Weihnachten, Ostern und sein Geburtstag waren die Tage, an denen Olaf sich Geschenke wünschte. Meist waren es Gesellschaftsspiele und Bücher. Wir haben sie gemeinsam gekauft. Ich nahm sie dann mit zu mir und musste sie einpacken. Am liebsten war es ihm, wenn ich sie nachts vor seinem Geburtstag in seinem Zimmer ausgebreitet habe.

Aber Olaf liebte es auch, seine Familie und Freunde zu beschenken. Aus dem Urlaub brachte er immer für alle Geschenke mit. Ein wichtiges Ritual war der Einkauf der Geschenke vor Weihnachten mit Michael Kurz, seinem Betreuer. Seine Ideen waren umwerfend und er war stolz, wenn er am Heiligabend – wir verbrachten diesen Abend nach dem Tod meines Mannes immer bei seinem Bruder Michael – seine Geschenke verteilen konnte. Einmal schenkte er mir eine Figur, eine Pinguinmutter mit Kind. Sie steht heute noch an meinem Bett. Olaf war auch immer besorgt um seinen Freund Christian Balog. Auch ihm sollte ich immer etwas schenken, da er ja keine Familie mehr hatte. Auch seine wöchentlichen Einkäufe teilte Olaf großzügig mit seinem Freund Christian.

Olaf war allen Menschen, die er mochte, sehr zugewandt. Es gab auch zwei bis drei Menschen, die er gar nicht leiden konnte. Es war schwer für ihn, damit fertigzuwerden. Er hatte schlechte Träume und eines Tages sagte er: „Mutti, ich brauche einen Psychiater!" Das konnte ich organisieren. Wichtiger für Olaf waren aber die Gespräche mit seiner Psychotherapeutin Andrea Pahlich in Wetzlar. Fast zwei Jahre lang sind wir wöchentlich nach Wetzlar gefahren. Andrea Pahlich hatte immer wieder Ideen, wie Olaf auch selbst aktiv werden konnte. Kurz vor seinem Einzug in die Klinik sprach Olaf davon, wieder einmal zu ihr fahren zu wollen. Dazu ist es aber leider nicht mehr gekommen.

Wenn es noch nicht gut ist, ist es noch nicht das Ende

Vielleicht fragen Sie sich, warum meine Biografie in so großen Teilen eigentlich die Lebensgeschichte meines Sohnes Olaf nacherzählt und nicht meine. Ganz einfach: *Sein* Leben war *mein* Leben. Ich habe diesen Sohn als mein Schicksal angenommen. Erst aus Unwissenheit schockiert, dann von Liebe überwältigt. Ich bin dankbar für dieses Leben. Und jetzt widme ich mein Leben Olafs Vermächtnis: Weiter einzustehen für ihn und seinesgleichen: Menschen mit Behinderungen. Das ist mein Plan für die Zeit, die mir noch bleibt.

Olaf selbst hatte auch noch so viele Pläne. Er wollte weitere Reisen machen, davon habe ich ja bereits erzählt. Er wollte noch viel schreiben. Er interessierte sich für so vieles. Für das Theater und insbesondere für Shakespeare. Er liebte Filme und Bücher. Ich habe über seine Liebesfähigkeit und Fürsorglichkeit geschrieben. Über seinen Charme und Witz und über sein untrügliches Gespür für Gerechtigkeit. Olaf war so besonders. Und er war wie wir alle. Ein Mensch.

Visionen, Mut und Beharrlichkeit

Hommage an eine Frau, die ihr Leben gänzlich für Menschen mit Behinderungen einsetzt – Pionierin, Mitstreiterin und Vorbild.

Ein Essay von Winfried Kron, Referatsleiter im Hessischen Ministerium für Soziales und Integration

Vielleicht war es 2003. Ich bin nicht mehr ganz sicher, das genaue Datum ist auch nicht wichtig. Ich arbeitete erst seit Kurzem im Hessischen Sozialministerium, wie es damals hieß, und unter anderem gehörte die Frühförderung behinderter und von Behinderung bedrohter Kinder in meine Zuständigkeit. Das Sozialgesetzbuch Neuntes Buch (SGB IX) war erst kürzlich in Kraft getreten und darin wurde endlich der Frühförderung ein prominenter Platz eingeräumt. Und neue Aufgaben für Kommunen, Frühförderstellen, Krankenkassen vorgesehen. Es gab also viel zu besprechen.

Zum Hintergrund: Die Sozialgesetzbücher regeln Hilfeleistungen für alle Menschen in Deutschland: Arbeit, Rente, Gesundheit und eben auch Leistungen für Menschen mit Behinderungen. Diese Leistungen hießen damals Sozialhilfeleistungen. Heute heißen sie „Eingliederungshilfeleistungen". Das Wort *klingt* nicht unbedingt viel schöner, aber es *meint* etwas Schöneres. Teilhabe am ganz normalen gesellschaftlichen Leben können Menschen mit Behinderungen nur erlangen, wenn man ihnen dazu Wege bahnt und Türen öffnet. Das ist der grundsätzliche Gedanke, der hinter diesem Wortungetüm steckt.

Das neue Gesetzbuch aus 2003 erforderte entsprechendes Umdenken und Umsetzen. Wir trafen uns dazu in Gießen: Eine Delegation aus dem Ministerium in Wiesbaden, Vertreterinnen und Vertreter der „Liga der Freien Wohlfahrtspflege", dem Dachverband sozialer Dienstleister in Hessen und – Maren Müller-Erichsen.

Die „Liga Hessen" ist der Zusammenschluss der hessischen Wohlfahrtsverbände. Das sind die Arbeiterwohlfahrt (AWO), die Caritas, die Diakonie, der Paritätische Wohlfahrtsverband, das Deutsche Rote Kreuz und der Landesverband der Jüdischen Gemeinden in Hessen. Mehr als 260 000 Beschäftigte! Mit Aufgaben, die von der Hilfe für Kinder und Familien bis hin zur Pflege alter und kranker Menschen reichen. Jede und jeder dreißigste Angestellte in Hessen arbeitet in Einrichtungen und Diensten der Freien Wohlfahrtspflege in Hessen. Ein großer und starker Verband also. Ein Verband, der die Landespolitik berät und dessen Wort viel Gewicht hat.

Maren sprach an diesem Tag nicht viel. Wie ich sie überhaupt als „Frau der leisen Töne" kennengelernt habe. Aber was sie sagte, traf genau den Punkt – immer. Sie war die große „Lebenshilfefrau", schon damals eine Institution. Ich war ein – mehr oder weniger – junger, aufstrebender Referent im Ministerium. Sie spielte einfach in einer anderen Liga als ich. Maren hat mir erst sehr viel später nach diesem Termin das „Du" angeboten, was mich bis heute ehrt, aber niemals dazu geführt hat, dass wir unsere jeweiligen Ziele nicht professionell und sachlich verfolgt hätten. Sie ist eine ausgemachte Expertin, von der ich sehr viel gelernt habe und der ich immer dankbar sein werde. Die Zusammenarbeit mit Maren war sehr wichtig für meine eigene berufliche Entwicklung.

Ich erinnere mich nicht mehr daran, was im Einzelnen gesprochen wurde. Es gab jedenfalls Probleme bei der Umsetzung des neuen Gesetzbuches. Diejenigen in der Runde, die für die Kosten einer umfassenden Förderung behinderter Kinder im Vorschulalter zuständig waren, hatten andere Vorstellungen davon als die Liga. Und auch als das Ministerium. Eine schwierige Situation, bis heute.

Um diese Komplexität zu begreifen, muss man verstehen, was in solchen Gesprächen passiert. Oder besser, *wer* in diesen Diskussionsrunden miteinander kommuniziert, um zu verstehen, *wie* diese Verhandlungen ablaufen. Da sind diejenigen, die für die Kosten zuständig sind: Kommunen, Krankenkassen, Pflegekassen, der Landeswohlfahrtsverband. Die darauf achten müssen, dass die Kosten nicht beliebig explodieren. Dann sind da Anbieter sozialer Dienstleistungen. Die für die Menschen, die sie unterstützen, das Beste wollen. Und schließlich das Land Hessen: Gesetzgeber. Finanzier. Wächter über Inhalte. Dass es in dieser Zusammensetzung unterschiedliche Positionen gibt, versteht sich von selbst.

Wie gesagt, ich erinnere mich nicht mehr an das damals Gesprochene in jeder Einzelheit. Aber ich erinnere mich gut daran, dass ich dort zum ersten Mal den Namen „Olaf" gehört habe.

Frühförderung von Menschen mit Behinderungen war und ist in Hessen ein wichtiges Thema. Als ich im Ministerium zu arbeiten begonnen habe, waren bereits viele andere hierzu aktiv geworden. Unter anderem Maren. Sie sprach an diesem Tag über die Bedeutung der Frühförderung. Grundsätzlich und für ihren Sohn Olaf. Wie wichtig das frühzeitige Fördern und Begleiten von Kindern für deren Entwicklung sei. Und dass Olaf ohne die Frühförderung niemals so selbstständig hätte werden können wie er das inzwischen sei. Maren Müller-Erichsen hat seine Geschichte und damit gleichzeitig auch die Entwicklung der Frühförderung und weiterer Unterstützung für Kinder mit Behinderungen in diesem Buch eindrucksvoll beschrieben, denn durch Maren ist beides fest miteinander verknüpft worden.

Seit diesem ersten Kennenlernen ist Maren Müller-Erichsens Name für mich mit vielen spannenden Themen verbunden geblieben. In den Folgejahren war es zunächst die Frühförderung. Mit vielen Akteurinnen und Akteuren arbeiteten wir an Lösungen für die Kinder und deren Familien. Für eine auskömmliche Förderung. Für Therapien in Kindertagesstätten und später auch in Schulen. Für ein Grundverständnis, wie wichtig das Thema Frühförderung für die Entwicklung der Kinder und Familien ist. Und Maren war immer mit dabei, setzte wertvolle Impulse und engagierte sich mit schier endloser Energie. Vor allem immer mit dem Blick auf ihr eigenes Erleben gemeinsam mit Olaf. Diese Perspektive ließ jeden abstrakten Gedanken sofort konkret werden. Welche Förderung ergibt Sinn, was brauchen Kinder und Familien, was ist verzichtbar. Das war unbezahlbar.

Es ging dabei nicht um Details. Es ging und geht auch heute noch – wie immer – um das große Ganze. Der Begriff „Inklusion" war damals noch nicht geprägt. Oder besser, nicht in aller Munde. Frühförderung war aber schon damals ein wunderbares Beispiel, wie es gelingen kann, Menschen mit und ohne Behinderungen in der Gesellschaft zusammenzubringen. Menschen – und hier besonders kleine Menschen – darauf vorzubereiten, dass sie mitten in der Gesellschaft leben können. Und nicht in Sondereinrichtungen. Eindrucksvoller, als es Maren in diesem Buch schildert, ist das kaum zu erklären.

Die Jahre bis 2006 waren geprägt von den Anstrengungen, die Frühförderung in Hessen zukunftsfest zu machen. In diesem Jahr wurden mehrere Vereinbarungen zur Frühförderung zwischen dem Land Hessen, den Krankenkassen und der Liga der Freien

Wohlfahrtspflege unterzeichnet. Die Grundlage dafür bildeten viele Gespräche mit Krankenkassen und mit den Sozialhilfeträgern, so hießen sie damals für diesen Bereich. Und dies auf höchster Ebene. Die Politik in Hessen hatte sich des Themas angenommen. Einmal saß ich mit einer Ministerin, einem Minister und mit zwei Staatssekretären im Raum und wir sprachen über Frühförderung. Was dabei herauskam, trägt noch heute, zumindest in Hessen. Und was ich dazu beitragen konnte, war nicht wenig von dem geprägt, was ich von Maren erfahren und gelernt hatte. Dass man gar nicht früh genug anfangen kann, Kinder mit Behinderungen zu fördern und Familien zu stärken.

Kinder mit Behinderungen und ihre Familien finden heute überall in Hessen Frühberatungs- und Frühförderstellen, die sie so frühzeitig wie möglich begleiten. Umfassend, interdisziplinär. Mit medizinischem, therapeutischem und pädagogischem Sachverstand. Und immer untereinander abgestimmt und gemeinsam mit den Familien. Kinder mit Behinderungen können in Hessen jede Regel-Kita besuchen. Kinder mit und ohne Behinderungen lernen sich kennen und schließen Freundschaften. Das beste Rezept gegen Vorurteile. Und Kinder mit Behinderungen können in der Kita notwendige Therapien erhalten. In ihrem Lebensalltag und nicht nur irgendwo in einer Praxis. Das alles und vieles andere wurde damals gemeinsam erarbeitet, erfochten und zum Teil erstritten. Und es funktioniert fast 20 Jahre später noch immer.

Der Erfolg hatte viele Väter und Mütter. Auch Maren Müller-Erichsen. Als hohe Funktionsträgerin im Bundesvorstand der Lebenshilfe, als Politikerin und vor allem als Mutter von Olaf. So habe ich sie immer erlebt. Sie hat es stets verstanden, ihre eigenen Erfahrungen in einen größeren Kontext zu stellen. Persönliches nutzbar zu machen für viele. Dies hat unsere weiteren, gemeinsamen Jahre geprägt. Und dafür bin ich dankbar.

Ich durfte in den nächsten Jahren im Ministerium viele Themen begleiten. Aber keines hat mich bis heute so berührt wie die Frühförderung.

Mein Berufsleben im Ministerium hielt weitere Themen und Stationen für mich bereit. Die Umsetzung der Behindertenrechtskonvention, die Zuständigkeit für das Bundesteilhabegesetz, die Verantwortung für das Hessische Familienprogramm „Hessen hat Familiensinn". Die Frühförderung war lange Zeit nicht mehr dabei. Heute wieder. Jetzt schöpfe ich erneut aus den Erfahrungen der Anfangszeit, aus den Gesprächen mit Maren Müller-Erichsen und ihrem Verständnis davon, dass Kinder mit Behinderungen so früh wie möglich gefördert werden sollten, um am gesellschaftlichen Leben teilnehmen zu können. Und das stimmt!

Ein völkerrechtlicher Vertrag für Menschen mit Behinderungen

Das Jahr 2009 war weltweit ein bedeutsames Jahr für Menschen mit Behinderungen. Eigentlich schon die Jahre davor: Am 13. Dezember 2006 wurde das „Übereinkommen über die Rechte von Menschen mit Behinderungen", kurz: „die Behindertenrechtskonvention", von der Generalversammlung der Vereinten Nationen verabschiedet. Am 3. Mai 2008 trat sie in Kraft, nachdem 20 Staaten die Konvention ratifiziert hatten. Für Deutschland rechtskräftig wurde das Übereinkommen durch das Gesetz zur Ratifikation des Übereinkommens über die Rechte von Menschen mit Behinderungen am 26. März 2009. Bis heute haben mehr als 180 Staaten der Weltgemeinschaft das Übereinkommen unterzeichnet.

Mit diesem Datum begann auch für mich im hessischen Sozialministerium ein neuer beruflicher Abschnitt. Ich wurde mit der Leitung der Stabsstelle zur Umsetzung der Behindertenrechtskonvention in Hessen beauftragt. Ziel war es, einen Aktionsplan zu schreiben, der den Völkerrechtsvertrag in Hessen umsetzen sollte. Mit allen Verbänden von und für Menschen mit Behinderungen begann ein umfassender Diskussionsprozess um Ziele und Maßnahmen. Alle Lebensbereiche von Menschen mit Behinderungen waren betroffen. Arbeit, Schule und Bildung, Freizeit und Sport. Es war ein Ringen um Lösungen. Es wurde zum spannendsten Prozess in meinem Berufsleben. Es herrschte Aufbruchsstimmung.

Maren Müller-Erichsen war von Beginn an enge Ratgeberin für die Landesregierung und für mich persönlich Mentorin für viele Fragen und Inhalte. Was sie damals wie heute stets ausgezeichnet hat, war eine Klarheit in ihren Positionen, ohne jemals dogmatisch zu sein. Sie war immer eine der ersten, die Kompromisse fand, wenn es der Sache diente. Oder besser, den Menschen. Sie trat immer für konkrete Veränderungen ein, und zwar so bald wie möglich. Sie baute nie Luftschlösser. Die Einstellung und Haltung von Maren Müller-Erichsen war immer wohltuend für den gesamten Diskussionsprozess. Wenn sie sprach, nie laut und aufgeregt, hörten alle zu. Es wurde heftig um Positionen gestritten, aber wenn Maren dabei war, wurde es nie laut. Aber fast immer erfolgreich.

Es war eine Diskussion aller mit allen in der Gesellschaft: Menschen mit und ohne Behinderungen, Bürgermeisterinnen und Landräten, Bischöfen und Unternehmerinnen, Politikern aus Europa, dem Bund und aus Hessen. Alle diskutierten die Inklusion. Den Abbau von Barrieren. Die Chancen für die Gesellschaft, sich weiterzuentwickeln. Alle arbeiteten an einem gemeinsamen Aktionsplan für Hessen. Ein Plan, der Ziele und Maßnahmen benennen sollte. Die man anfassen und leben konnte. Keine Utopien.

Der Aktionsplan wurde durch das hessische Kabinett am 17. August 2012 in Kraft gesetzt. Während ich diese Zeilen schreibe, sind fast zehn Jahre seit diesem Tag vergangen. Zehn Jahre, in denen viel passiert ist. Barrieren sind tatsächlich abgebaut worden: Gesetze wurden erlassen, die das Leben von Menschen mit Behinderungen verbessern und ihre Teilhabe am gesellschaftlichen Leben erleichtern. Aber fast genauso viel ist auch noch zu tun. Die letzten zehn Jahre waren Lust und Frust zugleich. Und bei allem ist Inklusion aus unserem Leben nicht mehr wegzudenken. Die neue Generation von Menschen mit Behinderungen wartet nicht darauf, dass man ihnen Rechte zugesteht. Sondern fordert sie ein. Und das ist gut so!

Am 15. August 2012 wurde Maren Müller-Erichsen zur neuen Landesbehindertenbeauftragten für Hessen ernannt. Eine neue Ära der Zusammenarbeit hatte begonnen.

Eine Kampagne in Hessen und ein Fest auf dem Schlossplatz

Gemeinsam wurden Konzepte erdacht und Pläne geschmiedet. Wie konnten die Ziele des Aktionsplanes in die Tat umgesetzt werden? Wie konnte Inklusion in der Gesellschaft gelebt werden? Wie eine inklusive Gesellschaft geschaffen werden, in der Menschen mit und ohne Behinderungen gleichberechtigt wären? Es war ein wenig wie in den Gründerjahren. Maren war in allen Gremien dabei und aktiv. Mit ihrem Engagement und ihrer Beständigkeit, immer unaufgeregt, aber sehr klar, hat sie maßgeblich dazu beigetragen, dass Inklusion in Hessen „erlebbar" wurde. So nannten wir auch unsere gemeinsame Kampagne „Inklusion erleben".

In dem Bewusstsein, dass die Idee gleichwertiger Lebensbedingungen von Menschen mit und ohne Behinderungen nur Realität werden kann, wenn die Idee ihren Weg in die Köpfe der Menschen hineinfindet, starteten wir eine Öffentlichkeitskampagne.

Mit Veranstaltungen in ganz Hessen. In Zelten und Hallen. Zu den Themen Arbeit, Schule und Freizeit. Wir tingelten geradezu mit dem Thema durch Hessen. Und fanden viel Resonanz.

Am 23. April 2018 war es dann soweit. Wir feierten auf dem Schlossplatz in Wiesbaden „Inklusion erleben". Der ganze Tag war dem „come together" von Menschen mit und ohne Behinderungen gewidmet. Mit Information. Mit Musik und Tanz. Der Sozialminister hielt eine Rede. Eine gehandicapte Moderatorin und ein nichtbehinderter Moderator führten durchs Programm.

Für alle, die den Schlossplatz nicht kennen: Der Platz ist nicht irgendein Platz in Wiesbaden. Er verbindet den Hessischen Landtag und das Rathaus von Wiesbaden miteinander. Die Bühne stand vor dem Rathaus; die Tische und Bänke vor dem Haupteingang des Landtags. Inklusion mitten in Wiesbaden – zumindest für einen Tag. Es war fabelhaft.

Unsere Ideen für mehr Miteinander gingen uns aber nach diesem Fest nicht aus: Wir feiern seit 2010 jedes Jahr auf dem Schlossplatz die Inklusion und im Landtag den „Tag der Menschen mit Behinderungen". Wir merken, dieses Fest fördert den Dialog zwischen Bürgerinnen und Bürgern und Abgeordneten. Immer mit dem Ziel, Inklusion voranzubringen. Eine weitere, sehr kreative Idee war, dass wir den „Staatspreis Universelles Design" begründeten: Ein Preis für innovative und vor allem inklusive Produkte, Dienstleistungen und Konzepte. Dinge, die allen zugutekommen. Es ist ein Preis für Studierende und Unternehmen.

Anlässlich der Landtagswahlen erstellten wir Broschüren zum Thema „Wahl" in leichter Sprache, die den Wahlprozess vor allem Menschen mit kognitiven Einschränkungen näherbringen sollten. Interessanterweise wurden die Broschüren meistens von Schulen in Hessen bei uns angefordert, also gar nicht von unserer ersten Zielgruppe. Ein wunderbares Beispiel dafür, dass Inklusion nicht für Menschen mit Behinderungen „gemacht" ist, sondern der Abbau von Barrieren allen hilft. Maren war überall dabei, wirkte überall mit. Unermüdlich und verlässlich.

Der hessische Sozialminister Stefan Grüttner war uns eine große Hilfe. Er nahm die Ideen von Maren und mir nicht immer nur mit Begeisterung auf. Und zwar nicht deshalb, weil er dem Thema etwa nichts abgewinnen konnte. Nein, ich denke, manchmal waren ihm die Ideen einfach zu zahlreich und zu kühn. Als Sozialminister muss man eben auch Realist bleiben. Aber er hat alles genehmigt. Hat mir und auch Maren die Möglichkeit gegeben, alles umzusetzen, was wir uns ausgedacht hatten. Dafür bin ich ihm bis heute sehr dankbar. Und er schaffte nicht nur den Rahmen, er war stets dabei, hielt Grußworte und Reden. Auf dem Schlossplatz und zu unzähligen weiteren Anlässen. Und trug dazu bei, dass der „Abbau von Barrieren in den Köpfen" stattfand, so nannte er das.

Teilhabe für alle? Ein neues Gesetz!

„Gesetz zur Stärkung der Teilhabe und Selbstbestimmung von Menschen mit Behinderungen", kurz Bundesteilhabegesetz-BTHG. Das Gesetz, auf das Menschen mit Behinderungen so lange gewartet hatten. Ein echtes Leistungsgesetz, das Menschen mit Behinderungen in die Lage versetzen sollte, sich die nötige Unterstützung für mehr gesellschaftliche Teilhabe auch beschaffen zu können. Und zu finanzieren. Ein Gesetz zur Umsetzung der Behindertenrechtskonvention. 2017 trat es in Kraft, in mehreren sogenannten „Reformstufen", die bis 2023 umgesetzt werden müssen. Die zentrale Botschaft des Gesetzes lautet: Menschen mit Behinderungen sind nicht mehr Objekte von Fürsorge, sondern bestimmen selbst über die Leistungen, die sie zur Unterstützung benötigen. Das Ziel: Weniger „Sonderwelten" für Menschen mit

Behinderungen und mehr gemeinsames Leben von Menschen mit und ohne Behinderungen schaffen.

Das BTHG ist ein echter Durchbruch im Verständnis von Menschen mit Behinderungen. Waren sie vorher bestenfalls „Objekte der Fürsorge“, so hat das BTHG den Rahmen geschaffen, dass Menschen mit Behinderungen für sich und ihre Lebenswirklichkeit zugeschnittene Leistungen erhalten können. Ein Paradigmenwechsel, wie es immer so schön heißt, der seinen Namen diesmal aber auch verdient hat.

Für dieses Gesetz haben Menschen mit Behinderungen lange gekämpft. Es ist ihre „Empowermentpolitik“, sie kämpfen für sich selbst auf der Ebene der Gesetzgebung und formen die Gesetze mit. Das ist eine ganz neue Entwicklung. Und es ist eine gute, wie ich finde.

Das Bundesgesetz BTHG musste durch sogenannte Ausführungsgesetze in den Ländern umgesetzt werden. In Hessen heißt das Gesetz „HAG SGB IX – Hessisches Ausführungsgesetz zum Neunten Buch Sozialgesetzbuch“. Es brachte u. a. viele Mitwirkungsrechte von und für Menschen mit Behinderungen in den politischen Gremien mit sich. Maren war als Landesbeauftragte für Menschen mit Behinderungen auch hier stets zugegen. Stritt leise, so wie es ihre Art war, für die Mitwirkung von Verbänden in den Gremien. Immer für die Position von Menschen mit Behinderungen.

Das BTHG und das ausführende HAG SGB IX sind bis heute bedeutsame Schritte, Gesetze zur Stärkung der gesellschaftlichen Teilhabe von Menschen mit Behinderungen. Die auch Schritt für Schritt Wirkung entfalten. Aber nicht darüber hinwegtäuschen können, dass Menschen mit Behinderungen noch immer nicht die gleichen Möglichkeiten haben wie Menschen ohne Behinderungen. Es liegt noch ein weiter Weg vor uns!

Der Inklusionsbeirat

Irgendwann in den Jahren 2012 bis 2013 hatten Maren Müller-Erichsen und ich einen Termin bei Sozialminister Grüttner. Wir wollten eine neue Idee vorstellen: Menschen mit Behinderungen sind, wie wir alle, in Interessenvertretungen und Verbänden organisiert. Verbände, die Menschen mit Behinderungen und deren Anliegen und ihre Rechte vertreten. Gemeinsam mit der Politik – manchmal auch gegen sie. Als wichtige Beratungsinstanz, aber auch vor Gericht. Verbände, die nicht *über* Menschen mit Behinderungen sprechen, sondern *mit* ihnen.

„Nothing About US – Without US"- „Nichts über UNS – ohne UNS." Ursprünglich ein Slogan und eine Bewegung aus den Vereinigten Staaten von Amerika, der von vielen Gruppierungen genutzt wurde, die auf ihre Selbstbestimmung pochten. „Nichts über uns – ohne uns" wurde in Deutschland besonders zum Slogan der Menschen mit Behinderungen. Sie wollen selbst entscheiden, wie sie leben möchten und was sie dafür brauchten. Die Grundlage der „Empowermentbewegung" von und für Menschen mit Behinderungen.

So auch in Hessen. Es gibt in unserem Bundesland viele starke Verbände, die sich für die Rechte von Menschen mit Behinderungen einsetzen, wie etwa für Sehbehinderte und Blinde, für Rollstuhlfahrende und gehörlose Menschen. Für Menschen mit kognitiven Einschränkungen und Menschen mit psychischen Belastungen sowie seelischen Behinderungen. Alle diese Gruppen sollten Maren bei ihrer Arbeit mit ihren Ideen und Konzepten konkret unterstützen, und zwar in einem Beirat, der gleichzeitig die Politik beraten sollte.

Ich weiß heute noch, wie es war, als wir in Grüttners Büro saßen. Damals war das Sozialministerium noch in der Dostojewskistraße in Wiesbaden ansässig. In einem – sagen wir es freundlich – Zweckbau aus den 70er-Jahren. Im Winter kalt und im Sommer unerträglich heiß. Das schönste war der Blick aus dem Ministerbüro im achten Stock über Wiesbaden und Rheinhessen.

Wir erläuterten ihm unsere Idee. Ein Beirat aus 30 Mitgliedern, die sich mehrmals im Jahr träfen, um sich auszutauschen, Themen zu besprechen und Positionen zu formulieren.

Er war skeptisch. Was, wenn dort Forderungen an die Politik erdacht würden, die (zumindest nicht so schnell) zu erfüllen waren? Forderungen, die er persönlich für richtig hielt, aber als Sozialminister auch umsetzen können musste?

Am Schluss des Gespräches stand das, was bei ihm so oft stand. Und wofür ich ihm sehr dankbar bin. Ich wiederhole mich, aber es ist so. Er ließ uns freie Hand und stimmte der Gründung eines Beirats zu. Ein durchaus bemerkenswerter Akt. Niemand konnte damals wissen, welche Forderungen aus dem Beirat an die Politik gerichtet werden würden. Heute ist der „Inklusionsbeirat" im hessischen Behindertengleichstellungsgesetz gesetzlich festgeschrieben. Damals waren wir damit die Vorreiter. Maren führte den Inklusionsbeirat in ihrer unaufgeregten, ruhigen und sachlichen Art genau dorthin, wo er heute ist: Ein Gremium, in dem mit Leidenschaft diskutiert, aber immer sachlich entschieden wird. Das Positionen formuliert und auch an die Politik richtet, aber nie mit dem Ziel, Politik vorzuführen oder Forderungen zu stellen, die so nicht erfüllbar sind. Auch hier gebührt Maren Müller-Erichsen höchste Anerkennung. Wie so oft in ihrem Leben war sie die Pionierin einer Idee. Das ist eine ihrer Tugenden, die ich immer am meisten an ihr bewundert habe und bis heute bewundere: Innovationsfreude.

Die Stabsstelle

Meine berufliche Station als Leiter der Stabsstelle zur Umsetzung der UN-Behindertenrechtskonvention habe ich eingangs bereits erwähnt. Meine Tätigkeit dort war eng verknüpft mit dem, was Maren in dieser Zeit als Landesbehindertenbeauftragte tat. Über einiges habe ich schon geschrieben. Vieles von dem, was wir damals in die Wege geleitet haben, hat noch heute Bestand. So ist Hessen beispielsweise das erste und bislang einzige Bundesland, das die Landesgesetze an der Behindertenrechtskonvention überprüft. Bei jedem Landesgesetz muss jedes Ministerium prüfen, ob die dortigen Bestimmungen mit der Behindertenrechtskonvention vereinbar sind. Oder ob sie in irgendeiner Form Menschen mit Behinderungen benachteiligen könnten. Kein Gesetz in Hessen wird im Parlament beraten und beschlossen, das nicht diese Prüfung (erfolgreich) durchlaufen hätte. Diese „Normprüfung" in Hessen fest zu etablieren, wäre ohne Maren nie gelungen. Mit allen Ministerien gemeinsam wurden Weg und Verfahren festgelegt. Und Maren Müller-Erichsen war bei jeder Sitzung dabei und erläuterte unermüdlich, warum eine solche Prüfung so wichtig ist.

2016 trat der „Prüfleitfaden für die Normprüfung im Bundesland Hessen" in Kraft. Das Max-Planck-Institut für Rechtsstaatlichkeit und Internationalen Frieden in Heidelberg hatte den Leitfaden für uns erstellt. Das Institut berät ansonsten Staaten im Hinblick auf deren Rechtssysteme wie etwa Afghanistan, Südsudan, die Innere Mongolei. Es fördert den Aufbau von Rechtssystemen, die den Menschen in diesen Staaten eine objektive Behandlung und die Wahrung ihrer Rechte zusichern sollen. Dasselbe sollte es für uns in Hessen tun, weil die Anforderung dieselbe ist. Die Behindertenrechtskonvention ist kein Katalog von „Behindertenrechten". Die Konvention ist ein Völkerrechtsvertrag, der

Menschen mit Behinderungen alle Menschenrechte garantiert. Ein großer Schritt.

Bis heute gibt es Kritik an der Normprüfung, besonders seitens der Verbände von und für Menschen mit Behinderungen. Nicht an der Normprüfung selbst, sondern an der anschließenden Umsetzung der entsprechenden Gesetze. Wie könne es denn sein, dass ein Gesetz erfolgreich die Normprüfung besteht, vom hessischen Landtag beschlossen wird und dass dieses Gesetz dann in seiner Umsetzung Menschen mit Behinderungen bei deren Bedarfen nicht ausreichend berücksichtige, vielleicht dadurch sogar indirekt diskriminiere? Das prominenteste Beispiel bietet dabei immer die hessische Bauordnung, die 2018 novelliert wurde. Die Kritiker fragen, wie die Verordnung geprüft und für gut befunden werden konnte, wenn es doch noch immer bei Weitem nicht genügend barrierefreien Wohnraum gebe. Und die Verordnung dies auch nicht regele.

Ich verstehe die Kritik, aber dies ist nicht die Schuld oder das Versäumnis der Normprüfung und auch nicht des Gesetzes. Gesetze stellen immer einen möglichen Konsens verschiedener Interessenslagen dar. Jedes Gesetz ist auch ein Kompromiss. Kein Gesetz kann alle individuellen Bedürfnisse von Menschen berücksichtigen. Nicht von Menschen mit Behinderungen und auch nicht von Menschen ohne Behinderungen. Diesen Anspruch können wir an Gesetze nicht stellen, auch wenn es immer wieder gefordert wird. Gesetze sind Leitplanken und bilden den Rahmen für gesellschaftliches Handeln. Die Umsetzung im wahren Leben erfolgt nur, wenn Menschen die Sinnhaftigkeit von Regeln anerkennen, wenn das Bewusstsein dafür in den Köpfen angekommen ist.

Mir fällt an dieser Stelle immer kein besseres Beispiel ein. Aber niemand stellt ernsthaft infrage, dass wir Regeln und Gesetze brauchen, die unseren Straßenverkehr regeln. Geschwindigkeitsbeschränkungen, rote Ampeln, technische Überprüfungen an Fahrzeugen. Und trotzdem übertreten wir (fast) alle diese Regeln täglich. Und sei es, dass wir über die Straße gehen, wenn die Ampel rot zeigt. Was nur zeigt, dass das beste (oder schlechteste) Gesetz nur so viel wert ist, wie wir es umsetzen. Im Jahr 2021 hatten wir übrigen in Deutschland die geringste Zahl an Verkehrstoten seit 60 Jahren zu verzeichnen. 2600 Menschen kamen in diesem Jahr in Deutschland im Straßenverkehr ums Leben. Erschreckend genug. Und immer deshalb, weil jemand die Verkehrsregeln missachtet hat. Die Statistik sieht in der niedrigen Zahl einen engen Zusammenhang mit der Tatsache, dass während der Coronapandemie ein deutlich geringeres Verkehrsaufkommen zu verzeichnen war. Kein Bewusstseinswandel.

Deshalb arbeiteten wir so intensiv daran, Inklusion in die Köpfe der Menschen zu bekommen.

Das Sozialministerium gründete dazu „Modellregionen". Landkreise, Städte und Gemeinden. Bis heute gibt es mehr als zwanzig davon. Jede Region wurde vom Land über drei Jahre hinweg gefördert. Jede der Regionen nahm sich ein Thema vor: „Arbeit", „Freizeit", „Barrierefreie Verwaltung" und vieles mehr. Der Ansatz war immer der Gleiche. Nicht über Inklusion reden, sondern machen. Oft sprachen Maren und ich darüber, wie es gelingen könne, nach diesen drei Jahren in den Regionen weiterzumachen. Es gelang immer dort, wo Menschen verstanden, dass Inklusion Gesellschaftspolitik ist, Zukunftspolitik.

Was heißt das? Die viel zitierte „demografische Entwicklung" in der Gesellschaft bringt uns im Wesentlichen dreierlei ein: Wir werden immer weniger in Deutschland, wir werden immer verschiedener und wir werden immer älter. Deshalb ist der Gedanke der Inklusion eine Antwort darauf. Inklusion fordert

Bedingungen in denen „wenige“, „verschiedene“ und „ältere“ (und damit vielfach eingeschränkte und Menschen mit Behinderungen) am gesellschaftlichen Leben teilnehmen können. Und das sollte nicht nur der humanitäre Anspruch unserer Gesellschaft sein. Es gibt hier noch einen ganz anderen Aspekt. Schaffen wir es nicht, Lebensbedingungen zu schaffen und Barrieren abzubauen, um Menschen mit besonderen Bedürfnissen am Leben in der Gesellschaft teilhaben zu lassen, werden wir viele in „Sonderwelten“ versorgen müssen. In Deutschland leben bereits heute annähernd zehn Millionen Menschen, die behindert sind. Und hier sind nur die gezählt, die festgestellte Behinderungen aufweisen. Gehbehinderungen, Sprachbehinderungen und Behinderungen des Verstehens. Im Jahr 2050 werden es voraussichtlich 20 Millionen Menschen in Deutschland sein, die nicht ungehindert am gesellschaftlichen Leben teilnehmen können. Weil wir bisher noch keine Vorkehrungen getroffen und keine Angebote geschaffen haben, mit denen Menschen mit Einschränkungen beispielsweise selbstständig zum Arzt gehen, ihre Einkäufe erledigen oder in die Oper gehen könnten.

Dafür haben wir die Modellregionen geschaffen, um zu zeigen, dass so etwas geht. Häufig mit viel einfacheren Mitteln und weniger Geld, als geunkt und befürchtet wurde.

Die Stabsstelle zur Umsetzung der UN-Behindertenrechtskonvention gibt es heute nicht mehr im Hessischen Ministerium für Soziales und Integration, wie es heute heißt. Sie war wichtig, um zu beginnen, um zu motivieren und um Netzwerke zu weben. Heute ist vieles, was damals geradezu verwegen klang, gelebte Praxis. Mir scheint, als wäre auch unsere Stabsstelle wie eine „Sonderwelt“ gewesen, die man erst braucht, die aber dann aufgelöst werden muss. Inkludiert werden muss ins wahre Arbeitsleben und in alle Bereiche, die ein Sozialministerium so aufzuweisen hat.

Und dennoch war es eine besondere Zeit. Eine besondere Zeit auch mit Maren Müller Erichsen.

Inklusion und viele Themen

Beim Schreiben für dieses Buch fallen mir immer neue Aspekte ein, die wir „bewegt" haben. Wir wollten, dass das *ganze* Leben inklusiv gelebt wird. Schule und Ausbildung, Wohnen und Beziehung. Menschen mit Behinderungen und Elternschaft. Behinderung und Gesundheit. Menschen mit Migrationserfahrungen. Menschen mit Behinderungen in Europa und der Welt. Das waren keine neuen Themen. Aber die Perspektive änderte sich. Über lange Zeit war versucht worden, Lebensbedingungen zu schaffen, in die Menschen mit Behinderungen „hineinpassen" sollten. Nun dachten alle „vom Menschen her". Das veränderte einiges.

Das Beispiel Schule ist besonders eindrucksvoll. Die Frage sogenannter „inklusiver Beschulung" wurde mit am leidenschaftlichsten diskutiert. Dürfen, sollen, müssen Kinder mit Behinderungen gemeinsam mit Kindern ohne Behinderungen beschult werden? Oder „verträgt" Inklusion auch, dass Kinder mit Behinderungen besonders gefördert werden und dies auch in besonderen Schulen sein darf? Ein schwieriges Thema. Aus meiner Sicht geht es hier um weit mehr als um rein schulisches Lernen. Es geht um das gemeinsame Aufwachsen und Erleben von Kindern mit und ohne Behinderungen. Es geht darum, getrennte Lebenswirklichkeiten zusammenzubringen. Es geht darum, Vorurteile und Tabus in den Köpfen zu beseitigen. Und es geht um gesellschaftliche Akzeptanz und Ansehen. Noch immer ist die Beschulung und der Abschluss in einer Förderschule sehr viel weniger wert als in einer Regelschule. Vor allem für einen späteren Beruf. Eine Ausnahme bildet vielleicht die Blindenstudienanstalt (Blista) in

Marburg. Diese Schule hat sich den Ruf erworben, hervorragend qualifizierte Absolventinnen und Absolventen hervorzubringen. Viele blinde Menschen, die heute Persönlichkeiten des öffentlichen Lebens und Interesses in Sport, Kultur und Politik sind, haben die Schulausbildung in der Blista durchlaufen. Auch eine besondere Form der Beschulung, aber eine gesellschaftlich akzeptierte und angesehene. Ich erinnere mich noch heute sehr gut daran, dass die Blista eine der ersten Institutionen war, die mich damals als Leiter der Stabsstelle angeschrieben hatte und geradezu nachdrücklich darum bat, dass im Zuge der UN-Behindertenrechtskonvention, des hessischen Aktionsplanes und inklusiver Beschulung ihre Schule *nicht* aufgelöst werden solle. Was übrigens nie beabsichtigt war. Das Beispiel zeigt, dass Inklusion viele Möglichkeiten kennt. Und die Festlegung auf den „einen Weg" der Inklusion nicht nützt, sondern der Idee und auch den Menschen schadet.

Es gab da einen besonderen Fall in Hessen: Ein gehörloses Kind, das eine Regelschule besuchte. Mit Verweis auf die Rechte aus der Behindertenrechtskonvention machten sich Elternverbände dafür stark. Das Kind brauchte selbstverständlich eine Gebärdensprachdolmetscherin oder einen Gebärdensprachdolmetscher, um dem Unterricht folgen zu können. Es „produzierte" Kosten. Deshalb war die Sache eine Zeitlang in den Medien. Nach relativ kurzer Zeit verließ das Kind die Regelschule aber wieder und ging in eine Förderschule für Gehörlose. Es hatte in einer Schule, in der ansonsten ausnahmslos nur hörende Kinder gewesen waren, keine Freunde gefunden. Inklusion muss immer aus der Sicht des Einzelnen gedacht werden. Welche persönlichen Stärken, Schwächen, und Bedürfnisse liegen jeweils vor? Gesellschaft und Politik haben die Aufgabe, Rahmenbedingungen zu schaffen, damit Menschen mit Behinderungen barrierefreie

Angebote erhalten und wahrnehmen können. Nicht *müssen*. Inklusion ist ein antidogmatisches Konzept.

Während der Zeit der Pandemie geriet besonders das Thema „Behinderung und Gesundheit bzw. Pflege“ mit seinen vielfältigen Aspekten in den Fokus. Wie war es zu bewerten, wenn Menschen mit Behinderungen aus individuellen Gründen keine Masken tragen konnten? Weil sie dadurch in Atemnot gerieten oder sie es psychisch bedrückte. Oder gehörlose Menschen so das Mundbild ihres Gegenübers nicht mehr erkennen und nicht mehr kommunizieren konnten? Ich war in dieser Zeit im Stab der Landesregierung zur Bekämpfung der pandemischen Lage eingesetzt. Fast täglich wurden mir Situationen geschildert, in denen Menschen mit Behinderungen nicht mehr uneingeschränkt in Busse und Bahnen einsteigen konnten, wenn sie keine Masken trugen. Keine Supermärkte betreten durften. Atteste, die sie von der Maskenpflicht befreiten, halfen ihnen manchmal, aber leider nicht immer. Es war für alle eine schwierige Situation. Gesundheitsschutz wurde großgeschrieben und die gesamte Lage war oft emotional hoch aufgeladen.

In der Pandemie „entdeckte“ die Gesellschaft vulnerable Gruppen wieder. Ich meine das ganz ohne Sarkasmus. Aber die Diskussion über Pflegebedürftige und Menschen mit Behinderungen in Einrichtungen, deren Schutz vor Infektionen und die gleichzeitige Be- und oft Überlastung von Pflege- und Betreuungskräften ist so alt, wie ich beruflich mit diesen Themen zu tun habe. Man darf diese Situationen nicht anhand von Krisen bewerten. Menschen mit Behinderungen, pflegebedürftige Menschen sind *immer* zu schützen. Und Menschen, die in der Pflege und Betreuung älterer und behinderter Menschen arbeiten, brauchen einen höheren gesellschaftlichen Status als heute. Und eine bessere Bezahlung.

Maren Müller-Erichsen ist heute nicht mehr Landesbeauftragte für Menschen mit Behinderungen. Mit der letzten Landtagswahl hat die Politik auch hier neue Akzente gesetzt. Über Jahrzehnte hinweg waren Amt und Funktion der beauftragten Person ein Ehrenamt. Heute ist es eine hauptamtliche Funktion innerhalb der Landesregierung. Mit einer neuen Beauftragten. Und das ist auch gut so. Die Grundlage für vieles, das heute das Thema Inklusion bestimmt, wurde aber in den Jahren zuvor geschaffen. Nicht nur durch die Aktivitäten, die ich beschrieben habe, aber auch. Und schon lange zuvor durch einen ganz besonderen Menschen: Maren Müller-Erichsen. Sie hat sich fast ein halbes Jahrhundert ehrenamtlich für und mit Menschen mit Behinderungen engagiert. Dieses Engagement durfte ich in 15 Berufsjahren erleben. Es war ein Privileg.

Ehrenamtliches Engagement ist wichtig in unserer Gesellschaft. Häufig werde ich in Diskussionen mit der Ansicht konfrontiert, Ehrenamt sei das „Feigenblatt" des Staates, bestimmte Aufgaben, besonders im sozialen Bereich, nicht wahrnehmen zu wollen. Ich glaube, Ehrenamt und staatliches Engagement müssen sich ergänzen! Ehrenamt ist aus meiner Sicht ein gelebtes Beispiel dafür, dass Menschen sich für eine Sache engagieren, ohne dafür eine Gegenleistung zu erwarten. Das finde ich persönlich sehr inspirierend.

Im Juli 2021 wurde Maren Müller-Erichsen durch den hessischen Ministerpräsidenten der hessische Verdienstorden am Bande für ihr ehrenamtliches Engagement verliehen. Vorher schon hatte man sie mit der „Goldene Ehrennadel" der Bundesvereinigung Lebenshilfe, der Ehrenmitgliedschaft in der Lebenshilfe, dem Verdienstkreuz am Bande des Verdienstordens der Bundesrepublik Deutschland und dem Verdienstkreuz 1. Klasse des Verdienstordens der Bundesrepublik Deutschland ausgezeichnet. Ein Leben voller Ehrungen. Und am meisten ehrt es sie, dass sie nie davon erzählt hat. Und dass davon nur wenige wussten. Ich durfte im Jahr 2021 einen Beitrag zu der Laudatio des Ministerpräsidenten schreiben, erst damals erfuhr ich davon.

Die Laudatio des Ministerpräsidenten war gespickt mit Formulierungen wie: „Hat sie begründet", „war sie Vorreiterin", „hat sie ins Leben gerufen". Besser kann man das Engagement von Maren kaum beschreiben. Ob in der Lebenshilfe für Menschen mit geistiger Behinderung, für das Sharon-Haus für Kinder und Jugendliche mit Lernschwächen und Wahrnehmungsstörungen, als Initiatorin inklusiver Beschulung für Kinder mit und ohne Behinderung in der Sophie-Scholl-Schule oder der „Rosenhofstiftung", einem Wohnprojekt für selbstbestimmtes Leben und Wohnen für Menschen mit Behinderungen – Maren war und ist immer ihrer Zeit voraus gewesen und konnte so die Entwicklung ganz maßgeblich beeinflussen.

Quo vadis?

Wo stehen wir heute beim Thema Inklusion? „Quo vadis"? Wie geht es weiter?

Ehrlich gesagt, fällt mir eine Prognose schwer. Viel Gutes passiert und vieles, was weiter sein könnte, tritt auf der Stelle. Sozialpolitik war schon immer davon abhängig, welche politischen Themen und Krisen sonst noch zu bewältigen und zu bezahlen sind. Gerade beispielsweise ist es schwierig, zwischen Pandemie und Kriegsgeschehen in Europa, Inklusion zu fördern. Es ist ein Auf und Ab. Dabei wird das Unvermeidliche kommen, wie ich schon schrieb. Die Gesellschaft in Deutschland und in Europa ist allgemein überaltert. Einschränkungen des Hörens, des Sehens, des Verstehens und des Bewegens nehmen drastisch zu. Jede

Initiative, die wir heute starten, jeder Euro, den wir heute in den Abbau von Barrieren investieren, spart uns morgen oder übermorgen doppelte Aufwendungen, finanziell und strukturell. Das sind keine pessimistischen Voraussagen, sondern belegbare Tatsachen. Reine Statistik. Wie Studien der WHO zeigen, wird die Zahl der altersbedingten Hörbehinderungen in den nächsten Jahren um 25 Prozent; die Zahl altersbedingter Sehbehinderungen bis zur Blindheit in Europa auf prognostizierte 77 Millionen Menschen steigen, das wäre jede/r Sechste.

Wir brauchen weiterhin oder vielleicht nötiger denn je „Trendsetter". Damit meine ich Menschen und Institutionen, die Inklusion nicht als Belastung sehen, sondern als eine Investition in die Zukunft. In Unternehmen, in Schulen und Kindergärten, beim Staat und in der Privatwirtschaft.

Die Frage, wohin sich die Themen Barrierefreiheit und Inklusion bewegen sollten, muss man aus meiner Sicht aber auch noch weiter fassen: „Leistet" sich Gesellschaft Inklusion? Oder wird die Idee der Inklusion in den nächsten Jahren in den Hintergrund rücken, weil die Gesellschaft anscheinend dringendere und drängendere Probleme zu meistern hat? Umweltschutz, Nachhaltigkeit, Rohstoffverknappung – um nur einige zu nennen.

Inklusion ist kein Problem, das es zu meistern gilt. Inklusion ist einer der zentralen „Motoren" für gesellschaftliche Entwicklung. Je länger ich mich mit der Thematik befassen, desto überzeugter bin ich davon. Inklusion heißt nicht, Lösungen für Minderheiten zu finden, sondern Lösungen für alle. Inklusion ist nichts, was nur mit Menschen mit Behinderungen zu tun hat. Das muss in die Köpfe aller Akteurinnen und Akteure. Gerade weil die Gesellschaft vor großen Herausforderungen steht.

Was heißt das konkret? Die Beispiele von Rampen, die gleichermaßen Rollstuhlnutzerinnen und -nutzern dienen wie der jungen Mutter oder dem jungen Vater mit Kinderwagen, sind, glaube ich, hinlänglich bekannt. Gesellschaftliche Inklusion bedeutet aus meiner Sicht aber weit mehr. Inklusion entdeckt Begabungen und Talente.

Wenn es gelingt, Umwelt- und Lebensbedingungen zu schaffen, in denen sich mehr Menschen mit ihren eigenen Fähigkeiten einbringen können, auch produktiv sein können, bedeutet das aus meiner Sicht einen großen Gewinn für die gesamte Gesellschaft. Und bei weitem nicht nur in sozialer oder humanitärer Hinsicht. Der Begriff „Human Resources" meint vornehmlich die Produktivität von Menschen. Nur wenige würden wahrscheinlich diesen Begriff mit Inklusion verbinden. Und doch kann Inklusion die „menschliche Ressource" maßgeblich beeinflussen. Ich habe immer wieder kluge, hervorragend ausgebildete Menschen mit Handicap kennengelernt, die größte Schwierigkeiten hatten, einen Arbeitsplatz zu finden, weil eben die Umgebungsfaktoren nicht da waren. Einfache Dinge eigentlich. FM-Anlagen[1] und Induktionsschleifen[2] für Menschen mit Höreinschränkungen. Brailletastaturen[3] oder Screenreader[4] für sehbehinderte und blinde Menschen. Neben so Speziellem gibt es aber auch vieles, was *allen* zugutekommt, wenn wir es zugänglicher, einfacher und barrierefreier machen.

---

1 Als FM-Anlagen werden drahtlose Signalübertragungsanlagen bezeichnet, die Signale mit freqenzmodulierten Funksignalen (FM) übertragen.

2 Induktive Höranlagen ermöglichen schwerhörigen Menschen akustische Signale wahrzunehmen. Tonsignale werden in analoge elektrische Ströme umgewandelt über Induktionsschleifen ausgesendet. Mit Hörgeräten können diese Tonsignale empfangen werden.

3 Eine Braille Tastatur ist eine Tastatur zur Eingabe mit Blindenschrift

4 Vorlese Funktion zur Vermittlung grafischer Informationen

Bei allen guten Konzepten braucht es dafür Menschen mit Visionen, Mut und Beharrlichkeit. Die es heute genauso gibt wie vor 15 Jahren. Menschen wie eben Maren Müller-Erichsen.

Aktuell hat die Lebenshilfe Gießen einen Antrag auf Förderung eines Projekts „Begleitete Elternschaft" gestellt. Dahinter steckt wie so oft Maren Müller-Erichsen. Menschen mit einer geistigen Behinderung, die Eltern werden oder sind, benötigen oft Unterstützung. Auch im Alltag, häufig aber mehr im Dschungel der Zuständigkeiten. Was im wirklichen Leben keine Fragen aufwirft, bedeutet für gegliederte Zuständigkeiten eine echte Herausforderung. In der Jugend- und Behindertenhilfe gibt es dabei immer noch zu wenig Überblick und Zusammenspiel. Hier war das Wirken von Maren beispielhaft. Als sie das Thema anpackte, war es noch völlig neu. So beschreibt sie es ja auch weiter vorne in diesem Buch. Es fehlten Erfahrungen und Wissen. Gesellschaftliche Tabus waren zu überwinden.

Maren Müller-Erichsen hat immer wieder neue Themen angefasst und bewegt. Häufig als Erste. Mit ihrem erfolgreichen Wirken hat sie gezeigt, dass Inklusion funktioniert. Dass es für Menschen mit und ohne Behinderungen ein beidseitiger Gewinn ist, gleichberechtigt in unserer Gesellschaft zu leben.

Lebenswege sind unvorhersagbar. Manches prägt uns so, dass sich ein ganzes Leben danach ausrichtet. Bei Maren Müller-Erichsen war das so. Sie hat ihren Sohn Olaf als ihre Bestimmung angenommen. Ich habe eine ähnliche, wenn auch viel weniger einschneidende und fordernde Erfahrung gemacht. Nichtsdestotrotz führte sie mich ebenfalls zu meinem Beruf: Nach meinem Abitur leistete ich den damals sogenannten „Zivildienst". Viele meiner Schulfreunde taten das, wir wollten etwas „Soziales" tun. Ich arbeitete in einer Einrichtung der Caritas. Einem Haus, in dem Menschen aus ganz Deutschland Urlaub machen konnten. Aus heutiger Sicht kein inklusives Projekt, aber für diese Zeit durchaus fortschrittlich. Der Zivildienst dauerte damals 18 Monate. Alle drei Wochen reisten Menschen mit Behinderungen aus ganz Deutschland nach Offenbach am Main, um dort Urlaub zu machen. Wir „Zivis" organisierten für sie das Urlaubsprogramm. Vom Frankfurter Fernsehturm (der damals noch eine Besucherplattform und ein Restaurant aufwies) bis zum Frankfurter Zoo erlebten wir gemeinsam mit behinderten Menschen aus der ganzen Republik Urlaub im Rhein-Main-Gebiet. Eine anstrengende Zeit, weil die Dienste zu lang und die Pausen zu kurz waren. Gleichzeitig war es eine wunderbare Zeit, weil wir ein ganz selbstverständliches Miteinander erleben durften. Vielleicht mein persönlicher Vorläufer der Inklusion.

In dieser Zeit lernte ich auch Andreas und Anneliese kennen. In den Räumlichkeiten der Caritas tagte, ich glaube alle zwei Wochen, eine Selbsthilfegruppe von Menschen mit und ohne Behinderungen aus Offenbach und Umgebung. Andreas und Anneliese waren Mitglieder dieser Gruppe. Sie tauschten sich aus über die Möglichkeiten, Menschen mit Behinderungen besser zu integrieren, wie das damals hieß. Sie planten konkrete gemeinsame Aktionen und unternahmen gemeinsame Freizeitreisen. An zweien nahm ich teil. Den Begriff der Inklusion gab es noch nicht. Zumindest war er mir nicht bekannt. Aber die *Idee* gab es schon.

Später zog ich mit Andreas, Anneliese und einigen anderen zusammen in eine WG. In ein alles andere als barrierefreies Haus mitten im Rhein-Main-Gebiet. Andreas ist Rollstuhlfahrer. Anneliese war Spastikerin. Als erstes bauten wir eine Rampe, um die drei Stufen vor dem Haus zu überwinden. Das Haus war alt. Die Türbreiten zu gering, das Bad winzig, einen Aufzug gab es nicht. Und doch lebten wir dort jahrelang. Menschen mit und ohne Behinderungen zusammen und es war alles „ganz normal".

Das Thema Behinderung versus Nichtbehinderung gab es nicht. Es gab die üblichen Streitigkeiten über das Putzen von Bad und Küche, unterschiedliche Ansichten über Leben und Politik, verschiedene Hobbys und Vorlieben. Heute würde man unser kleine WG wohl als „inklusives Wohnprojekt" bezeichnen. Damals hatte es keinen Namen und das war auch gut so. Wenn Ideen zu Konzepten werden, verlieren sie oft ihre Selbstverständlichkeit und ihre Unschuld. Wir zumindest dachten uns rein gar nichts dabei. Wir waren befreundet und lebten unter einem Dach. Das war es. Mit Andreas bin ich bis heute befreundet; Anneliese ist leider vor einigen Jahren verstorben.

Sicher hat mich diese Zeit geprägt. Und vielleicht unbewusst auch die Grundlage für das geschaffen, was ich heute beruflich tue. Ein Plan hat nie dahintergesteckt. Aber mein Bewusstsein für das geweckt, was man viel später Inklusion nannte.

Später prägten mich dann die Begegnungen mit Maren Müller-Erichsen und mit vielen anderen, die sich für den Abbau von Barrieren in unserer Gesellschaft einsetzen. Barrieren sind für niemanden gut. Wenn es gelingt, das in unser gesellschaftliches Bewusstsein zu tragen, sind wir einen großen Schritt weiter.

Ich bin sehr dankbar für die vielen Begegnungen mit Menschen, denen das Thema der Inklusion am Herzen liegt. Maren Müller-Erichsen ist eine ganz wichtige Persönlichkeit in diesem Kreis. Ihr Leben und ihre Persönlichkeit zeigen, dass und wie man sich ein Leben lang für eine Sache einsetzen kann, ohne jemals dogmatisch zu werden. Ein leuchtendes Beispiel für uns alle.

Danke, liebe Maren.

Danksagung

Herzlichen Dank an die guten Seelen und Kümmerer!

Manchmal frage ich mich, womit habe ich das verdient, so viel Zuwendung, so viele freundliche Begrüßungen tagtäglich? Ich kann hier natürlich nicht alle Mitarbeitenden, speziell der Lebenshilfe, erwähnen, einige habe ich ja schon im Text benannt, danken möchte ich ihnen allen!

Erwähnen möchte ich aber doch einige: Mit **Ursel Seifert,** Mitglied in der Geschäftsführung der Lebenshilfe Gießen, verbindet mich eine Art „Seelenverwandtschaft". Wenn wir Zeit für einen Austausch finden, stellen wir immer wieder eine Gemeinsamkeit der Gedanken fest. Lieben herzlichen Dank für die wertvollen Gespräche.

Mein ebenfalls herzlicher Dank geht an **Reinhilde Stöppler,** Professorin für Geistigbehindertenpädagogik an der Uni Gießen. Wir treffen uns etwa einmal im Monat zum Abendessen und tauschen uns aus, ich die Praktikerin, sie die Expertin. Diese so wichtigen Gespräche möchte ich nicht missen.

Mein herzlicher Dank geht an **Winfried Kron,** der in seinem Essay den theoretischen und gesetzlichen Hintergrund beleuchtet hat und mich viel zu sehr gelobt hat.

Ich danke von Herzen Herrn Ministerpräsidenten **Volker Bouffier** a. D. und **Ulla Schmidt,** Vorsitzende der Bundesvereinigung Lebenshilfe, die in ihren Geleitworten meine Aktivitäten gewürdigt haben (viel zu sehr!).

Herzlich danke ich **Lisa Schmidt und Susanne Kemper** vom Büro der Geschäftsführung, die mir immer hilfreich zur Seite standen, **Heike Yock** und **Regina Requero,** die meinen handschriftlichen Text abgetippt haben.

Mein lieber Dank gilt meinem **Sohn Michael,** seiner Frau **Ingrid** und den Enkeln **Julian und Leif,** sie sind meine Kümmerer, meine Familie und geben mir das Gefühl der Geborgenheit.

Nicht zuletzt danke ich **Annette Friese,** der Lektorin dieses Buches. Wir haben uns mehrmals getroffen, den Text geordnet und viel über **Olaf** gesprochen, aber auch gelacht, ob seiner treffsicheren Bemerkungen. Es hat mir gutgetan, vielen lieben Dank!

Maren Müller-Erichsen

Glossar

AWO: *Arbeiterwohlfahrt*
BAG Selbsthilfe: *Bundesarbeitsgemeinschaft Selbsthilfe von Menschen mit Behinderungen, chronischer Erkrankung und ihren Angehörigen*
BLISTA: *Blindenstudienanstalt*
BTHG: *Bundesteilhabegesetz*
BV LH: *Bundesvereinigung Lebenshilfe e. V.*
DS: *Down-Syndrom*
EUTB: *Ergänzende Unabhängige Teilhabeberatung*
FeD: *Familien entlastender Dienst*
FSJ: *Freiwilliges soziales Jahr*
HAG SGB IX: *Hessisches Ausführungsgesetz zum 9. Buch Sozialgesetzbuch*
IJFD: *Internationaler Jugendfreiwilligendienst*
InDiPro: *Diagnose, Evaluation und Individuelles Programm zur Entwicklung der Fähigkeitspotenziale von Menschen mit geistiger Behinderung*
IP: *Individuelles Programm (im Rahmen von InDiPro)*
K-ABC-Test: *Kaufman Assessment Battery for Children-Test*
LH: *Lebenshilfe e. V.*
LTA: *Landwirtschaftlich-technische Assistentin*
LVLH: *Landesverband Lebenshilfe*
LWV: *Landeswohlfahrtsverband*
MdL: *Mitglied des Landtags*
MmB: *Menschen mit Behinderungen/Beeinträchtigung*

MP:	*Ministerpräsident:in*
PD:	*Pränataldiagnostik*
PID:	*Präimplantationsdiagnostik*
PFP:	*Persönlicher Förderplan*
SGB IX:	*Sozialgesetzbuch 9. Buch*
SPZ:	*Sozialpädiatrisches Zentrum*
UN-BRK:	*UN-Behindertenrechtskonvention*
WfbM:	*Werkstätten für Menschen mit Behinderungen*
WHO:	*World Health Organization = Weltgesundheitsorganisation*

MIX
Papier | Fördert
gute Waldnutzung
FSC® C014496

in der SCM Verlagsgruppe GmbH
Dillerberg 1, 35614 Asslar

1. Auflage 2023
Bestell-Nr. 835348
ISBN 978-3-86334-348-4

Covergestaltung: Mareike Schaaf
Covermotiv: Conny Wenk
Satz: Uhl + Massopust, Aalen
Druck und Verarbeitung: GGP Media GmbH, Pößneck
Printed in Germany

www.adeo-verlag.de